EIN TRAUM
DER LEIDENSCHAFT

Lee Strasberg

EIN TRAUM DER LEIDENSCHAFT

Die Entwicklung der »Methode«

Aus dem Amerikanischen
von Reinhard Kaiser

Mit einem Vorwort
zur deutschen Ausgabe
von George Tabori

Schirmer/Mosel

George Taboris Vorwort zur deutschen Ausgabe
übertrug Ursula Tabori-Grützmacher aus dem Englischen.

CIP-Titelaufnahme der Deutschen Bibliothek

Strasberg, Lee:
Ein Traum der Leidenschaft: d. Entwicklung d. »Methode« /
Lee Strasberg. Mit e. Vorw. zur dt. Ausg. von George Tabori.
Aus d. Amerikan. von Reinhard Kaiser. –
München: Schirmer-Mosel, 1988
Einheitssacht.: A dream of passion dt.
ISBN 3-88814-300-4

© dieser Ausgabe 1988 by Schirmer/Mosel München
Autorisierte deutschsprachige Ausgabe des 1987 bei
Little, Brown and Company, Boston/Toronto erschienenen
Werks *A Dream of Passion.*
© 1987 by Davada Enterprises, Ltd.

Satz: Fertigsatz, München
Druck und Bindung: Sellier Druck, Freising

ISBN 3-88814-300-4

Für Anna —
dies Buch, mein Leben, meine Liebe
— Lee

Ist's nicht erstaunlich, daß der Spieler hier
Bei einer bloßen Dichtung, einem Traum
Der Leidenschaft, vermochte seine Seele
Nach eignen Vorstellungen so zu zwingen,
Daß sein Gesicht von ihrer Regung blaßte,
Sein Auge naß, Bestürzung in den Mienen,
Gebrochne Stimm und seine ganze Haltung
Gefügt nach seinem Sinn. Und alles das um nichts!
Um Hekuba!

Shakespeare, *Hamlet*

Vorwort

zur deutschen Ausgabe

»Meinungen, Hemingway«, sagte Gertrude Stein zu einem jungen Schriftsteller, »machen noch keine Literatur.« Auch nicht das Theater, wo man mit der Heftigkeit und Gehässigkeit eines Heiligen Krieges mit ihnen um sich schmeißt. Unsere Bühnen werden auf der ganzen Welt beneidet, wenn auch – abgesehen von Brecht – mehr unseres Reichtums denn unserer Leistungen wegen. Neid hält die Barbaren von der Erkenntnis ab, daß das deutschsprachige Theater seit zwei Jahrhunderten oder so ein Weltwunder an Schönheit, Wahrheit, Lust am Experiment und an Respekt für Traditionen ist. So sei es. Man muß kein Marxist sein, um zu sehen, daß die Patronage, die wir noch genießen, der Dünger war, der unsere Rekordernten ermöglicht hat. Außerdem stinkt Geld, im Gegensatz zum Dung, nicht. Das Naserümpfen unserer Nachbarn muß einen anderen Grund haben, und den hat es. Wie ein Besucher unseres Landes sagte: »Wenn dies das beste Theater der Welt ist, wie kommt es dann, daß es oft so schlecht ist?« Solche Bemerkungen machen mich sauer. Qualitätsfragen sind Geschmacksfragen – und der wandelt sich. Der Triumph von gestern ist die Langeweile von heute. Solche Bewertungen sind häufig von einer Art kulturellem Rassismus gefärbt. Die Franzosen beispielsweise meinen, wir seien zu langsam; die Briten gähnen angesichts unserer Schwerfälligkeit; die Russen frösteln ob unserer Unterkühltheit; die Italiener fragen sich, warum wir vergessen, daß der Kopf, unterstützt vom Körper, nicht durch die Luft schwebt; und sie alle wünschen sich, unser Humor möge nicht nach Schweiß stinken. Nur Amerika, dieses »Riesenbaby« schickt gelegentlich Bewunderer herüber, die unsere Vorstellungen in Ehrfurcht absitzen (zumindest bis sie den Trick durchschaut haben, wie das Karnickel aus dem Hut gezaubert wird). Und

11

was wir von den anderen denken, ist auch kein Geheimnis: ach, diese Russen mit ihren triefenden Seelen, und das französische Genie, auf brillante Weise nichts zu sagen, und die frivolen Briten, die sich noch nicht von »unserem« Shakespeare und seinem höchst unbritischen Mangel an Beherrschtheit befreit haben.

Der »Krieg der Theater« wird nicht nur international ausgefochten, sondern auch in Mitteleuropa, wo wir – unter dem Deckmantel der Kritik – den demokratischen Diskurs, dessen Zweck es eigentlich ist, vom Antagonisten zu lernen und nicht, ihn auszuweiden, oft mit einer Kreuzigung verwechseln. Unsere Haßliebe für die Bühne ist nicht gerade berühmt für Toleranz, auch wenn sie eine leidenschaftliche Ambivalenz für die Künste, wenn nicht für die Künstler, bezeugt. Unser Theater ist womöglich das einzige, wo der Skandal eine willkommene Gewohnheit ist und als freie Meinungsäußerung zelebriert wird. Nichts ist ganz so gut oder ganz so schlecht, wie wir meinen. Unwillkürlich fragt man sich, warum unsere Dichter so jung sterben und selten so wie in glücklicheren Landen, beim Schwimmen, Duellieren, beim Freiheitskampf für andere oder bei der Liebe; von Shakespeare ganz zu schweigen, der in der Lebensmitte seinem übermäßigen Bierkonsum erlag.

Unsere eigenen kleinen Kriege sind in letzter Zeit nicht weniger maßlos oder lächerlich geworden: halbstarke Konkurrenzkämpfe, die Freud oder unsere Mütter an böse kleine Jungen erinnern würden, die um die Größe ihrer Anhängsel wetteifern. Und Größe ist, wie wir alle wissen, kein ästhetischer Vorzug. Diese Tendenz, die sich in den letzten Jahren verschärft hat, alle Leistungen außer den eigenen als Exkrement zu betrachten, mag mit der Überbevölkerung zusammenhängen, die manche von uns zu Weltmeistern im Ellbogeneinsatz machen, die sich abstrampeln, um wohin zu gelangen? In der wahren Kunst gibt es keine »Spitze«, und wenn es eine gäbe, ginge es von dort nur noch bergab. Unsere Landschaft erinnert mich oft an einen Käfig voller wuselnder Ratten. Ob solch manisch-kapitalistisches Konkurrenzgehabe für irgend jemanden gut ist außer für Tratschsammler, ist fraglich. Ein weiser Mensch hat einmal gesagt, die Aufgabe des Künstlers sei es, nicht eine bessere Stimme zu finden, sondern seine eigene, was schwierig genug ist.

Auch dies ist nur eine Meinung und daher fragwürdig, aber ich mag jemanden, der sie nicht teilt, nicht abschlachten. Ich appelliere daher, mit der Leidenschaft, die mir in meinem achten Lebensjahrzehnt noch geblieben ist, an das Vorurteil oder an die Neugier des Lesers: soll er/sie Kopf, Herz und Anus einem Buch öffnen, das auf den Schreibtisch jedes Theatermachers und -liebhabers gehört. Wahrscheinlich ist der Theaterkrieg seit den ersten dionysischen Orgien im Gange. Die großen Griechen haben ihn in den Olympischen Spielen formalisiert, und Shakespeare hatte seine liebe Not, seine Vorstellungen gegen die Universitätsdekane und die Kindertheater durchzusetzen; was er genauestens in Hamlets Rede an die Schauspieler und im darauffolgenden Monolog erläuterte. Diese umreißen die grundlegende Kontroverse zwischen dem Inneren und, sagen wir, Diderot, einem Verfechter des Äußeren. Während Diderot, dessen Einfluß auf die deutsche Schauspielerei leider noch sehr deutlich ist, sein Paradoxon (deshalb möglicherweise hat er sein berühmtes Essay nie veröffentlicht) nie auflösen konnte, hat Shakespeare, der nicht nur Denker, sondern auch Schauspieler war, dies doch getan, in der leidenschaftlichen Suche nach Kreativität.

> Ist's nicht erstaunlich, daß der Spieler hier
> Bei einer bloßen Dichtung, einem Traum
> Der Leidenschaft, vermochte seine Seele
> Nach eigenen Vorstellungen so zu zwingen,
> Daß sein Gesicht von ihrer Regung blaßte,
> Sein Auge naß, Bestürzung in den Mienen,
> Gebrochne Stimm', und seine ganze Haltung
> Gefügt nach seinem Sinn.

Wie hat er das gemacht? fragt Shakespeare-Hamlet sich und uns. Die Antwort auf diese alte Frage ist Gegenstand von Strasbergs lebenslanger Suche, die er mit einzigartiger Integrität und rabbinischem Ernst verfolgte, bis er in seinen Achtzigern starb, einige Tage nach einer Wohltätigkeitsveranstaltung für Schauspieler, wo er, trotz seines Ernstes, in einer Reihe von Revuetänzerinnen die Beine schmiß.

Die Literatur zum Schauspiel und zum Theater ist riesig. Aber ich kenne nur etwa ein halbes Dutzend Bücher zur Schauspielerei, alle aus dem Inneren geschrieben, die einem Schauspieler nützen könnten. (Eins von ihnen hat den Titel *Bitte nicht schauspielern!*) Die Schauspielerei ist ein autonomer Beruf, jenseits von Dramaturgie oder ästhetischen Ideologien; sie ist der Kern des Theatermachens: ein Stück ohne Schauspieler ist nicht denkbar, aber Schauspielern ohne ein Stück schon. Schließlich weiß nur der Schauspieler, was er tun soll, während er tut, was er tun soll; wenige Schauspieler sind willens oder in der Lage, dies zu beschreiben. Die Schauspielerei ist eine Frage des Tuns, beruhend auf einer bestimmten Methode. Die Kluft zwischen Denken und Tun oder Spielen ist – wie Hamlet sehr wohl wußte – beträchtlich. Welches Buch über Sex könnte einen besseren Liebhaber aus uns machen? Jeder kann gute Ideen haben, sagte Thomas Mann, aber Ideen kann man nicht spielen, sagte Peter Brook, nur die Leute, die sie haben. Eine andere Schwierigkeit liegt in unserem Fall in dem bedeutsamen Unterschied zwischen dem englischen »to act« (so gut vom Totengräber in *Hamlet* ausgeführt) und dem deutschen Wort Schau- und -spiel. Der Unterschied ist nicht nur linguistischer Art. »Schauspielern« beinhaltet »Vortäuschen«, was durch die wunderbare Skepsis der deutschen Redewendung »Mach kein Theater« erhellt wird – »Acting« nicht. Worüber Strasberg in diesem Buch mehr spricht als schreibt, so daß man es erstmals nicht second-hand hat, sondern aus berufenem Mund, ist seine Suche nach der »Methode«, einer kritischen, zeitgemäßen Entwicklung dessen, was die großen Erneuerer der Moderne – Stanislawski, Wachtangow, Meyerhold, Boleslawski – in Theorie und Praxis erprobten. Während Strasberg sowohl Hebamme als auch Pate dessen ist, was heutzutage als das beste der angelsächsischen Schauspielkunst gilt, gab es zunächst beträchtlichen Widerstand im Establisment, das in seiner bourgeoisen Selbstgefälligkeit oder Angst vergessen hatte, was G. B. Shaw eine Generation zuvor gesagt hatte: »Einige große Schauspieler kennen das XYZ ihres Handwerks, nicht aber das ABC.« In den sechziger Jahren, als plötzlich Brecht, Artaud, Brook, Grotowski auf die Szene traten, wandelte sich der Widerstand in eine Rebellion gegen die Methode. Die Reaktionen sowohl aus dem linken wie auch aus dem rechten Lager beruhten auf einem Mißverständnis. Strasberg war sowohl Erneuerer wie auch Traditionalist, der versuchte – größtenteils mit Erfolg – die alte Dialektik zwischen äußeren und inneren Techniken zu synthetisieren, indem er die Kluft zwischen Sein und Spielen, zwischen Schauspieler und seiner Rolle überbrückte und das Diderotsche Paradoxon überkam, indem er methodische Wege zeigte, das »Unwiederholbare zu wiederholen«. »*Es ist nicht schwer, zu verstehen und zu erinnern; es ist schwer, zu fühlen und zu glauben.*« Der erste Anstoß kam bei ihm, wie bei Stanislawski, durch die offensichtliche Tatsache, daß so viele gute Schauspieler oft schlecht waren. Er analysierte die konkrete Erfahrung des »Gutseins« und »Schlechtseins« und setzte sich so mit dem verschwommenen Konzept der Kreativität auseinander. Er beobachtete und erforschte, was die besten Schauspieler und Schauspielerinnen seiner Generation in ihrer Darstellung »taten«, was mit ihnen »geschah«, während sie es »taten«, wann »es« funktionierte und wann nicht; er untersuchte den kreativen Prozeß auf anderen Gebieten, zog Proust und Joyce als Zeugen dessen heran, was zum Kern der Methode wurde (wie funktioniert das Gedächtnis – nicht nur intellektuell, sondern auch sensorisch und emotional?) und versuchte, dem Schauspieler die besten Mittel an die Hand zu geben, um in der Fiktion der Bühne seine Realität zu entdecken; er ging dem schwer faßbaren Begriff der »Inspiration« nach und versuchte, ihn der Mystik zu entkleiden. Was half es Schiller, wenn er seine faulen Äpfel roch? Warum spitzte Hemingway seine Bleistifte, bevor er zu schreiben begann? Was bedeutete es, daß Picasso einen kleinen Fandango tanzte, bevor er sich auf die leere Leinwand stürzte? Was ist das Wesen der kreativen Hemmung, das die Großen, wie z. B. Flaubert, heimsuchte? Wie vermeidet man den unsinnigen Aberglauben, vor einer Premiere jemandem ein Toi-toi-toi über die Schulter zu spucken; wie, allem und jedem die Schuld zu geben, den Zuschauern, dem Partner, dem Stück, selbstverständlich dem Regisseur, der Abwesenheit des Musenkusses oder des Allmächtigen, statt den Fehler der eigenen mangelnden Konzentration zuzuschreiben, entstanden durch die falsche Art der Anspannung in Körper und Geist?

Einmal fragte ich Dieter Dorn, Regisseur eines unserer verdienstvollsten Theater, wie er einen guten Schauspieler definiere. »Einer, der tut, was ich ihm sage.« Dies klingt sehr vernünftig, aber jeder ehrliche Schauspieler sollte darauf antworten: »Schon, Herr Dorn, aber WIE?«

Was die Methode bietet, ist eine Reihe von pragmatischen, das heißt erwerbbaren und wiederholbaren Werkzeugen für den Schauspieler, damit er tun kann, was immer Herr Dorn ihm sagt; dem Handwerk die Kunst hinzufügen, externe und intellektuelle Techniken miteinander verbinden, damit der Darsteller nach Belieben die Anwesenheit von Coquelins umherstreifendem Gott sicherstellen kann oder die Muse locken kann, ihm die Stirn zu küssen, wann immer sie gebraucht wird. Ich möchte der Lust des Lesers nicht vorgreifen, indem ich diese Instrumente beschreibe. Ein kleines Beispiel mag für den Moment genügen: Wenn das beste aller Klaviere nicht gestimmt ist, wird es scheußlich klingen, selbst wenn Horowitz Chopin spielt. Der Schauspieler ist sein eigenes Klavier.

Für die Veröffentlichung dieses Buches bin ich besonders dankbar. Seit zwanzig Jahren arbeite ich auf deutschen Bühnen. Ich habe einiges von dem, was Strasberg entdeckt hat, selbst angewandt und auch den erwarteten Widerstand erfahren. Dieser mag mit der allgemeinen Pathologie unserer Theater zu tun haben, mit dem Argwohn, daß ein anderes Verfahren als das eigene die Gültigkeit dieses geliebten kleinen magischen Kastens, den man jahrelang gehätschelt hat, in Frage stellt. Die Methode bedeutet, Versteinertes zu hinterfragen; der Schauspieler, der aufhört zu lernen, wird früher oder später seinen Beruf verraten. Und dann ist da noch ein weiteres Mißverständnis: Strasberg und seine Methode wird immer noch gleichgesetzt mit einem bestimmten Stil, einer bestimmten Dramaturgie; und es werden so schreckliche Gespenster dagegen ins Felde geführt wie Platter Naturalismus, Amerikanisches Filmenuscheln & Psychoscheiße, Dr. Freuds Kabinett, Bhagwans Nabelschau oder Exhibitionistische

Seelenkotzerei usw.; als wären dies gruselige Vampire, gegen die nur Expressionismus, Manierismus und andere Kruzifixe das beste Theater der Welt vor Korruption und Niedergang schützen könnten. Tatsache ist, daß die Methode ermöglicht, die Anforderungen verschiedener Dramaturgien und Stile zu bedienen. Ein gestimmtes Klavier kann Bach spielen oder Charlie Parker. Wonach Strasberg suchte, waren die Mittel, anhand derer der Schauspieler tun kann, was immer das Stück und der Regisseur von ihm verlangen, ohne daß er verrückt wird, wenn er in dem schwarzen Loch zwischen sich und der Rolle verschwindet. Mein Freund Claus Peymann hat sich kürzlich amüsiert über unsere einstimmenden Übungen und gemeint, statt sich auf dem Boden zu wälzen und zu brüllen, würde er es vorziehen, vögeln zu gehen. Was wir, dank Strasberg, tun, ist das, was jeder Tänzer, Sänger oder Athlet vor einer Vorstellung oder einer Probe tut. So sehr ich die belebende Wirkung von wahrem Sex schätze, so wenig kann man von mir erwarten, daß ich um 10 Uhr vormittags die Schauspieler zurück zu ihren Liebsten schicke, wenn wir doch die schwierige Sache tun wollen, die so einfach ist – Theater.

George Tabori
Juli 1988

Vorwort

zur Originalausgabe

In seinem ersten Exposé zu diesem Buch erklärte Lee Strasberg:
»Dieses Buch über die Schauspielkunst richtet sich an ein allgemeines Publikum. Es ist kein Lehrbuch. Zum erstenmal wird hier
der Versuch unternommen, zu erläutern: Was heißt schauspielen?
Was ist das Stanislawski–System? Was ist die ›Methode‹?« Während der ganzen Zeit, in der er an diesem Buch schrieb, hielt sich
Strasberg immer wieder vor Augen, daß er für Leser schrieb, die
sich für das Theater, vor allem aber für die Kreativität als solche
interessieren. Indem er die Kreativität im schauspielerischen Prozeß erkundete, wollte er zu Einsichten in das Wesen der Kreativität überhaupt gelangen.

Lee Strasbergs ursprünglicher Arbeitstitel für dieses Buch lautete:
*What Is Acting: From Stanislavsky to the Method / Was heißt schauspielen:
Von Stanislawski zur Methode.* Er wollte darin ausführlicher und
gründlicher auf einige Fragen eingehen, die er schon in einem 900
Wörter umfassenden Artikel zu dem Stichwort *Acting* für die *Ency-
clopedia Britannica* aufgeworfen hatte. (Strasbergs Artikel trat übri-
gens an die Stelle eines Beitrags, den der große Schauspieler und
Regisseur Konstantin Stanislawski geschrieben hatte.) Strasbergs
Text für die *Britannica* endet mit einem Abschnitt über »Das
Wesen der Schauspielkunst«:

Die Schauspielkunst hat eine Geschichte, die von mühevol-
lem Ringen, von Fortschritt und Entwicklung geprägt ist.
Schauspielen ... ist die Fähigkeit, auf imaginäre Stimuli zu
reagieren; und seine wesentlichen Elemente sind nach wie
vor jene beiden Voraussetzungen, die schon François–Joseph
Talma genannt hat, »ungewöhnliche Sensibilität und außer-

ordentliche Intelligenz« — letztere nicht in Gestalt von abstraktem Wissen, sondern als Fähigkeit, das Funktionieren der menschlichen Seele zu begreifen. Die zentralen Probleme der Schauspielkunst — »fühlt« der Schauspieler oder ahmt er nur nach? soll er natürlich sprechen oder rhetorisch? was heißt natürlich? usw. — sind so alt wie das Schauspielen selbst. Nicht der Realismus hat sie aufgeworfen — sie ergeben sich vielmehr aus dem Wesen des schauspielerischen Prozesses selbst.

Genau dieses »Wesen des schauspielerischen Prozesses« will Lee Strasberg in seinem Buch erkunden. Strasberg zufolge ist dieser Prozeß lange Zeit mißverstanden worden, und zwar aus zwei Gründen. Zum einen wegen des transitorischen Charakters der Kunstform; und zweitens weil man nicht verstanden hat, worin die Unterschiede zwischen dem Problem des Schauspielers und dem jedes anderen Künstlers bestehen. Ausgehend von einer Zeile bei Shakespeare beschrieb Strasberg den flüchtigen Charakter des schauspielerischen Prozesses so:

> ... das wirkliche Problem und das Geheimnis beim Schauspielen besteht darin, daß der Schauspieler imstande sein muß, »bei einer bloßen Dichtung, einem Traum der Leidenschaft, ... seine Seele nach eignen Vorstellungen ... zu zwingen«. Dies zu erkunden wurde nach Shakespeare zum Grundproblem des Schauspielers.

Der Entdeckung des »Geheimnisses« des schauspielerischen Prozesses hat Strasberg die Arbeit seines Lebens gewidmet. Und in Hamlets Rede fand er nicht nur eine Definition für das Schauspielen – »ein Traum der Leidenschaft« —, sondern auch den endgültigen Titel für sein Buch.

Lee Strasberg nannte sein Leben am Theater eine »Reise«, eine Wanderung, die er ohne festes Ziel begann. Er machte sich daran, das Geheimnis des schauspielerischen Prozesses zu ergründen, und gelangte am Ende zur Entwicklung der »Methode«. In seinem Buch zeichnet er seine Reise durch die Theatergeschichte nach, beschreibt bedeutende Aufführungen und schildert eigene Experimente und Entdeckungen. Diese Reise war tatsächlich ein Abenteuer des Geistes.

Für Strasberg sollte *Ein Traum der Leidenschaft* »die erste authentische Beschreibung der ›Methode‹ sein. Das Buch schildert, wie die von Stanislawski entwickelten Ideen und Verfahren bei den Produktionen des ›Group Theatre‹ Anwendung fanden und welche Ergebnisse damit erzielt wurden. Es beschreibt weitere Verfahren und Übungen, die entwickelt wurden, um einige der Probleme zu lösen, die Stanislawski nicht hatte lösen können.«

Seine Entdeckungen führten Strasberg schließlich zu einem Verständnis der Kreativität. Aus der Erkenntnis, daß das »emotionale Gedächtnis« der Schlüssel zum kreativen Prozeß des Schauspielers ist, erwuchs seine Theorie, daß dieses emotionale Gedächtnis am Ursprung des künstlerischen Schaffens überhaupt steht. In dieser Hinsicht gibt es eine direkte Verbindung zwischen Strasberg und den großen Romantikern. Wenn Wordsworth die schöpferische Arbeit an einem Kunstwerk schildert (es geht in diesem Fall um Dichtung), dann beschreibt er im Grunde genommen das emotionale Gedächtnis:

> Ich habe gesagt, Dichtung sei ein spontaner Ausfluß mächtiger Gefühlsregungen: sie nimmt ihren Ausgang *bei einer Emotion, derer man sich in Gelassenheit erinnert*: diese Regung wird nun einer eingehenden Betrachtung unterzogen, bis die Seelenruhe in einer Art Gegenbewegung nach und nach verschwindet und eine Regung, verwandt mit der, die zuvor Gegenstand der Betrachtung war, hervorgebracht wird, die den Geist auch tatsächlich erfaßt. In dieser Stimmung setzt erfolgreiches Dichten für gewöhnlich ein, und in einer ähnlichen Stimmung wird es fortgeführt. (*Hervorhebung von Strasberg*)

Strasberg war auch der festen Überzeugung, daß das Problem der Kreativität den allgemein interessierten Leser nicht nur »interessieren« werde, daß sich vielmehr mit den hierbei gewonnenen Erkenntnissen das Leben jedes Menschen bereichern lasse:

> Der letzte Teil des Buches versucht zu zeigen, daß die Entdeckungen Stanislawskis und der »Methode« hinsichtlich der Kreativität des Schauspielers auch für das allgemeine Problem der Kreativität von Belang sind, das zu den großen pädagogischen Fragen von heute gehört.

Hätte er länger gelebt, so hätte sich Strasberg zu diesen Fragen auf den letzten Seiten des Buches ohne Zweifel noch ausführlicher geäußert.

Die Arbeit an diesem Buch begann Strasberg im Sommer 1974 in Kalifornien. Seine Frau Anna hatte ihn gedrängt, die Schritte, die ihn schließlich zur Entwicklung der »Methode« führten, schriftlich festzuhalten. Die erste Fassung diktierte er in seinem Arbeitszimmer. Das erklärt den lebendigen, fast gesprächshaften Ton seines Buches. An den Montagen, die auf diese sonntäglichen Diktate folgten, las er vor seinen Studenten am Lee Strasberg Theatre Institute oft über Theatergeschichte. Die Tonbandmitschnitte von diesen Vorlesungen offenbaren, daß ihm die Fragen, mit denen er sich tags zuvor beschäftigt hatte, immer noch durch den Kopf gingen. Oft nutzte er diese Vorlesungen, um die Probleme, die ihn beschäftigten, für sich noch genauer zu klären, so daß diese Vorlesungen zur Grundlage für manche Überarbeitungen wurden. In einer Vorlesung lieferte er zum Beispiel eine glänzende Analyse von Diderots Essay *Das Paradox des Schauspielers*; in einer anderen führte er einige Übungen vor, die er bei seinem Schauspiellehrer Richard Boleslawski gelernt hatte.

Als Strasberg nach New York zurückkehrte, setzte er die Arbeit am Manuskript fort — umgeben von seiner Privatsammlung mit Tausenden von Büchern und Zeugnissen aus der Theatergeschichte. Er erweiterte den Teil über Boleslawski, wobei er die Tagebücher aus seiner Zeit am American Laboratory Theatre heranzog; er arbeitete neue Informationen über das Group Theatre ein und bediente sich dabei eigener Aufzeichnungen und

Regienotizen; er befaßte sich eingehender mit Stanislawski und fügte einen Abschnitt über Brecht hinzu. Seine umfangreiche Sammlung historischer Abhandlungen über die Schauspielkunst — darunter viele unveröffentlichte Werke oder private Briefe — regte ihn bei der Arbeit immer wieder an. Er schrieb auch einen ausführlicheren Abschnitt über das emotionale Gedächtnis und seine Beziehung zur Literatur und zur bildenden Kunst. Schließlich fügte er noch Abschnitte hinzu, in denen er auf die Arbeit von Grotowski und Artaud eingeht.

Das Manuskript des Buches war abgeschlossen, als Strasberg starb. Aber die genaue Reihenfolge der einzelnen Teile hatte er nicht endgültig festgelegt und auch nicht entschieden, wo die Stücke eingeschoben werden sollten, die er nach dem ersten Entwurf diktiert hatte.

Ich lernte Lee Strasberg im Sommer 1981 kennen. Ich war damals gerade zur Vorsitzenden des Undergraduate Drama Department an der Tisch School of the Arts, einer Fakultät der New York University, ernannt worden. Unser Department stand in Verbindung mit dem Lee Strasberg Theatre Institute, wo unsere Studenten Schauspielunterricht erhalten. Im Herbst und im Winter 1981 nahm ich als Beobachter an einigen Seminaren Strasbergs teil, besuchte eine Reihe seiner Vorlesungen und führte mehrere Gespräche mit ihm.

Nach dem Tod von Lee Strasberg organisierte ich an der Tisch School während eines Jahres eine Hommage an das Group Theatre. In dieser Zeit las ich erstmals den frühen Entwurf zu diesem Buch. Bill Phillips vom Verlag Little, Brown and Co. bat mich dann, das Manuskript des Buches zu redigieren. Phillips Vater, der Schauspieler Wendell K. Phillips, hatte selbst bei Strasberg studiert. Strasberg war Phillips immer sehr dankbar gewesen — für sein Zutrauen in das Buch und für seine Unterstützung während der Arbeit daran. Bill war nach Strasbergs Tod sehr geduldig und hatte Verständnis für den Wunsch von Anna Strasberg, die Veröffentlichung hinauszuschieben. Mit seinen Ratschlägen war er bei der Fertigstellung des Buches ungemein hilfreich.

Bei der redaktionellen Arbeit hatte ich, wie mir schien, drei Aufgaben: die Stimme Lee Strasbergs und seinen Stil unverfälscht zu bewahren; dem vorhandenen Material eine klare Anordnung zu geben; und hier und da den Satzbau zu klären.

Ich verwendete das ursprüngliche, diktierte Manuskript als Grundlage für dieses Buch, weil es meinem Eindruck nach Strasbergs gesprächshaften Stil am besten vermittelte. (Wegen des kooperativen Charakters von Theaterarbeit sagte er oft »wir« und »uns«, wenn er von seiner Arbeit und seinen Entdeckungen sprach.) Dann fügte ich Abschnitte aus der für Little, Brown and Co. angefertigten Skizze hinzu, die weitere Informationen über Strasbergs Arbeit als Regisseur am Group Theatre enthielten, und einen Abschnitt über Bertolt Brecht. Für Strasberg waren diese Stücke sehr wichtig. In seinem ursprünglichen Exposé hatte er es als notwendig bezeichnet, »klar zu machen, daß der Stil der Produktionen des Group Theatre der herkömmlichen Idee von Realismus nicht ganz entspricht, und zu zeigen, wie das Group Theatre zu einem Inszenierungsstil für die Zukunft beigetragen hat — und selbst das Theater Brechts beeinflußte, wozu Material vorgelegt wird, das bislang nicht verfügbar war«.

Strasberg hatte außerdem einen eigenständigen Text über die Beziehung des emotionalen Gedächtnisses zu anderen Kunstformen diktiert, ohne festzulegen, an welcher Stelle im Buch er eingefügt werden sollte. Wie schon in seinem Artikel für die *Encyclopedia Britannica* hatte er Wordsworth und Proust als Beispiele angeführt. Diesen Text plazierte ich hinter seine Ausführungen zum emotionalen Gedächtnis.

Strasberg hatte auch geschrieben, es bestehe »keine Notwendigkeit, Illustrationen beizugeben. Aber wenn man es für ratsam hält, kann man interessante Abbildungen bedeutender Schauspieler...einfügen.« Ich habe Portraits und Zeugnisse einiger bedeutender Schauspieler, von denen in diesem Buch die Rede ist, und Photographien von Strasberg selbst ausgewählt. Sie alle stammen aus seiner Privatsammlung.

Lee Strasberg hat gesagt, er sei »psychologisch unfähig«, eine Autobiographie zu schreiben, und in diesem Buch erwähnt er

Ereignisse aus seinem eigenen Leben nur, wenn sie in einer Beziehung zu seinen Entdeckungen stehen. Deshalb wird dem Leser ein kurzer biographischer Abriß vielleicht gelegen sein.

Strasberg wurde 1901 im galizischen Budzanow, im heutigen Polen, geboren, kam 1909 in die Vereinigten Staaten und wuchs in dem Einwandererviertel der Lower East Side von New York auf. In dieser kulturell sehr anregenden Umgebung geriet er zum erstenmal in Berührung mit dem Theater. Im Jahre 1923 begann er eine Ausbildung als Schauspieler an dem von Richard Boleslawski geleiteten American Laboratory Theatre. 1931 gründete er zusammen mit Harold Clurman und Cheryl Crawford das Group Theatre. Ziel war die Bildung einer Theatergruppe, die sowohl gemeinsam Stücke produzierte als auch auf der Grundlage der Arbeiten Stanislawskis einen systematischen Ansatz für die Schauspielerausbildung entwickelte. Lee Strasberg führte bei den ersten Stücken des Group Theatre nicht nur Regie, er war auch für die Schauspielerausbildung verantwortlich. Hier begann er, sein System, die »Methode«, zu entwickeln. 1936 verließ Strasberg das Group Theatre und arbeitete unabhängig davon als Regisseur. Als er 1951 Künstlerischer Leiter des Actors Studio wurde, war seinen Bemühungen ein bestimmender Einfluß auf die Schauspielkunst in Amerika gesichert.

Neben seiner Arbeit für das Actors Studio führte er auch weiterhin am Broadway und anderswo Regie und leitete private Kurse. Außerdem gründete er die Lee Strasberg Theatre Institutes in New York und Los Angeles, die seine Arbeit heute fortsetzen. Im Jahre 1974 nahm Strasberg in *Der Pate. Teil II* seine schauspielerische Karriere wieder auf – diesmal im Film.

Lee Strasberg starb am 17. Februar 1982 in New York an einem Herzanfall. Er hinterließ dem Theater ein Vermächtnis von bleibender Bedeutung.

Evangeline Morphos
New York, April 1987

Einleitung

Im Januar 1937 trat der bekannte, allgemein hochgeschätzte Theater– und Filmschauspieler Walter Houston in einer Inszenierung des *Othello* am Broadway auf. Es wurde ein Fiasko. Aber wie es zuweilen im kommerziellen Theater geschieht — niemand wußte genau, warum. Einige Kritiker sagten dies, andere das; manche Zuschauer hatten an diesem etwas auszusetzen, andere an etwas völlig anderem. Die Produzenten waren in heller Aufregung, weil sie nicht wußten, woran es lag oder wem sie die Schuld geben sollten.

Über diese Episode schrieb Houston einen bittersüßen anekdotischen Artikel, der im März 1937 in dem prachtvoll aufgemachten *Stage Magazine* erschien. Er war überschrieben »Triumph und Schlappe: am Morgen danach sitzt Othello im Bett und liest und liest«. Obwohl Houston einen humorvollen Artikel über die Aufführung eines klassischen Stücks auf der kommerziellen Bühne schreiben wollte, berührte er darin eine uralte Frage, die mit dem spezifischen künstlerischen Problem des Schauspielers zusammenhängt. Er sei an diesem Eröffnungsabend, so erklärte er, in besonderer Hochstimmung gewesen, »dank der stimulierenden Wirkung, durch die ein großes New Yorker Premierenpublikum einer solchen Aufführung immer etwas besonders Erregendes verleiht, sofern der Schauspieler darauf einzugehen vermag«. Houston hatte sich denkbar wohl gefühlt. Das Spiel hatte ihm wirkliches Vergnügen gemacht. Die Schauspieler hatten das Gefühl, das Publikum gehe mit: sie konnten es auf der Bühne spüren; sie fühlten, daß sie das Publikum wirklich in der Hand hatten. Sie waren sicher, daß die Inszenierung ein Erfolg werden würde. »Wir waren fest davon überzeugt, daß wir eine Wahnsinnsaufführrung hingelegt hatten, daß wir es nie im Leben besser hinbekommen würden.«

Am nächsten Morgen nahm Houston, trotz der Abneigung des Schauspielers gegen Kritiken, zuerst die *Daily News* zur Hand, weil er wußte, daß man bei Burns Mantles Bewertungssystem mit Hilfe von Sternchen auf einen Blick im Bilde war. Die mickrigen zweieinhalb Sternchen versetzten ihm einen ziemlichen Schock. Hastig schlug er die *New York Times* auf, er suchte nach der hoch angesehenen Meinung von Brooks Atkinson und mußte feststellen, daß sie keineswegs günstiger ausgefallen war als die von Mantle. Den ganzen Tag plagte sich Houston mit den anderen Besprechungen, die nach und nach erschienen. Aber jedesmal war das Ergebnis negativ. Houston schildert sein Erstaunen und seine Verwirrung angesichts der Reaktion der Kritiker:

Ich konnte es kaum glauben. Nach all den Monaten voller Arbeit und Sorgfalt, nach allem, was wir geredet hatten, nachdem wir hunderte Male etwas geändert und geprobt hatten und nachdem nun auch das winzigste Detail wie am Schnürchen klappte — konnte es da sein, daß wir ein dermaßen dürftiges Ding produziert hatten?

Der Hauptstoß der Kritik richtete sich gegen mich. Es hatte keinen Sinn, daß ich mir etwas vormachte — dem klaren Votum gegen meine darstellerische Leistung konnte ich nicht entkommen. Ich versuchte mir einzureden, daß die Kritiker irgend etwas gegen mich hatten, daß sie mich für einen hausbackenen Kerl hielten, der nur vornehm tat. Ich weigerte mich, in der ungünstigen Kritik irgend etwas Wahres zu sehen, drehte den Spieß vielmehr um und nahm die Kritik zum Anlaß, die Kritiker zu kritisieren. Ahnten sie nicht, daß ich diese Rolle länger studiert und gründlicher durchdacht hatte als jede andere, die ich bisher gespielt hatte? Warum konnten sie meine Auffassung nicht akzeptieren, statt mir aus lauter Ahnungslosigkeit Vorschriften zu machen? Aber ich wußte, daß auch dieses Argument nicht zog. Über mein Spiel, das gestand ich mir nach und nach ein, wußten sie vor allem eines: es hatte sie nicht ergriffen; es hatte ihr Interesse nicht geweckt und nicht gefesselt; es hatte sie nicht unterhalten und hatte die Glocken des Beifalls bei ihnen nicht zum Läuten gebracht. Im Gegenteil, sie wollten mich schlachten. Aber ich wußte auch: selbst wenn ich die Theorie Einsteins verstanden und völlig durchschaut hatte, brauchte sie deshalb noch lange nicht reizvoll für das Publikum zu sein. An diesem Brocken hatte ich lange zu schlucken.

Houstons Erfahrung war keineswegs neu. Er glaubte zwar, seine Fragen seien individueller Art und beträfen nicht das Theater überhaupt — aber sie sind zweitausend und mehr Jahre älter als der *Othello* am Broadway. In ihnen kommt das Grundproblem des Schauspielers zum Ausdruck. Für Houston stellten sich diese Fragen ganz einfach und direkt: Wie ist es möglich, daß ein Schauspieler das Gefühl hat, er habe eine überzeugende, dynamische Verkörperung einer Rolle zustande gebracht, und am Ende feststellen muß, daß die Kritiker völlig anderer Ansicht sind? Houstons irritierte Fragen betreffen, recht besehen, die problematische Beziehung zwischen dem Denken und Fühlen des Schauspielers auf der einen Seite und der Form seines Ausdrucks auf der anderen. Aber Houstons Fragen rühren an ein noch größeres Problem: Wie lassen sich große schauspielerische Leistungen gezielt hervorbringen?

Es gibt viele Beispiele für große Schauspielerleistungen und große Schauspieler, aber kaum Berichte darüber, sei es von den Schauspielern selbst oder von ihren Kritikern, wie solche Größe erreicht worden ist oder welche Verfahren vonnöten sind, um sie hervorzubringen und immer wieder hervorzubringen. Bevor der große russische Regisseur Konstantin Stanislawski seine Entdeckungen machte, betrachtete man das Schauspielen entweder als eine Sache der Inspiration oder als äußerliche Nachahmung. Heute kennen wir einen dritten Ansatz.

Das vorliegende Buch versucht, viele verschiedenartige Informationen zu versammeln, um diesen dritten Ansatz zu erläutern —

das, was man gemeinhin als die »Methode« bezeichnet. Die Methode ist tatsächlich eine Fortsetzung und Erweiterung des Stanislawski–Systems in Rußland. Ich habe mich bemüht, die einzelnen Bestandteile in der Reihenfolge darzustellen, in der ich sie erkundet oder entdeckt habe, so daß der Leser die Entwicklung der Methode in ähnlicher Weise nachvollziehen kann, wie ich das Problem des Schauspielers und seine Lösung erkannt habe. Wenn ich auf meinen Werdegang zurückblicke — vom Zuschauer zum Schauspieler, zum Regisseur, zum Lehrer und schließlich zum Theoretiker —, kommt es mir nicht so vor, als sei alles im voraus geplant gewesen, mir erscheint mein Leben viel eher als eine vom Zufall bestimmte Reise mit offenem Ende. Und in mancher Hinsicht sollte man die Entdeckung der Methode ganz ähnlich sehen. Diese Reise beginnt mit der Erkenntnis, wo das zentrale Problem des Schauspielers liegt: Wie kann der Schauspieler wirklich empfinden und zugleich in völliger Selbstbeherrschung auf der Bühne agieren? Stanislawski hat begonnen, sich mit diesem Problem systematisch zu beschäftigen. Bei unserer Arbeit am Group Theatre, im Actors Studio und in den Lee Strasberg Theatre Institutes haben wir die Antworten auf eine zweite Frage gefunden: Wie kann der Schauspieler sein wirkliches Fühlen auf der Bühne zum Ausdruck bringen?

Der Beginn meiner Reise
Suche und Entdeckung

Nie hätte ich mir träumen lassen, daß ich mein Leben beim Theater verbringen würde. Als ich an der Lower East Side von New York heranwuchs, war das professionelle Theater für mich eine ferne, fremde Welt, etwas, das andere Leute ganz anderswo betrieben. In einem Alter, in dem angehende Schauspieler normalerweise unter den Beifallsstürmen eines imaginären Publikums vor dem Schlafzimmerspiegel posieren, träumte ich über historischen Büchern von uralten Zeiten, von den kriegerischen Anfängen der Zivilisation, von Feldherren mit unaussprechbaren Namen. Hätte damals jemand meinen Eltern gesagt, aus mir würde mal ein Broadway–Regisseur, ein Hollywood–Schauspieler oder der Leiter eines weltbekannten Schauspiel–Instituts, dann hätten sie mir zugelächelt und mit den Achseln gezuckt. Nichts in meinem Tun und Lassen, kein familiärer Hintergrund, keine theaterbesessenen Verwandten, kein leuchtendes Vorbild, das einen hätte leiten können — und am allerwenigsten mich —, ließ darauf schließen, daß ich etwas mit den wichtigsten Neuerungen in der Schauspielkunst und der Theaterarbeit zu tun haben würde. Aber das Schicksal geht manchmal unerwartete Wege.

Wenn dem Milieu meiner Kindheit auch der Glanz fehlte — selbst jener fiktive, mit dem Hollywood das typische Armutsviertel der Zeit vor dem Ersten Weltkrieg so gern umgibt —, war die Lower East Side doch von einem eigenartigen Enthusiasmus durchdrungen, einem tiefen, geradezu fanatischen Durst nach Wissen und Kultur. Mein Schwager, Max Lippa, war Handelsreisender; er fuhr in der Gegend herum, kaufte alten Schmuck und gewann das Gold daraus. Aber die bloße Notwendigkeit, den Lebensunterhalt zu verdienen, war den Menschen damals nicht genug. Überall war ein Drang zur Kultur spürbar, und Max wurde Mitglied einer Gruppe, die sich Progressive Dramatic Club nannte.

Mein Schwager trat nicht oft als Schauspieler auf, aber er hatte das Zeug zu einem glänzenden Maskenbildner. Verblüfft sah ich zu, wenn er mit künstlichem Haar und ein bißchen Paste die verschiedensten Masken schuf. Ich habe nie herausgefunden, wo und wie er seine außergewöhnliche Fertigkeit erworben hat.

Neben der gewöhnlichen Arbeit in diesem Club beteiligte er sich alljährlich an den Vorbereitungen für einen großen Umzug, der meistens anläßlich eines wichtigen jüdischen Festtages veranstaltet wurde. Den Mittelpunkt der Darbietung bildete ein historisches Tableau, an dem hundertfünfzig Laienschauspieler teilnahmen. Max schuf die Masken für alle diese Leute. Er hat auch meinen ersten direkten Kontakt mit dem Theater zu verantworten.

Der Club sollte ein Stück des österreichischen Dramatikers Arthur Schnitzler in Jiddisch aufführen, sein Titel *Dos Glick in Winkel*. Der Club brauchte einen jungen Mann, der den jüngeren von zwei Brüdern spielen sollte. Max empfahl mich. Wie wenig ich mir damals aus dem Theater machte, erkennt man schon daran, daß ich mich an die Handlung des Stücks ebensowenig erinnern kann wie an den Namen der Figur, die ich spielte. Und den Namen der Gestalt, die mein theaterbegeisterter Schwager verkörperte, weiß ich nur deshalb noch, weil ich noch immer jenes seltsame, köstliche Gefühl empfinde, das mich ergriff, als mein erster Satz in dem dunklen Zuschauersaal erklang: »Was der Fritz kann, kann ich auch!« Noch heute ist mir der Klang meiner Stimme in dem kleinen Theater gegenwärtig und das unverhoffte Lachen, mit dem sie begrüßt wurde. Es war eine angenehme, erfreuliche Empfindung, doch wirklich verführt hatte mich das Theater damals noch nicht.

Aber das Schicksal ließ nicht locker. Um das Jahr 1915 sollte der berühmte jiddische Schauspieler Jacob Ben-Ami am Neighbourhood Playhouse, das im Begriff war, sich einen Ruf als seriöses Theater zu erwerben, bei drei Einaktern in Jiddisch Regie führen. Die Schauspieler in dem Stück waren Mitglieder des Progressive

Dramatic Club; und weil ich schon früher mit ihnen zusammengearbeitet hatte und Jiddisch sprach, lud man mich ein mitzumachen. Ich spielte die Rolle eines jungen Mannes in einem Stück des großen jüdischen Schriftstellers und Dramatikers J.L. Peretz. Erst heute ist mir die Grundidee des Plots klar, denn viele Jahre später habe ich dieses Stück noch einmal gelesen. Aber auch hier kann ich mich nicht daran erinnern, was sich auf der Bühne abspielte oder wie es bei den Proben zuging. Seltsamerweise sind mir nicht einmal irgendwelche Erinnerungen oder Anekdoten aus der Arbeit mit Jacob Ben–Ami im Gedächtnis geblieben, dessen Werk später große Bedeutung für die Entwicklung meiner Einsichten in die Probleme der Schauspielkunst gewinnen sollte.

Meine dritte Erfahrung auf der Bühne hat sich mir tiefer eingeprägt. Auch in diesem Fall habe ich den Namen des Stückes und wovon es handelte vergessen; ich weiß nur noch, daß es ein deutsches Stück war und von Hermann Sudermann stammte. Um diese Zeit hatte sich der Progressive Dramatic Club schon einen gewissen Namen und ein gewisses Ansehen erworben. Einmal im Jahr veranstaltete er Sondervorstellungen in einem richtigen Theater. Diesmal sollte die Aufführung in dem alten Liptzin Theatre an der Bowery stattfinden, das nach einer berühmten jiddischen Schauspielerin benannt war.

Meine Erinnerung an die Proben beschränkt sich darauf, daß es welche gab. Ich spielte den jüngeren Bruder einer Frau, die ein Verhältnis mit einem Mann aus besseren Kreisen hatte. Nachdem es mit dem Verhältnis vorbei war, kümmerte sich der Mann kaum noch oder gar nicht mehr um sie. Die Proben waren im wesentlichen intellektuell und analytisch und legten nur die Bewegungsabläufe auf der Bühne fest. Wir probten nicht mit Requisiten. Es gab keine Kostümprobe. Mit Beleuchtung und Bühnenbild waren wir zum erstenmal bei der Aufführung selbst auf der Bühne konfrontiert. Der Moment, der mir in lebhafter Erinnerung blieb, ist die Szene, die dem romantischen Rendezvous der Frau mit ihrem Liebhaber vorangeht. Vielleicht würde ich sie lieber vergessen.

Es ist Abend. Die Bühne ist leer, ich soll auftreten und die Lampe anzünden, um die rechte Stimmung für die nun folgende romanti-

sche Szene zu erzeugen. Ich erinnere mich an alles so klar, als
wäre es gestern geschehen: wie ich an den Tisch mitten auf der
Bühne trete, dem Publikum zugewandt, und ein Streichholz zur
Hand nehme, um die Lampe anzuzünden. Da sah ich plötzlich
eine Lampe vor mir, wie ich noch nie eine gesehen hatte. Es war
eine dieser altmodischen Lampen mit Glaszylinder. Ich hatte
keine Ahnung, wie man eine solche Lampe anzündete. Nur oben
gab es eine Öffnung. Ich führte das Streichholz von oben in den
Zylinder, und ... nun, Sie können sich denken, was geschah. Die
Flamme schoß auf, und beinahe hätte es in dem Zylinder eine
Explosion gegeben. An das, was danach geschah, kann ich mich
nicht mehr genau erinnern. Vielleicht geriet ich mitten auf der
Bühne ins Wanken, ich verlor den Boden unter den Füßen, aber
vor mir waren Tausende von Augen, weit aufgerissene Augen, die
mich anglotzten — so, wie man es von surrealistischen Bildern
oder aus Alpträumen kennt. Sie bewegten sich, wurden größer,
indem sie sich näherten, und wichen dann wieder zurück. Ich sah
keine Gesichter, bloß diese Augen. Alles andere habe ich vergessen.
Wie ich von der Bühne heruntergekommen bin, weiß ich
nicht mehr. Ich weiß auch nicht, ob ich nach dieser Szene noch
einmal in diesem Stück auftreten mußte. Und natürlich weiß ich
auch nicht, wie die Lampe schließlich angezündet wurde.
Hätte ich zu jener Zeit die ernsthafte Absicht gehabt, am Theater
zu arbeiten, so hätte das Erlebnis mit der Lampe diese Pläne
wahrscheinlich zunichte gemacht. Zum Glück hatten sich meine
Interessen an der Schauspielerei jedoch noch nicht entwickelt.
Ich erinnere mich auch an ein anderes Erlebnis, das mit dem
Theater zusammenhängt. Ich besuchte damals eine Schule, an
der Jiddisch, Hebräisch und andere Fächer aus der jüdischen
Kultur gelehrt wurden. Der Leiter der Schule hieß Joel Antin, er
war zugleich der führende Kopf des Progressive Dramatic Club,
eine wirkliche Kraft im geistigen Leben der jüdischen Gemeinde.
Merkwürdig bäurisch wirkte dieser Mann, dessen Körper und
Gesicht wie aus Ton geformt schienen. Er hatte an der Columbia
University studiert, und sein Spezialgebiet war die dramatische
Literatur. Er hielt uns Vorträge über die Geschichte des jüdischen

Dramas, betonte dessen volkstümliche Wurzeln, seine Erdverbun-
denheit und sein Gespür für realistische Charakterzeichnung. Es
war, als spräche eine jener ägyptischen Granitstatuen mit
unheimlicher, nicht nachlassender Eindringlichkeit zu uns. Der
Eindruck, den er auf uns junge Leute machte, war gewaltig.

An jedem Festtag sprach er über die Geschichte und Bedeutung
dieses besonderen Festes zu uns. An bestimmten Feiertagen — vor
allem an Purim und Chanukka — führte die Schule kleine historische Stücke auf. Ich hatte offenbar eine gewisse schauspielerische
Begabung gezeigt, denn bei einem Purim–Stück wurde ich für die
Rolle des Mordechai ausgewählt. Nach dem Stück kam einer meiner Lehrer zu mir, um mir zu meiner Darbietung zu gratulieren.
Da trat ein zweiter Lehrer hinzu und fing an, den anderen zu
kritisieren, weil der mich beglückwünscht hatte. Er sagte ihm, es
sei nicht recht, mir solche Flausen in den Kopf zu setzen. »Es ist
unsinnig, einen jungen Mann auf den Gedanken zu bringen, er
solle sich für das Theater interessieren. Das ist kein Ziel, das man
einem jungen Mann ernstlich als Ideal empfehlen könnte.« Ich
war überrascht und verwirrt darüber, daß jemand Anstoß daran
nahm, wenn man mir ein Kompliment machte — oder daß er
glaubte, ich sei ernsthaft interessiert, zum Theater zu gehen.

Und doch sollte ich, ohne es recht zu bemerken, dem Ruf des
Theaters nachgeben. Ich war damals, Anfang der zwanziger
Jahre, ein junger Mann, und strebte vor allem danach, gewisse
Personen kennenzulernen, die die gleichen Interessen hatten wie
ich. Mit anderen Worten, ich hielt Ausschau nach weiblicher
Gesellschaft. Ein paar Freunde von mir, die von meinen früheren
Theatererfahrungen wußten (von der traumatischen Episode mit
der Lampe aber offenbar nie gehört hatten), erzählten, daß sie im
Settlement House an der Chrystie Street einen Theaterclub auf-
ziehen wollten. Diese Settlement Houses, eine Art Gemeindezen-
tren, spielten damals eine interessante Rolle. Vielen jungen Leuten
boten sie die Chance, sich sportlich und kulturell zu betätigen,
wozu sie sonst keine Gelegenheit gehabt hätten. Dieser Club nun
sollte Students of Art and Drama oder kurz S.A.D. heißen. Natürlich war die Hauptaufgabe des Clubs eher sozialer als schauspiele-

35

rischer Art, aber es kam darin unser Wunsch zum Ausdruck, an der Kultur des Viertels, in dem wir lebten, teilzuhaben und uns intellektuell zu betätigen. Dies war, wie schon gesagt, eine der stärksten Antriebskräfte im Leben der Lower East Side.

Philip Loeb, der zu jener Zeit bei der Theatre Guild für Besetzungsfragen zuständig war, besuchte einmal eine Vorstellung in dem Settlement House, um eine befreundete Schauspielerin in einem Einakter zu sehen, in dem auch ich eine Rolle hatte.

Ich spielte die Rolle eines blinden Jungen. Nach der Vorstellung, als Loeb zu seiner Freundin hinter die Bühne kam, warf er mir einen prüfenden Blick zu und fragte ganz ruhig: »Hast du Lust, zum Theater zu kommen?« Ich antwortete schlicht und aufrichtig: »Nein.« Er zuckte nicht mit den Achseln und ging nicht weiter darauf ein. »Nun gut, falls doch, besuch mich mal!« Ich vergaß diese Begegnung sofort, bis sie mir viele Jahre später wieder einfiel, als ich ihn tatsächlich aufsuchte — aber das war der Anfang einer ganz anderen Geschichte.

Ich betrachtete mich immer noch nicht als aktiven Angehörigen der Theaterwelt. Ich hatte, soweit ich wußte, keine besonderen Fähigkeiten. Ich arbeitete in der Versandabteilung und als Buchhalter einer kleinen Firma, die Menschenhaar an große Warenhäuser wie Woolworth's und Kresge's lieferte. Ich hatte zwar keine genaue Vorstellung von meiner Zukunft, aber ich hielt Ausschau nach irgendeiner intellektuellen Tätigkeit — vielleicht als Lehrer.

Ich ging auch weiterhin ins Theater. Gelegentlich besuchte ich das Yiddish Theatre, aber diese Aufführungen hinterließen nur schwache Eindrücke. Deutlich erinnere ich mich an David Kessler, einen Schauspieler mit viel Temperament. Ich sah Jacob P. Adler gegen Ende seines Lebens. Er war ein großartig aussehender... ich wollte sagen: Mensch — aber den Menschen sah man in ihm eigentlich gar nicht; man sah in ihm den Schauspieler — eine gewaltige, ungewöhnliche, löwenhafte Erscheinung.

Meine ersten wirklichen Erinnerungen an Theaterbesuche beginnen am Broadway und fallen in die Zeit, in der ich beschloß, Schauspieler zu werden. Das erste Broadway–Stück, das ich sah, war eine *Hamlet*–Inszenierung mit Walter Hampden während einer Matinee–Vorstellung am Thanksgiving Day. Ich besuchte sie zusammen mit einem meiner besten Freunde, Ben Slutsky (unsere Freundschaft reichte zurück bis in meine frühe Jugend und währte bis in die Zeit des Group Theatre, danach verlor ich ihn aus den Augen). Natürlich fragten wir nach billigen Karten. Da das Haus nicht voll war, bekamen wir Plätze im Parkett. Hampden lieferte eine eindrucksvolle Vorstellung: es war traditionell, aber nicht oberflächlich. Dies also war mein erster *Hamlet*.

Ich hatte das Glück, daß meine ersten Theaterbesuche am Broadway in eine Zeit fielen, die noch heute als Goldenes Zeitalter der Schauspielkunst gilt. Ich erlebte Auftritte von Eleanora Duse, Giovanni Grasso, Laurette Taylor und anderen großen Darstellern. Ich weiß nicht, warum, aber ich verfügte schon damals über eine gute Beobachtungsgabe und ein Gespür für schauspielerische Leistung. Ich erkannte den Unterschied zwischen dem, was wirklich und echt war, und einer bloß äußerlichen Fertigkeit. Wenn man bedenkt, wie wenig ich von den Stücken behalten habe, an denen ich selbst beteiligt war, ist es eigentlich seltsam, daß ich mich an bestimmte Aufführungen, bei denen ich nur zusah, so deutlich erinnere.

Einer der großen Nachteile des Theaters besteht darin, daß alles, was dort geschaffen wird, in schmelzenden Schnee geschrieben ist und daß von den Erlebnissen nur Erinnerungen übrigbleiben. Mit großer Freude und ein wenig schwermütig denke ich daran zurück, wie ich in jenen frühen Tagen Eva Le Gallienne in *Liliom* sah. Ich wünschte, es wäre möglich, die junge Eva Le Gallienne noch einmal zu sehen, und jene ätherische Ausstrahlung zu spüren, die sie auf der Bühne besaß.

Daß Schauspieler Charaktere darstellen, die unfähig sind, ihre Gefühle zu äußern, halten wir für ein modernes Phänomen, aber von eben dieser Art waren die Rollen, in denen Eva Le Gallienne damals auftrat. Sie war vielleicht weniger naturalistisch als junge Schauspieler von heute. Aber ihr ganzes Auftreten und ihre Bewegungen erzeugten eine Atmosphäre von reiner Poesie.

Einer der großen Auftritte, die ich als Theaterbesucher erlebte, war der von Jeanne Eagels in *Rain* nach der Erzählung von Somerset Maugham. Unter einem »großen Auftritt« verstehe ich einen, der nicht einfach der Gestalt und dem Umriß von Rolle und Handlung folgt; ein großer Auftritt zeichnet sich vielmehr dadurch aus, daß sich der Schauspieler auf die Gefühlsregungen in ihrer Wirklichkeit und Erlebnisintensität ganz einzulassen scheint. Es sieht nicht nur so aus — er tut es wirklich, er bringt sie in diesem besonderen Augenblick hervor, und wir, das Publikum, haben Anteil daran.

Dieser Auftritt ist mir in so lebhafter Erinnerung geblieben, daß ich viele Jahre später, als ich mit Marilyn Monroe in Kontakt kam, zusammen mit ihr als erste Produktion nach der Auflösung ihres Vertrages mit Fox eine Aufführung von *Rain* plante. Wir hatten nicht nur diesen Plan, wir hatten sogar schon Vorbereitungen für eine Fernsehproduktion mit Marilyn Monroe getroffen. Es lag nicht an uns, daß sie leider nie zustande kam.

Noch heute bedaure ich zutiefst, daß das Publikum sie in diesem und anderen Stücken nie sehen konnte, die wir am Actors Studio und in meinen privaten Kursen miterleben durften. Ich hatte das Gefühl, daß sie nahe daran war, jene erdverbundene Herbheit und Sinnlichkeit, jenes eigenartige Sehnen hervorzubringen, das zuerst Jeanne Eagels in dieser Rolle zustande gebracht hatte. Wenn andere sie zu spielen versuchten (zum Beispiel Tallulah Bankhead), dann erfaßten sie meist nur den äußeren Charakter der Rolle, ihre vulgäre Seite. Niemand scheint sich an das innere, fast mystische Feuer zu erinnern, das Jeanne Eagels in der Szene mit dem Priester verzehrte. Es schien, als hätte sie eine ganz neue Seinsdimension erreicht, und als sie zutiefst bestürzt und über-

---

[1] Ich finde es immer wieder ärgerlich, wenn eine junge Schauspielerin zum erstenmal auftritt und gleich als »junge Jeanne Eagels« angepriesen wird. Entweder haben die Leute, die so etwas behaupten, Jeanne Eagels nie gesehen oder sie erinnern sich nicht mehr an das, was sie gesehen haben, denn eine »junge Jeanne Eagels« hat es nie gegeben. Als sie jung war, kannte sie niemand. Erst mit zunehmendem Alter wurde sie die Jeanne Eagels, die wir kennen. Und einer jungen Schauspielerin eine solche Last aufzubürden, setzt sie einem unerträglichen Druck aus; ich habe viele erlebt, die ihm nicht gewachsen waren.

rascht erkannte, daß es ihm wieder nur um das ging, was sie hinter sich gelassen hatte — die Begierden ihres Körpers —, da überwältigte sie ein Gefühl tiefer Verlassenheit und Desillusionierung.[1]

Die Darbietungen von Pauline Lord, die in Eugene O'Neills *Anna Christie* und später in Sidney Howards *They Knew What They Wanted* auftrat, waren, soweit ich mich erinnere, vollkommen gelungen, in sich geschlossen, mühelos, einleuchtend. Aber ihre spätere Arbeit hatte oft etwas Mechanisches, Totes an sich. Die ganze Vorstellung über warteten wir, bis es so weit war — bis der elektrisierende Augenblick kam, und dann schien es, als sei ein Schalter betätigt worden. Emotion flammte auf. Danach aber nahm die Schauspielerei ihren Fortgang, gekonnt, direkt, natürlich, aber unbewegt und nicht sonderlich bewegend. Im Laufe ihrer Karriere entwickelte Pauline Lord einen seltsam alternierenden Stil: jeder Auftritt war ein ständiger Wechsel zwischen Innehalten und Vorwärtsdrängen. Als ich sie Jahre später kennenlernte, hatte ich das Gefühl, sie warte darauf, daß irgend etwas geschehen würde. Ihre Stimme war heiser, die Augen glänzten und suchten nach etwas, das sie nie fanden. Wenn ihr Auftritt vollkommen war, wirkte er elektrisierend. Wenn nicht, wirkte er leer — scheinbar natürlich, aber formlos und in gewisser Weise leblos.

An die Auftritte von Laurette Taylor am Broadway kann ich mich nicht erinnern, obwohl ich sie dort gewiß gesehen habe. Aber Jahre später, in Chicago, erzählte mir Luther Adler, daß er sie in *The Glass Menagerie* von Tennessee Williams gesehen habe, und schärfte mir ein, ich dürfe diese Aufführung auf keinen Fall versäumen. Ich hatte das Glück, sie zu sehen, als sie diese Rolle, wie sich dann herausstellte, zum letzten Mal spielte. Es war wirklich ein großer Auftritt; aber diese Größe läßt sich nicht aus dem erklären, was diese Schauspielerin tat. Viele Leute haben versucht, ihr Spiel zu beschreiben. Und meistens sagen sie am Ende: »Na ja, es war nicht das, was sie tat; es war nichts Bestimmtes. Aber ... da war etwas.« Merkwürdigerweise war diese Beschreibung zutreffend. Diese Leute versuchten, dem Gefühl Ausdruck zu geben, daß der Auftritt von Laurette Taylor ein Erlebnis war, daß da ein Mensch war, der auf der Bühne lebte und atmete und nicht schauspielte. Einige Schauspieler, die in diesem Stück mitwirkten, sagten mir, manchmal hätten sie selbst nicht gewußt, was die Taylor als nächstes sagen würde. Großes Schauspiel war es jedenfalls deshalb, weil sie nicht schauspielte.

Nur im Fall von Eleanora Duse habe ich etwas erlebt, das sich mit der Arbeit von Laurette Taylor vergleichen ließe, aber das Spiel der Duse wurde von einer anderen Absicht und einem anderen Bewußtsein geleitet. Für mich und viele andere war das Erscheinen von Eleanora Duse am Broadway ein großer historischer Augenblick. Auf Grund früherer Erfahrungen hatte ich es irgendwie gelernt, große darstellerische Leistungen als solche zu erkennen. So war ich gleichsam darauf vorbereitet, die außerordentlichste Schauspielerin ihrer Zeit zu sehen.

In New York trat Eleanora Duse Anfang der zwanziger Jahre zuerst in Ibsens *Die Frau vom Meer* auf. Das Stück wurde in dem riesigen alten Metropolitan Opera House gespielt. Ich saß im Parkett, etwa am Ende des zweiten Drittels der Stuhlreihen, aber die Stimme der Duse schwebte mühelos durch das Theater. Sie klang ein wenig schrill. In jungen Jahren hatte Eleanora Duse Schwierigkeiten mit ihrer Stimme gehabt und hatte sich eine ganz besondere Sprechweise antrainiert. Ungewöhnlich war, daß diese Stimme dem Zuhörer nicht entgegendrängte, sie schien vielmehr einfach zum Publikum hinüberzuschweben.

Den ganzen Abend wartete ich auf jene Augenblicke — die großen Temperamentsausbrüche, die heftigen Gefühlsaufwallungen —, die ich als Bestandteil großer Schauspielkunst zu erkennen gelernt hatte. Doch nichts davon in *Die Frau vom Meer*. Statt dessen erlebte ich etwas ganz anderes: eine Ausstrahlung, den Eindruck, daß sich vor meinen Augen etwas vollzog, das in seiner Darbietung fließend und in meiner Wahrnehmung zugleich wie erstarrt war. Es war wie eine aus weiter Ferne heranwehende Geschmacksempfindung.

Als ich das Theater verließ, war ich irgendwie verwirrt, hin- und hergerissen. Gewiß, ich hatte Außerordentliches gesehen, aber wo war die Schauspielkunst, die ich erwartet hatte? Wo waren die charakteristischen Gefühlsausbrüche? Damals kannte ich das Stück nicht sehr gut, und es wurde in italienischer Sprache gespielt. Ich weiß noch, wie ich über jenen Augenblick nachgedacht habe, in dem sich die Duse mit ihrem Ehemann wegen der Erlaubnis stritt, mit dem Fremden davonzugehen; als er schließlich einwilligte, erstrahlte das wunderschönste Lächeln auf ihrem Gesicht. Sie hatte eine merkwürdige Art zu lächeln. Ihr Lächeln schien aus den Zehenspitzen zu kommen. Es schien den ganzen Körper zu durchlaufen, bevor es im Gesicht und beim Mund ankam, und dann war es, als würde die Sonne hinter den Wolken hervorbrechen. Als sie so lächelte, dachte ich: »Genau darum geht es in diesem Stück. Genau dies wollte sie die ganze Zeit über. Eigentlich wollte sie gar nicht fortgehen. Sie wollte die Freiheit, sich selbst zu entscheiden.« Und während ich weiter über diese Szene nachdachte, fiel mir plötzlich ein: »Was sage ich denn da? Ich habe ein Stück gesehen, das ich nicht wirklich kenne, in einer Sprache, die ich nicht wirklich verstehe, und die Schauspielerin hat mir dennoch gesagt, wovon dieses Stück handelt.« Eleanora Duse hat mir gezeigt, daß Schauspielen nicht nur aus Gefühlsausbrüchen oder der Darstellung tiefer Emotionen besteht. Bei ihr erlebte ich ein in jedem Augenblick waches Gespür für das Leben der Gestalt, die sie verkörperte. Mit der größten Leichtigkeit konnte sie auf der Bühne sitzen und allein dadurch einen gedankenvollen, fühlenden Menschen erschaffen, ohne jene besondere Heftigkeit, die emotionales Verhalten normalerweise kennzeichnet.

Das nächste Stück, in dem ich Eleanora Duse erlebte, war *Gespenster* von Henrik Ibsen. Ich sehe sie noch vor mir, wie sie als Frau Alving auf dem Sofa sitzt und sich mit Pastor Manders unterhält. Das Kinn hatte sie nachdenklich auf die Hand gestützt, eine Geste, die auf einigen Photographien von ihr festgehalten worden ist. Da saß diese Person, überlegte, redete, und ohne daß ich dem Text des Stückes hätte folgen können, war völlig klar, daß die Worte in ihr etwas zum Schwingen brachten. Es gelang ihr, Gesten zu finden, die nicht bloß natürlich waren, sondern auch Dinge auszudrücken vermochten, die sich auf andere Weise schwer hätten mitteilen lassen. Als Frau Alving im ersten Akt einmal einen Blick nach draußen wirft, sieht sie zufällig, wie Osvald mit Regine flirtet, und plötzlich tritt ihr die ganze verdrängte Vergangenheit vor Augen. Es war, als würden Wellen über die Bühne schwappen und die Duse in diesem Augenblick unter sich begraben. Ihre Arme flogen plötzlich hoch, als würde die Wand auf sie stürzen. Aber die Hände fuchtelten hoffnungslos in der Luft herum, als bestünde die Wand aus lauter Spinnweben, die ihr an den Fingern klebten und sie umwickelten. Es sah aus, als wollte sie sich mit aller Kraft davon befreien.

In ihren Gesten war Eleanora Duse nicht nur wirklich, in ihnen offenbarte sie auch das Thema eines Stückes und jeder einzelnen Szene. Von allen Schauspielern, die ich gesehen habe, besaß sie das feinste Gespür dafür, das Thema eines Stückes tatsächlich zu verkörpern.[2] Oft besaßen ihre Gesten eine gesteigerte Ausdruckskraft. Der kaum weniger bedeutende Schauspieler Michail Tschechow nannte sie »psychologische Gesten«. Herauszufinden, wie man eine solche gesteigerte Ausdruckskraft erzielt, ist für mich immer einer der Pfade bei der Suche nach der Zukunft des Theaters geblieben.

In dieser frühen Zeit wurde ich auch durch den großen Gesangsdarsteller Fedor Schaljapin stark beeinflußt. Zum ersten Mal sah ich ihn 1923 bei einer Samstags–Matinee im Metropolitan Opera House in einer Inszenierung von Mussorgskis Oper *Boris Godunow*.

---

[2] Viele Jahre nachdem ich Eleanora Duse gesehen hatte, machte mich Clifford Odets mit Charles Chaplin bekannt. Chaplin war für mich der Inbegriff des professionellen Schauspielers. Mit bloßem Sprechen brachte er nichts zustande. Seine Ausführungen waren immer von Demonstrationen begleitet, die er mit seinem ganzen Wesen anschaulich machte. Clifford versuchte mich in das Gespräch hineinzuziehen.
»Lee, warum erzählst du Charlie nicht von deinen Erinnerungen an die Duse?« Mehr war nicht nötig, um Chaplin in Fahrt zu bringen. Während der nächsten Stunde führte er uns sämtliche Schauspielstile vor, den Unterschied zwischen der japanischen und der chinesischen Schauspielerei und die Art und Weise, wie italienische Schauspieler immer mit einem Requisit arbeiteten. Und schließlich ahmte er auch Eleanora Duse nach. Aber diesem großen Mimen gelang es nicht, ihren Stil zu erfassen, weil sie nichts tat, was nicht zu der jeweiligen Szene und ihrer Rolle gehört hätte. Sie hatte keine Manierismen an sich, und deshalb war es unmöglich, sie nachzuahmen. Sie war bloß Medium für die Idee des Stücks.

Ich saß in der obersten Galerie, direkt über der Bühne und konnte kaum etwas sehen. Ich mußte den Kopf nach unten und zur Seite verdrehen, um mitzubekommen, was auf der Bühne vor sich ging. Schaljapins Stimme war in einer besonders guten Verfassung und drang mühelos bis unter das Dach und in meinen Körper hinein. Die Oper *Boris Godunow* war beim Publikum noch nicht sehr bekannt, und als die Gestalt, die Schaljapin verkörperte, vor der unsichtbaren Erscheinung zurückwich und sie mit einem Stuhl, den er nach ihr warf, von der Bühne zu vertreiben versuchte, da erhoben sich einige Zuschauer von ihren Plätzen, um besser sehen zu können, wer da unvorhergesehen auf die Bühne gekommen war.

Besonders beeindruckend war für mich, daß diese darstellerische Leistung in einem von Handlungsfolge und Rhythmus streng festgelegten äußeren Rahmen zustande kam. Ich erkannte, daß jenes innere emotionale Erleben, in dem ich ein Kennzeichen für große Schauspielkunst erkannt hatte, mit einem Verhalten hervorgebracht werden konnte, das sehr streng an rhythmische Elemente oder einen musikalischen Rahmen gebunden war. Für meine spätere Arbeit erwies sich diese Entdeckung als sehr wichtig.

Damals verstand ich von Oper und Musik nicht viel. Deshalb konzentrierte ich mich auf die schauspielerischen Stile. Ich hatte das Glück, den letzten Auftritt von Frances Alda mitzuerleben und Benjamino Gigli in *Faust* zu hören.

Zusammen mit Clifford Odets sah ich einige Zeit später Lotte Lehmann in *Der Rosenkavalier* von Richard Strauss. Im Mittelpunkt dieser Aufführung stand die Art und Weise, wie Lotte Lehmann die Marschallin verkörperte. Es war eine Charakterisierung von innen heraus, wie ich sie in der Oper kaum für möglich gehalten hätte; diese Sängerin erzeugte eine psychologische Wirklichkeit mit allen Elementen, die man von einer Theateraufführung erwartet hätte. Uns gefiel die Aufführung ungemein gut. Sie hatten auch einen sehr guten Baron Ochs und eine tschechische Sängerin, Jarmila Novotna, an der Clifford großes Gefallen fand. Fritz Reiner als Dirigent erzeugte eine wunderbar beschwingte, luftige Stimmung. Als im dritten Akt die Walzer erklangen, schien das ganze Opernhaus, samt allen Kronleuchtern, mitzutanzen. *Der Rosenkavalier* hatte Clifford genauso begeistert wie mich. Es war ein kalter Dezemberabend. Nachher gingen wir zu Lindy's, einem bei Theaterleuten damals sehr beliebten Lokal. Uns beide beschäftigte dieselbe Frage: Warum konnte das Theater nicht genauso exakt arbeiten wie die Oper, wo jedes Detail perfekt war?

Einer der aufregendsten Auftritte, an die ich mich erinnere, war der von Jacob Ben–Ami in *Samson and Delilah*. Für mich ist er die bedeutendste moderne Leistung eines einzelnen Schauspielers geblieben, die ich je erlebt habe, und ich stehe mit dieser Ansicht nicht allein. Mit »modern« meine ich, daß Ben–Ami in seinem Spiel die eigenartige Zerrissenheit und den Zwiespalt des modernen Menschen einfing.

Das Stück selbst ist gar nicht ersten Ranges. Es handelt vom Leben eines jungen Dramatikers, der ein allegorisches Drama mit dem Titel *Samson and Delilah* geschrieben hat. Die Frau des Dramatikers soll die Hauptrolle spielen; sie hat eine heimliche Liebschaft mit einem anderen Mann, einem Schauspieler. Bei der Probe ist der junge Stückeschreiber, der auch die Regie führt, unzufrieden damit, wie dieser andere Schauspieler die Rolle des Samson spielt, und liest nun selbst die Rolle. Dabei fasziniert ihn die Leidenschaft, mit der seine Frau ihren Part liest, bis er bemerkt, daß sie über ihn hinweg auf ihren Liebhaber, den männlichen Hauptdarsteller, zuspielt. Einerseits also fasziniert ihn ihr Spiel, andererseits macht ihn seine Eifersucht rasend. Er faßt den Plan, die schuldigen Liebenden zu töten, gerät aber ins Wanken bei dem Gedanken, Menschenleben zu zerstören. Statt dessen schießt er sich am Ende selbst eine Kugel in den Kopf.

Der Handlungsverlauf ist einfach, aber das Stück bietet den Schauspielern großartige Möglichkeiten. Pauline Lord trat in der Rolle der Frau zum erstenmal am Broadway auf, und Edward G. Robinson spielte den Hauptdarsteller. Ben–Ami als Dramatiker stellte die Gefühlsausbrüche mit großem Können dar und war nicht minder geschickt, wo es darum ging, tiefe, einfache oder ruhige Gefühlsregungen hervorzubringen.

In einer Szene im letzten Akt von *Samson and Delilah* kehrt der

Dichter, inzwischen halb wahnsinnig vor innerer Unruhe, von einem Streifzug durch den Wald zurück. Als Ben–Ami die Bühne betrat, durchlief ein Beben seinen ganzen Körper, gleichzeitig aber wirkte er erschöpft und hungrig. Er nahm sich vom Tisch etwas zu essen — einen Hering —, und ich erinnere mich noch daran, wie genüßlich er ihn verschlang. Sein beißender Hunger spiegelte die Heftigkeit des Aufruhrs in seinem Inneren wider. Diese Kraft und Lebendigkeit, die Ben–Ami in *Samson and Delilah* auf der Bühne erzeugte, sollte mir erst wieder begegnen, als ich den großen sizilianischen Schauspieler Giovanni Grasso sah.

Ben–Ami hatte die Rolle des eifersüchtigen Dramatikers glänzend bewältigt, aber als ich ihn in *Spiegelmensch* von Franz Werfel erlebte, war wenig von der Intensität zu spüren, die er, wie ich wußte, hervorzubringen vermochte. Ben–Ami spielte die Rolle eines gequälten Intellektuellen — einen ganz ähnlichen Typus wie in *Samson and Delilah*. Man hätte erwarten sollen, daß er einen brillanten Auftritt haben würde, statt dessen wirkte er irgendwie lau. Ich merkte, daß irgend etwas nicht stimmte. Ohne es genau zu erkennen, begann ich die Umrisse eines Grundproblems der Schauspielkunst wahrzunehmen, das mir später noch häufig begegnen sollte: das Problem der Inspiration. Aber das war lange, bevor ich mich mit diesem Problem zu beschäftigen begann und bevor ich auch nur ahnte, wie es gelöst werden könnte.

Eine Inszenierung, die sehr viel mehr zur Klärung meiner Überlegungen beitrug, war Ben–Amis Auftritt in einem Stück von Philip Barry, *John the Baptist*. Sowohl das Stück selbst als auch die Schauspieler bekamen keine sonderlich gute Kritik. Aus Bewunderung für Ben–Ami wollte ich das Stück dennoch sehen und besuchte eine Schauspieler–Matinee. Unter den Zuschauern waren viele Bühnenkünstler, auch Katherine Cornell, deren Mann, Guthrie McClintic, die Regie geführt hatte.

Leider mußte ich den Kritikern recht geben. Ben–Amis Auftreten war eigenartig leblos. Er schien die Rolle einfach herunterzuspielen, ohne jene innere Erregung, die ich früher bei ihm erlebt hatte. Aber während der Pause stand draußen im Foyer Miss Cornell, in Tränen aufgelöst, und erzählte den Umstehenden zu meiner Verblüffung, bei den Proben sei er so großartig gewesen. Sie jammerte darüber, daß diese Aufführung weit dahinter zurückblieb. Ich weiß noch, wie mich dieser Unsinn damals ärgerte: »Bei der Probe war er so phantastisch.« Seither habe ich das von Schauspielern oft gehört. Ich habe mich daran gewöhnt. Aber zu jener Zeit hatte ich wenig Geduld und wenig Verständnis für eine solche Reaktion. Immerhin, so überlegte ich, war ich ein eingeschworener Bewunderer von Ben–Ami, und niemand konnte mir angesichts der Aufführung, die ich soeben gesehen hatte, einreden, daß er in diesem Stück jemals würde gut sein können.

Am darauffolgenden Wochenende sollte das Stück zum letzten Mal gespielt werden. Zufällig war ich in der Nähe des Theaters. Ich hatte mich mit einem befreundeten Schauspieler verabredet und war zu früh gekommen. Vor dem Theater, wo *John the Baptist* gespielt wurde, standen die Zuschauer und schickten sich gerade an, zum letzten Akt wieder nach drinnen zu gehen. Statt draußen auf meinen Freund zu warten, beschloß ich, ebenfalls hineinzugehen und mir hinten im Theater einen Stehplatz zu suchen. So bekam ich den letzten Akt mit, in dem Johannes aus dem Gefängnis freigelassen wird.

Ben–Ami trat durch ein Tor auf die Bühne. Er nahm dieselbe Haltung ein, die ich schon beim vorigen Mal gesehen hatte, und lehnte sich gegen die Wand; aber irgend etwas war diesmal anders — ein undefinierbares, inneres, fiebriges Vibrieren; müde, aber erregt. Jemand fragt den Johannes, warum er nicht widerruft. Während er antwortet, beugt sich Ben–Ami nach vorn, als lausche er auf etwas. So hatte er es auch in der vorigen Aufführung gemacht, aber da war die Geste rein mechanisch geblieben. Und dann hatte er seinen Vers gesprochen: »Gott sagt es mir.« Als ich die Szene zum erstenmal sah, hatte ich boshaft bei mir gedacht: Jawohl, Gott sagt es ihm. Als ihm diesmal die Frage gestellt wurde, beugte er sich wiederum nach vorn und lauschte. Und dann: »Gott sagt ...« — ein Schauer lief mir den Rücken herunter, denn dies war etwas völlig anderes. Die Geste war äußerlich, körperlich die gleiche; aber sie lebte von innen heraus. Es war eine Art von szenischer Mitteilung, die wir am Theater Inspiration nennen würden. Bei der ersten Aufführung hatte sie völlig gefehlt, und offenbar auch bei der, die die Kritiker gesehen hatten. Jetzt hingegen erlebte ich etwas, das sich nicht mit Worten ausdrücken läßt. Ich mußte einsehen, daß Miss Cornell vielleicht doch recht gehabt hatte. In aller Stille bat ich sie um Entschuldigung.

Aus dieser Erfahrung ergaben sich für mich mehrere Fragen: Was war geschehen? Wie war das möglich? Wie kann sich das Auftreten eines Schauspielers so plötzlich verändern? Warum konnte Ben–Ami diese Inspiration nicht bei jener Matinee erzeugen, als alle Schauspieler da waren und nur darauf warteten, ihm ihre Sympathie zu bekunden? Wo lag das Problem?

Bald wurde mir klar, daß sich das Problem, das ich an Ben–Amis Auftritt erkannt hatte, keineswegs auf ihn beschränkte. Ich hatte von einem Schauspieler namens Giovanni Grasso gehört, der an der Grand Street spielte. Damals glaubte ich, einen bedeutenden Schauspieler entdeckt zu haben, den vermutlich noch niemand kannte. (Später stellte ich natürlich fest, daß Stark Young und viele andere Kritiker längst über ihn geschrieben hatten.) Ich sah Grasso zuerst in einer bemerkenswerten *Othello*–Inszenierung. Tigerhaft in seinen Bewegungen, während er bei Desdemona nach Anzeichen von Betrug sucht, demonstrierte Grasso eine überwältigende emotionale Spannweite. Später sollte ich feststellen, daß er sich in der äußeren Anlage der Rolle an einen großen Schauspieler des 19. Jahrhunderts, Tomaso Salvini, angelehnt hatte. Aber Grassos Spiel war so erfüllt von Leidenschaft, von Gefühlsintensität und Eindringlichkeit, daß es an keiner Stelle wie eine Nachahmung wirkte. Grasso erzeugte Wirklichkeit mit einer solchen physischen und emotionalen Überzeugungskraft, daß es fast über das hinausging, was ich bei einem Schauspieler überhaupt für möglich gehalten hätte.

Besonders bewegend erschien mir Grasso in einer Szene des Stücks *La Morte Civile* von Paolo Giacometti. Er spielte eine Gestalt, die gerade aus dem Gefängnis entkommen war. Müde und hungrig tritt der Sträfling auf die Bühne. Ein junges Mädchen bringt ihm etwas zu essen und einen Krug Wein. Die Gestalt, die Grasso spielt, bricht das Brot und beginnt, es sich in den Mund zu stopfen. In dem Moment, in dem er das Mädchen anblickt (ich weiß, es ist unglaublich, aber genau das habe ich gesehen), verliebt er sich in sie: Liebe auf den ersten Blick. Das war eine große schauspielerische Leistung, die ich erkannte: Grasso hatte die innere Wahrnehmung der Gestalt, die er spielte, wirklich hervorgebracht. Aber vor allem erinnere ich mich an den Augenblick, als ihm das Brot im Hals steckenblieb. Ehrlich gesagt, ich weiß nicht, ob ihm das Brot wirklich im Hals steckenblieb oder ob er diesen Eindruck durch sein Spiel erzeugte. Etwas Ähnliches geschah am Ende des Stückes, als sich die Gestalt, die Grasso spielt, mit Gift das Leben nimmt. Das Gift befand sich in einem Säckchen, das er um den Hals trug. Ich erinnere mich noch, wie er die Pillen in den Mund steckt. Es sah aus, als bliebe ihm, während er sie schluckte, ein Rest der Pillen auf der Zunge. Dann versuchte er verzweifelt, das Gift wieder auszuspeien. Ich weiß bis heute nicht, ob die Pillen selbst oder sein Spiel diese Wirkung hervorgebracht haben. Aber im weiteren Verlauf der Szene konnte er sich ganz sicher nur auf seine schauspielerischen Fähigkeiten stützen. Sein Todeskampf war völlig echt, völlig überzeugend — alles Blut war aus seinem Gesicht gewichen, sein Körper wurde von Krämpfen geschüttelt. Aber diese Wirkungen waren nicht bloß körperlicher Art: sie schienen auch von einer emotionalen Kraft getrieben zu sein. Ich mußte mich an den Lehnen meines Sitzes festhalten, sonst hätte ich laut um Hilfe gerufen. Es kam mir vor, als stürbe da vor mir ein Mensch wirklich. Nach dem Ende blieb der Vorhang etwas länger unten als gewöhnlich. Als er hochging, machten die Schauspieler ihre Verbeugungen; in der Mitte stand Grasso, immer noch bleich, immer noch leicht zitternd. Die physische Überzeugungskraft und emotionale Realität, die er aufzubringen vermochte, war außerordentlich, geradezu erschreckend und sehr aufregend.

Einige Tage später lud ich ein paar Freunde ein, sich zusammen mit mir Grassos Vorstellung anzusehen. »Einladen« ist eigentlich nicht das richtige Wort, denn ihre Eintrittskarten bezahlte ich ihnen nicht; ich hatte kaum das Geld für meine eigene. Trotzdem, ich lud sie ein, dieses außergewöhnliche Erlebnis mit mir zu teilen.

Ich war der Ansicht, ich hätte Grasso entdeckt, und fühlte mich deshalb für ihn verantwortlich. Es kamen eine ganze Reihe von Leuten mit, viele von ihnen sollten später Mitglieder des Group Theatre werden. Ich erinnere mich, daß Morris Carnovsky und Stella Adler mit dabei waren. Während der ersten beiden Akte der Aufführung sank ich zusehends tiefer in meinen Sitz und hoffte nur, daß sich niemand um mich kümmern würde; wie es schien, hatte der große Schauspieler einen schlechten Abend. Grasso bemerkte offenbar, daß die Vorstellung nicht gut lief. Aber ihm schien es nicht viel auszumachen, er fuhr sich nur mit der Hand durch das schüttere Haar und drückte auf diese Weise eine leichte Unzufriedenheit und Befangenheit aus. Er schien damit sagen zu wollen: »Für die Inspiration bin ich nicht verantwortlich, die kommt von oben; und wenn ihr Zuschauer an einem schlechten Abend kommt, dann kann ich nichts daran ändern.« Als erfahrener Schaupsieler war Grasso auf solche Vorkommnisse vorbereitet, aber für mich war es ein wirkliches Unglück, ein schwerer Schlag für mein Selbstgefühl und für mein Ansehen. Ich hatte einfach keine Möglichkeit, meinen Freunden klar zu machen, was ich zuvor gesehen hatte. Als sie sich während der ersten beiden Akte immer wieder zu mir umdrehten, wäre ich am liebsten im Boden versunken.

Meine Verlegenheit währte bis zum Ende des zweiten Aktes oder bis zum Beginn des dritten — ich weiß es nicht mehr. An diesem Punkt kommt es zu einer Konfrontation zwischen dem Mann, der von Grasso gespielt wird, und seiner Frau, die sich in seinen besten Freund verliebt hat. Das Stück war in italienisch, und ich achtete weniger auf die Handlung als auf das Spiel der Akteure. Die Frau saß auf einem Bett. Grasso hatte zuweilen eine seltsame Art, die Schauspielerin zu berühren, die seine Frau spielte. Er legte ihr dann die Hand auf den Kopf und zog sie an ihren Haaren irgendwie in die Höhe. Ich weiß nicht, ob das eine Spezialität von Grasso oder eine Eigenart der Sizilianer war. Jedenfalls ging er zu ihr hinüber, legte ihr, während er auf sie einredete, die Hand auf den Kopf und begann sie in die Höhe zu ziehen. Ich habe manche inspirierte Aufführung gesehen — aber nie wieder habe ich erlebt, daß die Inspiration von einem auf den anderen Augenblick so schlagartig da war wie dieses Mal. Er berührte sie, und diese Berührung schien den Impuls auszulösen. Plötzlich schoß das Blut in Grassos Gesicht; seine Augen weiteten sich. Das war kein Schauspielen mehr: es war wirklich — wirkliches Blut, eine wirkliche Erweiterung der Blutgefäße. Von diesem Augenblick an war alles verwandelt, sein Gesicht, sein ganzer Körper und sein Spiel. Ich saß aufrecht in meinem Sessel und hätte mich am liebsten mit einer Verbeugung bedankt. Der große Schauspieler hatte plötzlich bewiesen, daß er ein großer Schauspieler war.

Aber das Problem, das mir schon bei dem Auftritt von Ben–Ami begegnet war, blieb bestehen: Was war da geschehen? Wie war es möglich, daß ein Mensch, der seine Rolle während der ersten Akte nur heruntergespielt hatte, plötzlich lebendig wurde? Nun, offenbar hatte er seine Inspiration gefunden. Aber wie hatte Grasso das gemacht? Manche Schauspieler vermögen das höchste Stadium von Kreativität — man könnte auch sagen: von Inspiration zu erreichen. Aber es gibt Zeiten, da verläßt sie diese Inspiration; Zeiten, in denen sie nicht zustande kommt; Zeiten, in denen es ihnen nicht gelingt, sie zustande zu bringen.

Diese Fragen traten mir immer deutlicher vor Augen, mein Interesse an ihnen wuchs, und ich fing an, nach Antworten zu suchen. Meine persönlichen Erfahrungen als Theaterbesucher und Amateurschauspieler fielen in eine Zeit, in der sich das moderne amerikanische Theater sehr rasch entwickelte. In den zwanziger Jahren kam es zu einer Reihe wichtiger Theatergründungen: die Provincetown Players, die die Werke von Eugene O'Neill inszenierten; und die Theatre Guild, die dazu beitrug, das amerikanische Theater auf das Niveau der besten europäischen Theater zu heben. Außerdem machte ich mich daran, neuere Arbeiten zu lesen, in denen die aktuellen Bewegungen beschrieben wurden. Die Bücher über das Theater eröffneten mir eine ganze neue Welt.

Das erste Buch, das ich las, war *Theatre of Today* von Hiram Motherwell aus dem Jahre 1914. Es bot einen knappen Überblick über das, was im Welttheater vor sich ging. Im wesentlichen konzentrierte es sich auf Europa, von wo ja auch die Entwicklungen in

Amerika ausgingen. Damals machte sich der Einfluß, den zwei visionäre Bühnenbildner und ein bedeutender Regisseur auf das Theater des 20. Jahrhunderts ausübten, bereits bemerkbar. Ihre Namen, die schon damals einen legendären Klang hatten, tauchten auch in Motherwells Buch auf: Edward Gordon Craig, der apokalyptische Engländer, der das Bühnenbild des 20. Jahrhunderts revolutionieren sollte, schrieb über Neuerungen im Bühnenentwurf und illustrierte seine Vorstellungen mit eigenen phantasievollen Skizzen; Adolphe Appia, der rätselhafte Mann, der die Bühnenbeleuchtung revolutionierte, indem er das Licht als zusätzlichen Akteur auf der Bühne bezeichnete; und Max Reinhardt, der bei einer Tanzpantomime dieselbe hervorragende Regie führte wie bei einem aufwendigen Bühnenspektakel. Mit ähnlichem Interesse verschlang ich die Werke von Huntly Carter — *The New Spirit in Drama and Art* und *The Theater of Max Reinhardt* — und die Bücher von Sheldon Cheney. Wichtig war auch die Arbeit von Kenneth MacGowan und Robert Edmond Jones, die zu den Begründern der Provincetown Players gehörten. In ihrem Buch *Continental Stagecraft* schilderten sie, was sie während einer einjährigen Reise in Europa gesehen hatten. Das öffnete mir die Augen für eine neue Welt.

Aber die Sekundärliteratur stellte mich nie ganz zufrieden, deshalb griff ich zurück auf die Originalquellen.

Die Schriften des Bühnenbildners Edward Gordon Craig übten in dieser Hinsicht den größten Einfluß auf mich aus. Ohne zu übertreiben, kann ich sagen, daß sie für mich der stärkste intellektuelle Anreiz und Anstoß waren, mein Leben dem Theater zu widmen. In der Frage nach der Bedeutung von Craigs Werk hat es allerlei Verwirrung gegeben. Seine Entwürfe für das Theater zielten darauf, das emotionale Leben eines Stücks zu erfassen und in abstrakten Formen zum Ausdruck zu bringen. Die meisten Leute halten Craig noch heute für einen unpraktischen Visionär, der in Worten formulierte, was er auf der Bühne nicht umzusetzen vermochte. Obwohl er aus einer Theaterfamilie stammte — er war der Sohn der berühmten englischen Schauspielerin Ellen Terry —, blieb Craig innerhalb des professionellen Theaters immer eine Randfigur. Er stellte ebenso unerfüllbare wie innovative Forderungen auf und weigerte sich, bei seinen Ideen irgendwelche Konzessionen zu machen. Man beruft sich heute gern auf die Kritik des Bühnenbildners Lee Simonson an Craig. Simonson hat Craigs Skizzen analysiert und versuchte zu zeigen, daß sie vollkommen utopisch und auf der Bühne überhaupt nicht zu verwirklichen seien. Aber Craig selbst hatte schon darauf hingewiesen, daß diese Skizzen imaginär und theoretisch seien.

Viele Theaterleute begannen, höhere ästhetische Ansprüche an ihr Medium zu stellen, aber kaum jemand wußte, wie man diesen Ansprüchen auf der Bühne Gestalt verleihen sollte. In jener Zeit kam den Ideen Craigs eine enorme Bedeutung zu. Er war es, der in seinen Zeichnungen und seinen Manifesten zeigte, daß sich Absichten und Ideen in konkreten Gestalten und Formen verkörpern lassen. Alles auf der Bühne — Beleuchtung, Szenerie, das Spiel der Schauspieler — wurde für ihn zum Bestandteil einer größeren Einheit: der Theaterkunst. Für Craig war das »Bühnenbild« nie bloßes »Bild« — es schuf vielmehr den »Spielraum«, in dem die Darsteller agieren. Das Bühnenbild bildete daher für ihn nicht nur den Hintergrund des Stückes und lieferte auch nicht bloß einen Hinweis auf die Zeit, in der die Handlung angesiedelt ist. Es mußte vielmehr den Anforderungen der Spielhandlung genügen, sollte dazu beitragen, das Verhalten der Gestalten zu motivieren und verständlich zu machen.

Aber Craig beschäftigte sich außerdem auch mit der Frage des Schauspielens. Die Vorstellung, die er sich vom Schauspielen machte, wurde damals häufig mißverstanden und daran hat sich bis heute nichts geändert. Im Jahre 1907 schrieb er einen Essay mit dem Titel *The Actor and the Übermarionette*. Darin forderte Craig vom Schauspieler, er müsse imstande sein, die gleiche Präzision aufzubringen, wie die Marionette sie besitzt. Man wollte in diesem Konzept eine Beleidigung und Herabwürdigung der Kunst des Schauspielers sehen. Aber schon, als ich diesen Essay zum erstenmal las, hatte ich nicht diesen Eindruck. Die Übermarionette sollte den Schauspieler keineswegs ersetzen. Im Gegenteil, diese Idee sollte den Schauspieler daran erinnern, daß er jene

Präzision und jene Geschicklichkeit besitzen müsse, zu der die Marionette imstande ist. Mit anderen Worten, Schauspielen müsse zur Kunst erst werden. Ich war immer der Ansicht, daß Craig recht hatte. In den großen Opernaufführungen, die ich schon erwähnt habe, hatte ich erlebt, wie präzise und kontrolliert ein großer Darsteller mit seiner Kunst umgehen kann. Craigs Forderung nach Verantwortlichkeit, solidem Können und hervorragender Leistung beeinflußte mich nachhaltig bei meiner eigenen Suche.

Ich hatte mich schon immer für andere Kunstgattungen interessiert, aber Craigs Essays führten mich zu der Frage, wie und was man von den großen Malern lernen kann — von Giotto, Goya oder Carpaccio, die alle für das Theater von großer Bedeutung sind. Das Werk Craigs brachte mir auch zu Bewußtsein, daß die Geschichte des Theaters ein lebendiger Erfahrungsraum ist. Er sammelte alle möglichen Dinge, die mit dem Theater zu tun haben und die man meist etwas abschätzig als »Andenken« bezeichnet. Aber für das Theater sind sie sehr wichtig, denn sie sind die Fossilien seiner Geschichte — sie bieten die Möglichkeit, das Theater der Vergangenheit zu rekonstruieren.

Craigs Werk öffnete mir die Augen für das, was das Theater sein konnte und sein sollte, und war für mich ein Ansporn, das Theater schließlich zu meinem Beruf zu machen. Ich war ein junger Amateur, als ich seine Bücher zum erstenmal in die Hand nahm; nachdem ich sie gelesen hatte, hatte sich mein Lebensziel völlig verändert.

Noch immer fesselte mich der Wunsch, soviel wie möglich über das Problem des Schauspielers herauszufinden. Bis heute gibt es keine ernsthafte Geschichte der Schauspielkunst, und auch damals mußte ich mir meinen Weg durch das überlieferte Material weitgehend auf eigene Faust bahnen. Ich fing an, Schauspielerbiographien zu lesen. Vor allem die älteren enthielten interessante Beschreibungen von schauspielerischen Darbietungen, sagten jedoch sehr wenig über den Prozeß, in dessen Verlauf die Schauspieler zu ihren Darbietungen gelangt waren.

Als besonders aufschlußreich erwiesen sich die Ausführungen großer Theaterkritiker der Vergangenheit. Die Schilderungen von Leigh Hunt, William Hazlitt, Henry Morley, George Henry Lewes und George Bernard Shaw beflügelten meine Phantasie. Fast konnte ich die großen Schauspieler und Schauspielerinnen vor mir sehen: Edmund Kean, Mrs. Siddons, Salvini und Rachel.

Als ich mich in die Schauspielkunst des 19. Jahrhunderts weiter vertiefte, erkannte ich, daß es damals eine Grundsatzdebatte über die Aufgabe des Schauspielers gegeben hatte: Erlebt der Schauspieler die Gefühlsregungen wirklich, die er darstellt, oder soll er sie vorführen, ohne sie zu erleben? Die Hauptkontrahenten in dieser Auseinandersetzung waren Henry Irving (der erste englische Schauspieler, der in den Adelsstand erhoben wurde) und Coquelin, der große französische Schauspieler. Irving glaubte an den Wert des Erlebens, Coquelin an den Wert der Demonstration. Diese Debatte veranlaßte William Archer zu seinem Buch *Masks or Faces?*, das einen Überblick darüber bot, wie die Schauspieler in dieser Auseinandersetzung dachten.

Ich war überrascht, als ich entdeckte, daß im 18. Jahrhundert — am Vorabend der Französischen Revolution — dieselbe Debatte schon einmal zwischen zwei französischen Schauspielerinnen ausgetragen worden war. Mademoiselle Dumesnil war die Vorkämpferin des emotionalen Erlebens; die Gegenposition wurde von Mademoiselle Clairon, der Lieblingsschauspielerin Voltaires verfochten. Die Clairon behauptete, zwar sei die Dumesnil in manchen Augenblicken inspiriert, aber oft bleibe der Rest der Vorstellung flach und kraftlos. Sie erhob die Forderung, der Schauspieler dürfe sich nicht vom Temperament fortreißen lassen, er solle sich vielmehr auf ein äußerliches, handwerkliches Können stützen, das verläßlich bleibe.

Als ich meine Untersuchungen zu den Problemen des Schauspielers weiter vorantrieb, wurde mir klar, daß die Auseinandersetzung zwischen diesen beiden schauspielerischen Grundstilen — die Forderung nach Wahrhaftigkeit in Erleben und Ausdruck auf der einen Seite, die Betonung des rhetorischen, äußerlichen Charakters der Schauspielerei auf der anderen — schon zu Shakespeares Zeiten entbrannt war. An vielen Stellen kommt Shakespeare darauf zu sprechen, vor allem in Hamlets bekannter Ansprache an die Schauspieler (III,2):

> Seid so gut und haltet die Rede, wie ich sie Euch vorsagte, leicht von der Zunge weg; aber wenn Ihr den Mund so voll nehmt *wie viele unsrer Schauspieler*, so möchte ich meine Verse ebensogern von dem Ausrufer hören. ... Oh, es ärgert mich in der Seele, wenn solch ein handfester, haarbuschiger Geselle eine Leidenschaft in Fetzen, in rechte Lumpen zerreißt, um den Gründlingen im Parterre in die Ohren zu donnern, die meisten von nichts wissen als verworrenen stummen Pantomimen und Lärm. Ich möchte einen solchen Kerl für sein Bramarbasieren prügeln lassen; es übertyrannt den Tyrannen. Ich bitte Euch, vermeidet das. ... *O es gibt Schauspieler, die ich habe spielen sehn und von andern preisen hören, und das höchlich*, die, gelinde zu sprechen, weder den Ton noch den Gang von Christen, Heiden oder Türken hatten und so stolzierten und blökten, *daß ich glaubte, irgendein Handlanger der Natur hätte Menschen gemacht, und sie wären ihm nicht recht geraten; so abscheulich ahmten sie die Menschheit nach.*

Bemerkenswert ist, daß Shakespeare hier sein Ideal von Wahrhaftigkeit in Gefühl und Ausdruck formuliert, gleichzeitig aber auch (in den von mir hervorgehobenen Passagen) zu erkennen gibt, daß er weiß, es gibt auch andere Schauspieler, die keine jener von ihm für wünschenswert gehaltenen Eigenschaften besitzen und dennoch erfolgreich sind und vom Publikum hoch geschätzt werden. Noch bedeutsamer sind die Hinweise in einer anderen Ansprache Hamlets. Hamlet hat einen Schauspieler ermuntert, ein Beispiel seiner Kunst zu geben. Der Schauspieler beginnt und läßt sich vom Sinn und der Emotion der Worte forttragen. Als Hamlet wieder allein ist, erklärt er (II,2):

> Ist's nicht erstaunlich, daß der Spieler hier
> Bei einer bloßen Dichtung, einem Traum
> Der Leidenschaft, vermochte seine Seele

Nach eignen Vorstellungen so zu zwingen,
Daß sein Gesicht von ihrer Regung blaßte,
Sein Auge naß, Bestürzung in den Mienen,
Gebrochne Stimm und seine ganze Haltung
Gefügt nach seinem Sinn. Und alles das um nichts!
Um Hekuba!

Die Emotionen des Schauspielers haben auch Hamlet entflammt. Diese Rede ist ein großartiges Beispiel für die Gewalt, die inspirierte Schauspielkunst sowohl über den Akteur als auch über das Publikum auszuüben vermag.

In seinem Stück *L'impromptu de Versailles* kommt auch Molière auf diese Debatte zu sprechen. Er hebt die eher erlebnisorientierte Spielmethode seiner Truppe von den anders gearteten und gleichwohl erfolgreichen Methoden seiner Opponenten ab. In modernen Inszenierungen gehen Molières offenkundige Absichten oft verloren, weil die französischen Schauspieler heute meist in einem an Molières Gegner anknüpfenden Stil spielen und seiner Satire dadurch die Spitze nehmen.

Das Erscheinen von David Garrick auf der englischen Bühne im Jahre 1741 führte nicht nur in England, sondern in ganz Europa zu einem neuen Verständnis der Schauspielkunst. Garrick, der erste naturalistische Schauspieler, wurde ein überzeugter Verfechter des emotionalen Schauspielens. Die Abhandlung von Luigi Riccoboni über den Gegensatz von emotionalem Spiel und Deklamation, zuerst 1728 in Italien erschienen, wurde in den vierziger Jahren des 18. Jahrhunderts ins Englische übersetzt, weil sie das intellektuelle Fundament von Garricks Darstellungsstil widerspiegelte.

Einige Jahre später — 1741 — erschien ein wichtiges Buch über die Schauspielkunst: *Le comédien*, verfaßt von dem französischen Journalisten Ramón St. Albine. Das Buch beschäftigt sich mit den Voraussetzungen, die ein bedeutender Schauspieler mitbringen muß: Verständnis (Urteilskraft und Scharfblick), Sensibilität (oder Bereitschaft, sich von Leidenschaften bewegen zu lassen), Feuer (Kraft, Schwung oder Lebhaftigkeit) sowie eine ausgezeichnete Figur (wenngleich Können höher gestellt werden sollte als persönliche Reize). Das Buch hatte ein merkwürdiges Schicksal. Im Jahre 1750 diente es John Hill als Grundlage für seine Schrift *The Actor*, die 1755 überarbeitet und unter dem Titel *The Actor, or a Treatise on the Art of Playing* neu herausgegeben wurde, versehen mit »Unparteilichen Beobachtungen über Auftreten, Manier, Vorzüge und Mängel des Mr. Garrick«. Und so gewaltig war der Ruhm Garricks im 18. Jahrhundert, daß Antonio Sticetti dieses Werk 1769 unter dem Titel *Garrick ou les acteurs anglais* nun wiederum ins Französische übersetzte, anscheinend ohne zu wissen, daß es auf einem französischen Original beruhte. Sticettis Übersetzung ihrerseits hat man mit einem Buch über die Schauspielkunst verglichen, das Francesco Riccoboni, der Sohn Luigis, im Jahre 1750 veröffentlichte.

Diese langwierige Diskussion über das Problem der Schauspielkunst regte Denis Diderot zu seinem bedeutenden Essay *Das Paradox des Schauspielers* an.

Diderot beschreibt ein ganz einfaches Paradoxon: um das Publikum zu bewegen, muß der Schauspieler selbst unbewegt bleiben. Deshalb gelangt der Essay, wie es scheint, zu dem Schluß, daß äußerliches Schauspielen dem emotionalen Spiel vorzuziehen sei.

Als ich diesen Essay zum erstenmal las, machte er keinen sonderlich großen Eindruck auf mich. Die Brillanz seiner Argumentation sagte mir zu, aber sie schien nutzlos angesichts der offenkundigen Unrichtigkeit von Diderots Schlußfolgerungen. Schließlich hatte ich bei den Auftritten von Ben–Ami, Grasso und anderen die Wirkung eines inspirierten, emotionalen Spiels selbst erlebt. Erst die Aufmerksamkeit, die Stanislawski in seiner Autobiographie *Mein Leben in der Kunst* dem Text Diderots schenkte, veranlaßte mich dazu, mein eigenes negatives Urteil zu überprüfen. Was hatte Stanislawski an diesem Essay finden können, der seiner eigenen Theorie und seiner Praxis so sehr zu widersprechen schien? Ich nahm mir Diderots Text noch einmal vor.

Diderot geht von einem einfachen, beobachtbaren Phänomen aus. Wenn Sensibilität (Emotion) die oberste Voraussetzung für den Schauspieler ist, wie kommt es dann, daß Individuen, die mit dieser Fähigkeit in hohem Maße begabt sind, häufig völlig unfähig zum Schauspielen sind? Wie kommt es, daß aus weniger sensiblen Menschen oft gute Schauspieler werden? Diderot sagt, in ihren Anfängen habe die Schauspielerin Clairon wie ein Automat gespielt, erst später habe sie sich zu einer guten Schauspielerin entwickelt. »Wie ist das gekommen?« fragt Diderot. »Sind ihre Seele, ihr Gefühl, ihre inneren Kräfte im Laufe der Jahre gewachsen? Wenn dem so ist, wie kommt es dann, daß sie, nach zehnjähriger Abwesenheit auf die Bühne zurückgekehrt, nur mittelmäßig spielt? Hatte sie ihre Seele, ihr Gefühl, ihre inneren Kräfte etwa verloren? Keineswegs, verloren hatte sie die Erinnerung an ihre Methoden.« Mir wurde klar, daß es diese Forderung nach einer Methode der Kreativität gewesen sein mußte, die Stanislawski an Diderots Essay fasziniert hatte.

Dieses Verlangen nach einer Methode, mit der sich Kreativität beständig und regelmäßig erreichen ließ, schien auf eine Antwort zu zielen, nach der ich selbst suchte.

Merkwürdigerweise hatte Diderot in einer Reihe früher Essays und Bemerkungen von der Notwendigkeit wirklicher Inspiration gesprochen. Einige Jahre vor *Das Paradox des Schauspielers* hatte er in einem Brief geschrieben: »Wenn man auf der Bühne nicht spürt, daß man allein ist, ist der Fall hoffnungslos. ... Der Schauspieler, der nur Verstand und Berechnung besitzt, ist kalt. Derjenige, der nur Erregung und Gefühlsüberschwang besitzt, ist albern. Höchste Vortrefflichkeit erreicht der Mensch, wo er ein Gleichgewicht zwischen Berechnung und Gefühlswärme erzielt. Ob auf der Bühne oder im Leben — der Mensch, der mehr zeigt, als er fühlt, wirkt stets lächerlich und keineswegs einnehmend.«

In *Das Paradox des Schauspielers* kommt Diderot zunächst auf folgendes Problem zu sprechen: Wenn der Schauspieler bei der ersten Aufführung wirkliche Gefühle empfinden würde, wäre er bei der dritten erschöpft und kalt wie Marmor. Dies ist keine theoretische Mutmaßung; genau dieses Problem stellt sich allen Schauspielern seit unvordenklichen Zeiten. Diderot veranschaulicht seine Ausführungen mit einem Hinweis auf »die Ungleichheit der Schauspieler, die mit der Seele spielen. ... ihr Spiel ist abwechselnd stark und schwach, heiß und kalt, platt und erhaben. Sie werden morgen an der Stelle versagen, wo sie heute geglänzt haben.« Diderot schreibt, oft steige die Dumesnil auf die Bretter, ohne zu wissen, was sie tun oder was sie sagen werde; aber dann erreiche sie doch einmal einen großartigen Augenblick der Leidenschaft.

Mit Recht stellte Diderot die Frage: Kann der Schauspieler willentlich lachen oder weinen? Wenn die Antwort hierauf Nein lautet, muß der Schauspieler sich nach einem anderen Verfahren, nach mehr äußerlichen, mechanischen Mitteln umsehen, um dieses Ergebnis zu erzielen. Nur wenn sich Diderots Frage bejahen läßt, kann man sein Paradoxon legitimerweise in Frage stellen. Die Emotion darf jedoch nicht einfach aus einer Eingebung des Augenblicks erwachsen, sie muß auf eine kontrolliertere Weise zustande kommen. Diderot gelangte zu dem Schluß, daß dies nur mit Hilfe äußerlicher Mittel möglich sei. Aber Diderot war zu diesem Schluß genötigt, weil eine wirkliche schauspielerische Methode zu der Zeit, in der er schrieb, nicht existierte.

Diderot führte den Gedanken, daß es nicht möglich sei, wirkliche Emotionen auf der Bühne einzusetzen, noch weiter aus. Er verwies auf Fälle, in denen Schauspieler, während sie auf der Bühne anscheinend wirkliche Gefühlsregungen erlebten, aufgehört hatten, sich mit nebensächlichen Dingen zu beschäftigen, die nicht zur Handlung des Stücks gehörten. Diderot fragte: Wie ist dies möglich, wenn der Schauspieler wirklich angerührt ist?

Hundert Jahre später gab William Archer hierauf eine Antwort. Er behauptete, diese Anzeichen von Mangel an Konzentration bewiesen in Wirklichkeit das Gegenteil. Man nimmt im allgemeinen an, daß ein Mensch, dessen ganzes Gefühlsleben in Anspruch genommen ist, alles um sich herum vergißt. Aber das Gegenteil trifft zu: je intensiver ein Erlebnis, desto größer die Wahrscheinlichkeit, daß sich das Individuum »mit mechanischer Genauigkeit auch um die geringfügigsten Belanglosigkeiten seines täglichen Lebens kümmert«. Die Intensität der emotionalen Reaktion schließt das Bewußtsein anderer Dinge nicht aus. Mitten in einer heftigen Krise nimmt der Mensch häufig kleinste Einzelheiten wahr, ob sie nun mit der Krise zusammenhängen oder nicht.

59

Das wirkliche Problem des Schauspielers besteht deshalb darin, wie er in jeder Vorstellung die gleichen Gefühlserlebnisse und Handlungen glaubwürdig hervorbringen und außerdem noch die »Illusion des ersten Mals«, wie Stanislawski sie nannte, erzeugen soll. Diderot wußte, daß der Mensch, den die Natur zum Schauspieler bestimmt hat, sein Bestes erst geben kann, wenn die Wut der Leidenschaften gezügelt, der Kopf kühl und das Herz gebändigt ist. Genau dies hat auch François–Joseph Talma als Voraussetzung der Schauspielkunst genannt: »warmes Herz und kühler Verstand« — eine Formel, die vielfach als genaue Bestimmung des schauspielerischen Talents angesehen wird. Aber das zentrale Problem blieb bestehen: Wie erzeugt man diese Wärme des Herzens? Shakespeare hatte die Schwierigkeit formuliert, indem er vom Schauspieler verlangte »seine Seele nach eignen Vorstellungen ... zu zwingen«. Wordsworth hat die gleiche Schwierigkeit (bezogen auf die Aufgabe des Dichters) beschrieben, wenn er erklärt, die wahre Stimme des Gefühls sei eine »Emotion, derer man sich in Gelassenheit erinnert«. Das einzige Gebiet, auf dem der Schauspieler nicht, wie bei der Stimme, bei Bewegung und Gestik und beim Gedächtnis, mit technischen Mitteln zu einer Lösung kam, war das Gefühl, die Emotion. (Stanislawski war der erste, der sich mit dieser Frage direkt beschäftigt hat.) Die Brillanz von Diderots Argumentation erklärt, warum dieser Essay trotz seiner offenkundig unzureichenden Lösung, so hoch geschätzt wird. Ich neige zu der Annahme, daß Diderot selbst diesen Mangel erkannt hat. Vielleicht hat er den Text deshalb nie veröffentlicht. (Er wurde erst viel später in russischen Archiven entdeckt und erstmals 1832 publiziert.) Die Art und Weise, wie seine Überlegungen am Ende verflachen und ihre Kraft verlieren, scheint mir darauf hinzudeuten, daß Diderot selbst von seinem zwar einleuchtenden, aber dennoch unzureichenden Paradox nicht überzeugt war. Das Problem, das er erkannt hatte, war jedem im Theater sehr bewußt. Ich habe die Erlebnisse geschildert, die mir selbst zu größerer Klarheit in diesen Fragen verholfen haben. Aber trotz meiner umfangreichen Lektüre, zu der auch psychologische Schriften, vor allem Freud und die Behavioristen

gehörten, und obgleich ich das Glück gehabt hatte, einige große
Schauspieler beobachten zu können, sah ich doch keine Lösung.

Der entscheidende Schritt auf meiner Suche nach einer Lösung für
das Problem des Schauspielers war für mich das Auftreten des
Moskauer Künstlertheaters in den Jahren 1923–24. Als dieses
Ensemble in New York eintraf, befand sich das amerikanische
Theater auf einem Gipfel. In materieller Hinsicht konnten sich die
Inszenierungen des Moskauer Künstlertheaters durchaus nicht
mit dem messen, was wir zu jener Zeit auf unseren Bühnen sahen,
etwa mit den Arbeiten so bedeutender Bühnenbildner wie Robert
Edmond Jones, Norman Bel Geddes, Lee Simonson und vieler
anderer. Die Bühnenbilder und Kostüme des Moskauer Künstlertheaters waren tatsächlich ziemlich ramponiert. Außerdem war
die Szenerie in Moskau nur spärlich beleuchtet gewesen, so daß
die Masken unter unseren modernen Beleuchtungssystemen vollkommen überzeichnet wirkten. Viele Theaterbesucher beklagten
sich über diese Mängel.

Stanislawski selbst hat sich in den Briefen, die er in jener Zeit
schrieb, über die ausgefeilte Bühnentechnik und die ungewohnte
Beleuchtung geäußert, die in Rußland noch unbekannt waren. Er
behauptete auch, die aufwendigen Inszenierungen eines David
Belasco würden den Neid des Mali–Theaters, des führenden tra-
ditionellen Theaters in Rußland, wecken. Er staunte über das
Auftreten von Schauspielern wie David Warfield, John Barrymore
und Laurette Taylor und meinte, in Rußland habe er niemanden
gesehen, der sich mit dem jungen Joseph Schildkraut in *Peer Gynt*
vergleichen lasse. Deshalb überraschte ihn der außerordentliche
Erfolg, den das Moskauer Künstlertheater in New York hatte.
Was das New Yorker Publikum beeindruckt habe, so mutmaßte
er, sei der schauspielerische Ansatz des Ensembles gewesen. Während eine typische amerikanische Inszenierung um einen einzelnen Star herum aufgebaut war, verfügte das Moskauer Künstlertheater über drei oder vier und häufig noch mehr herausragende
Schauspieler in einer einzigen Inszenierung.

Mich jedoch beeindruckte etwas anderes. Was mich völlig
umwarf, war nicht das Spiel dieses oder jenes großartigen Schau-

spielers des Moskauer Künstlertheaters — ich hatte bei Schaljapin, Ben–Ami und der Duse spielerische Leistungen von noch
höherem Rang gesehen —, sondern die einfache Tatsache, daß
jeder Schauspieler auf der Bühne, unabhängig von seinem Ansehen oder von der Bedeutung seiner Rolle, in seinem Spiel die
gleiche Wirklichkeit und Glaubhaftigkeit erzeugte. Maria Uspenskaja in *Der Kirschgarten* und Leo Bulgakow in *Nachtasyl* waren auch
in kleinen Rollen echt, wirklich und emotional vollkommen prä-
sent. Gleichgültig, wie andere Theater und andere Inszenierungen
einen überzeugenden Gesamteindruck hervorbrachten — die
ungebrochene Wahrheit und Wirklichkeit, die jeder einzelne
Schauspieler auf der Bühne erzeugte, war und bleibt die einzigar-
tige Leistung des Moskauer Künstlertheaters.

Diese Wahrheit und Wirklichkeit wurde offenbar durch irgendeine Prozedur oder ein Verfahren erreicht, von dem wir im amerikanischen Theater keine Ahnung hatten. Mir war klar, daß wir
hier nicht bloß großartiges Schauspiel sahen, sondern daß hier ein
schauspielerischer Ansatz sichtbar wurde, der möglicherweise die
Lösung für jene Probleme bot, auf die ich gestoßen war.

Ich möchte hier etwas ausführlicher auf meine Eindrücke vom
Moskauer Künstlertheater eingehen. Als erstes sah ich das Stück,
mit dem das Ensemble seine Karriere begonnen hatte, *Zar Fedor
Iwanowitsch*. Ich erinnere mich noch an den großartigen Augenblick, in dem Stanislawski in der Rolle des Fürsten Iwan Schujski
zum erstenmal die Szene betritt, im Kettenpanzer und mit einem
riesigen zweischneidigen Schwert. Äußerlich beeindruckte mich
diese Inszenierung nicht allzu sehr. Die Kostüme wirkten im
Detail historisch korrekt, aber für die Inszenierung wenig bedeutsam. Mit Craigs Ideen über moderne Bühnengestaltung im Kopf
hatte ich eine andere Vorstellung davon, was visuelle Elemente zu
einer Inszenierung beisteuern können. Als ich das Theater verließ,
hatte sich mir das Bild des mitten auf der Bühne stehenden Stanislawski eingeprägt — es ist mir immer gegenwärtig geblieben.

Bei den nächsten Stücken begann ich zu erkennen, mit welcher
Genialität dieses Ensemble spielte. Sie hatten ihre bedeutendsten
Inszenierungen mit nach New York gebracht, darunter alle

Stücke von Tschechow mit Ausname von *Die Möwe* (ich habe nie herausgefunden, warum sie dieses Stück aus dem Repertoire genommen hatten).

Die Stücke Tschechows, wie sie das Moskauer Künstlertheater aufführte, gehörten zu den vollendetsten Verkörperungen dramatischen Ausdrucks. Nicht, daß ich sie für absolut vollkommen halten würde oder mit der Art, wie sie interpretiert wurden, völlig einverstanden wäre; aber ich zweifele daran, daß die minuziöse, detaillierte, geistesgegenwärtige Lebendigkeit, die von jedem Mitglied des Ensembles auf der Bühne erzielt wurde und an der jeder einzelne Anteil hatte, je wieder erreicht wird — nicht, weil uns die Talente fehlen, sondern weil wir nicht über die Mittel und Voraussetzungen verfügen. Die Stücke waren viele Jahre lang gespielt worden und wirkten so frisch, als würden sie zum erstenmal gegeben.

Die Inszenierungen, die wir in Amerika sahen, lebten von einer Fülle intensiver, farbiger Eindrücke, jeder Moment war erfüllt von wunderbaren Gestaltungen, in denen das Erleben der Charaktere zum Ausdruck kam. Das alles hatte nichts Rührseliges, nichts Übertriebenes, nichts Sentimentales — nichts deutete darauf hin, daß Stanislawski die Stücke Tschechows zu Tragödien verfälscht hätte.[3] Ich sehe Stanislawski noch vor mir, wie er als der Arzt in *Onkel Wanja* mitten auf der Bühne steht, sein Blick vom Alkohol leicht benebelt, Musik im Hintergrund; ohne einen Fuß zu bewegen, führte Stanislawski einen kompletten Tanz auf. In *Der Kirschgarten* betrat Leonidow als Lopakin die Szene, untersetzt, plebejisch, angetrunken, um mit einer Mischung aus Trotz, Bemühen um Entschuldigung und Triumph zu verkünden, daß er der neue Besitzer sei. Während Olga Knipper (Tschechows Frau) in der Rolle der Madame Ranewskaja auf die Nachricht vom Verkauf

---

[3] Ich kann nur annehmen, daß diejenigen, die sich diesen Gegensatz zwischen Tschechow und Stanislawski ausgedacht haben und behaupten, Stanislawski habe den Stücken Tschechows ihren Humor genommen, die tatsächlichen Inszenierungen des Moskauer Künstlertheaters damals nie gesehen haben. Oder sie lassen sich durch Äußerungen täuschen, in denen Tschechow die Aufnahme seiner Stücke durch das Publikum mit Betroffenheit, Besorgnis und Verärgerung registriert hat.

wartete und sie schließlich erhielt, blieb sie vollkommen reglos, ohne jede Andeutung von Pathos oder Tragik, und vermittelte dennoch mühelos den inneren Rhythmus dieses Verlustes. Der erste Akt von *Drei Schwestern* war ein Wirbel von Fröhlichkeit, Anmut und Hoffnung.

Die Inszenierung von Gorkis *Nachtasyl* faszinierte durch ihre Dramatik. Diese Figuren wußten nichts von der Tragödie, in die sie verstrickt waren. Ich erinnere mich an den wunderbaren Augenblick, als Aljoschka bei seinem ersten Auftritt in seiner rosafarbenen Handwerkerkluft in den Raum hineintanzte — es war beinahe eine Varieté-Nummer. Katschalow als Baron gab sich alle erdenkliche Mühe, seine Vornehmheit zu wahren ... obwohl sein Bart fleckig und ungeschnitten war, klang seine Stimme gepflegt und schmeichelnd, und an den Händen trug er etwas, das aussah wie die Überreste von Handschuhen. An einen Tisch mitten auf der Bühne gelehnt, hielt Stanislawski in der Rolle Satins nicht bloß aufrichtig, sondern mit Schwung und Überzeugungskraft seine Propagandareden.

Ich möchte hier kurz auf die Spielweise von Stanislawski zu sprechen kommen. Einige Kritiker haben die geniale Theorie entwickelt, der Grund für seine Suche nach einer Schauspielmethode sei ein angeblicher Mangel an Talent gewesen. Oft wird er mit Katschalow verglichen, der auf der Bühne immer wie ein romantisches Naturtalent wirkte. Ich hatte das Glück, Stanislawski und Katschalow in den gleichen Rollen zu erleben: als Gajew in *Der Kirschgarten* und als Oberst Werschinin in *Drei Schwestern*. In beiden Stücken schien Katschalow mehr der Schauspieler als die verkörperte Figur zu sein. Bei Stanislawski dagegen hatte man immer den Eindruck, er schlüpfe in seine Rolle hinein. Ob es sich hier wirklich um einen Unterschied in der Spielweise handelte oder ob es nur daher rührte, daß Katschalow auf der Bühne immer ein Star blieb, ohne sich besonders darum zu bemühen, weiß ich nicht.

Im Moskauer Künstlertheater sahen wir zum erstenmal die Möglichkeit, daß verschiedene Talente, die nicht unbedingt das gleiche Niveau erreichten, Großartiges zuwege brachten und imstande waren, die gleiche Intensität, Realität, Glaubwürdigkeit und Wahrheit zu erzeugen. Diese Erfahrungen wurden zu einem wichtigen Auslöser für Fortschritte im amerikanischen Theater; sie waren nicht nur für meine eigene Entwicklung direkt verantwortlich, sondern auch für die Gründung des Group Theatre, des Eva Le Gallienne Civic Repertory Theatre, für die fortgesetzten Bemühungen der Theatre Guild, ein Repertoire–Ensemble zu schaffen, ohne wirklich zu verstehen, was zu einem solchen Ensemble gehörte, und für viele andere neue Erscheinungen im amerikanischen Theater.

Im Jahre 1924 faßte ich, angeregt vor allem durch den Besuch des Moskauer Künstlertheaters, endgültig den Entschluß, Berufsschauspieler zu werden. Ich war ahnungslos genug, mich bei einer konventionellen Schauspielschule, der Clare Tree Major School of the Theatre, anzumelden, wo ich Sprach– und Stimmtraining trieb und mich in Tanz und anderen allgemein für notwendig erachteten Fächern der schauspielerischen Grundausbildung übte. Gegen Ende dieser Phase spürte ich ein Ungenügen, ich wollte mehr, wußte aber nicht, wo ich es finden konnte. Ein anderer Schüler an diesem Institut, dessen Namen ich leider vergessen habe, erzählte, er sei auf eine andere Schule gestoßen, für die ich mich wahrscheinlich interessieren würde. Wie ich erfuhr, hatten sich zwei Mitglieder des Moskauer Künstlertheaters, Richard Boleslawski und Maria Uspenskaja, dazu entschlossen in Amerika zu bleiben und eine Schule mit dem Namen Laboratory Theatre zu organisieren. Ihr Ziel bestand offenbar darin, auf der Grundlage der vom Moskauer Künstlertheater praktizierten Schauspieltechniken in Amerika ein Theater zu gründen.

Bevor ich auf das Laboratory Theatre zu sprechen komme, möchte ich zunächst auf Konstantin Stanislawski eingehen und zeigen, wie sich sein Ansatz zur Lösung des Problems des Schauspielers entwickelt hatte.

Stanislawski und die Suche
nach seinem System

Die Lehren Konstantin Stanislawskis und seiner Schüler veränderten nicht nur mein Leben, sie veränderten das gesamte Theater des 20. Jahrhunderts von Grund auf. So wie sich unser Verständnis des menschlichen Verhaltens oder unsere Vorstellung von der modernen Physik nach wie vor auf die Entdeckungen Freuds und Einsteins gründen, so verdanken wir unser heutiges Wissen um die Schauspielkunst großenteils den Entdeckungen, die Stanislawski vor einhundert Jahren machte. Wahrscheinlich wird kein Name — von dem Shakespeares abgesehen — im Theater so häufig erwähnt wie der seine. Dennoch stehen Stanislawski und seine Schriften noch immer im Mittelpunkt heftiger und häufig irriger Debatten über die Probleme und die Ausbildung des Schauspielers. Wie mit der Bibel, so läßt sich auch mit den Schriften Stanislawskis so ziemlich alles beweisen.

Anders als Diderot darf man sich Stanislawski nicht als reinen Theatertheoretiker vorstellen. Sein ganzes Schaffen, alle seine Ideen sind aus einem empirischen und praktischen Verständnis für das Theater erwachsen. Die Probleme, die Stanislawski bei der Schaffung einer Rolle sah, gingen auf seine eigenen Probleme und die seiner Schauspieler zurück.

Um Stanislawski verstehen und seine scharfsichtigen, oft genialen Antworten auf das zentrale Dilemma der Schauspielkunst würdigen zu können, sollte man zunächst einen Blick auf Stanislawskis persönliche und berufliche Entwicklung werfen.

Schon bei seinen frühesten schauspielerischen Erfahrungen stieß Stanislawski auf die Probleme der Inspiration, die auch mir bei den Auftritten vieler großer Schauspieler aufgefallen waren. Eine dieser frühen Erfahrungen hat er ausführlich in seiner Autobio-

graphie *Mein Leben in der Kunst* geschildert. Mit vierzehn Jahren
trat er in einem kleinen Theater auf, das sein Vater auf dem
Anwesen der Familie in Ljubimowka eingerichtet hatte. Später
konnte er sich noch erinnern, was er empfand, während er auf den
Beginn des Stückes wartete. Als er schließlich auf die Bühne trat,
pochte sein Herz. Irgend etwas in seinem Inneren trieb ihn voran,
inspirierte ihn und jagte ihn durch die ganze Vorstellung. Worte
und Gesten stieß er mit unfaßbarer Geschwindigkeit aus sich hervor. Ihm ging die Luft aus, er konnte kaum noch sprechen und
hielt »diese gesteigerte Nervosität und Unbeherrschtheit ... für
wahrhaftige Eingebung«. Er war überzeugt, das Publikum völlig
in seiner Gewalt zu haben. Als die Aufführung zu Ende war,
gingen ihm zu seiner Überraschung die übrigen Schauspieler aus
dem Wege. Sein Auftritt war ein Mißerfolg gewesen, obgleich er
selbst sehr zufrieden mit dem gewesen war, was er auf der Bühne
geleistet hatte.
Stanislawski erkannte mit großem Scharfblick, was er da erlebt
hatte. Er bemerkte, daß das Bewußtsein des Schauspielers nicht
immer verläßliche Hinweise auf sein Spiel liefert und auch nichts
Verläßliches über den Eindruck sagt, den er beim Publikum hervorruft. Diese Selbstbewußtheit und die Fähigkeit, die Wahrhaftigkeit des eigenen Ausdrucks zu überprüfen, sind zwei Grundvor-
aussetzungen für die Kunst und das Können des Schauspielers,
denn sie müssen in eben dem Augenblick funktionieren, in dem er
seine Rolle erschafft. Der Augenblick des Schaffens und der
Augenblick der Prüfung fallen zusammen. Daraus ergibt sich
eines der schwierigsten Probleme, die der Schauspieler bewältigen
muß. Schon in dieser frühen Phase seines künstlerischen Lebens
begann Stanislawski, sich mit diesem fundamentalen Aspekt des
schauspielerischen Problems auseinanderzusetzen. Dies war eine
erste große Entdeckung. Ich möchte hervorheben, daß auch Stanislawski von »Entdeckung« spricht, denn allzu viele Überlegungen zur Schauspielkunst beruhen auf Abstraktionen, auf Theorien. Stanislawskis Gedanken hingegen rührten aus einer Analyse
seiner Erfahrung. Theorie und Praxis waren hier untrennbar miteinander verbunden.

David Magarshack, der die wahrscheinlich beste Biographie über Stanislawski geschrieben hat, bezweifelt, daß Stanislawski all dies bei seinem allerersten Auftritt im Theater von Ljubimowka hat in Erfahrung bringen können. Er nimmt an, daß Stanislawski in dieser Episode Eindrücke zusammengefaßt hat, die er während der ganzen ersten Phase seiner Betätigung in einem Zirkel von Laienschauspielern, dem sogenannten Alexejew–Kreis, gesammelt hatte. Aber aus den Aufzeichnungen Stanislawskis scheint deutlich hervorzugehen, daß bei dieser speziellen Gelegenheit etwas Besonderes geschehen ist. Vielleicht hat er seiner Schilderung in *Mein Leben in der Kunst* in Kenntnis späterer Einsichten mehr Klarheit gegeben, als er damals hätte erzielen können, aber das Erlebnis dieses Abends war entscheidend dafür, daß er seine Suche fortsetzte.

Während seines weiteren Werdegangs als Laienschauspieler und Laienregisseur behielt Stanislawski den Schaffensprozeß bei sich selbst ständig im Auge. Er fing an, von seinen Schauspielern zu verlangen, sie sollten »in der Rolle« leben, auch wenn sie nicht auf der Bühne standen. Aber die Resultate waren niemals völlig zufriedenstellend. Stanislawski erläuterte dieses Problem: »Die Methode, im täglichen Leben in einer Rolle zu leben, verlangt beständiges Improvisieren, während die technische Notwendigkeit, daß man eine Rolle auswendig lernen muß, ein improvisierendes Schauspielen unmöglich macht.« Genau dies bildet natürlich das Kernstück von Diderots Paradoxon. Stanislawski wußte aus Erfahrung, daß die mechanische Aufgabe, den Text zu memorieren, beim Auftritt seine emotionale Energie ganz in Anspruch nahm. Die Aufmerksamkeit konzentrierte sich darauf, in dem Augenblick, in dem das Stichwort kam, den Text zu erinnern. Infolgedessen konnte die Emotion mit den Worten nicht Schritt halten. Daß Stanislawski diesen Konflikt erkannt hat, bildet seine zweite große Entdeckung hinsichtlich des schauspielerischen Problems, aber er war nie imstande, ihn völlig zu lösen.

Mit fünfundzwanzig Jahren gründete Stanislawski die Gesellschaft für Kunst und Literatur, mit der er eine Reihe von Stücken produzierte, in denen er auch selbst auftrat. Das wichtigste Pro-

jekt der Spielzeit 1895–96 war *Othello*. Als Regisseur traf Stanislawski die gleichen überaus sorgfältigen, aufwendigen Vorbereitungen, die er von anderen Inszenierungen her kannte. Er reiste
sogar nach Venedig, um sich dort Anregungen für das Bühnenbild
zu holen.
Während der ganzen Probenzeit fühlte sich Stanislawski innerlich
gepeinigt und körperlich erschöpft. Sein Auftritt in der Rolle des
Othello war ein Mißerfolg. (David Magarshack glaubt, Stanislawski sei zu großen tragischen Rollen einfach unfähig gewesen,
ihm hätten die notwendigen physischen und emotionalen Voraussetzungen für diese Charaktere gefehlt. Ich habe Stanislawski bei
seinen großen Auftritten in den Jahren 1923–24 gesehen und bilde
mir überdies ein, einen gewissen Blick für die Möglichkeiten eines
schauspielerischen Talents zu besitzen — jedenfalls kann ich diesem Urteil durchaus nicht zustimmen.)

Stanislawski selbst glaubte, er sei als Othello gescheitert, weil es
ihm nicht gelungen sei, die Wahrheit in seiner Rolle zu finden. In
Mein Leben in der Kunst beschreibt er, wie einmal auch der große
italienische Schauspieler Ernesto Rossi gekommen sei, um ihn in
der Rolle des Othello zu sehen. Am nächsten Tag lud er Stanislawski zu einem Besuch ein. Rossi war der Ansicht, Stanislawskis
aufwendige Nachbildung von Venedig habe für Verwirrung und
Ablenkung gesorgt. »Unbegabte brauchen so was«, sagte er zu
Stanislawski, »aber Sie haben das doch gar nicht nötig.« Stanislawski schilderte den weiteren Verlauf des Gesprächs:

»Gott hat Ihnen alles für die Bühne Erforderliche für den
Othello, für das ganze Shakespeare-Repertoire gegeben...
Jetzt liegt es nur noch an Ihnen. Kunst ist nötig... «
»Aber wo und wie soll man die Kunst erlernen, bei wem?«
forschte ich.
»Hm — ja! Wenn Sie in Ihrer Nähe keinen großen Meister
haben, dem Sie vertrauen können, weiß ich Ihnen nur einen
Lehrer zu empfehlen«, sagte der bedeutende Schauspieler zu
mir.

»Und der wäre? Sagen Sie mir, wer das ist!« fiel ich über ihn her.

»Sie selbst«, schloß er mit der bekannten Geste aus der Rolle Keans.

Dieser Ratschlag sollte bei Stanislawski einen starken Eindruck hinterlassen.

Im Jahre 1897 gründete Stanislawski zusammen mit Wladimir Nemirowitsch–Dantschenko das Moskauer Künstlertheater. Sie wollten ein neuartiges, von Stereotypen und schauspielerischen Konventionen unbelastetes Theater schaffen.

In den ersten Jahren des Moskauer Künstlertheaters scheint sich Stanislawski mehr um die äußere Präzision der Inszenierungen gekümmert zu haben, wohingegen die Beschäftigung mit den Problemen des Schauspielers etwas in den Hintergrund trat. Aber schon in der ersten Inszenierung des Ensembles, Tschechows *Die Möwe*, bemühte sich Stanislawski, Logik und Verhalten jeder einzelnen Rolle und ihre sinnliche Beziehung zu den sie umgebenden Dingen herauszuarbeiten. Diese Inszenierung wurde ein gewaltiger Erfolg; Stanislawski hatte die Logik des Erlebens und der inneren Empfindung aufgespürt, die das äußere Verhalten prägt und aus der alle wirkliche Dramatik entspringt.

Stanislawski selbst war indessen nicht ganz zufrieden. Es fiel ihm schwer, den richtigen Stil und die richtige Spielweise für die Inszenierung der Stücke von Maxim Gorki zu finden, vor allem für *Nachtasyl* (1902), das später einer der größten Erfolge des Moskauer Künstlertheaters werden sollte. Stanislawski war unzufrieden mit seiner eigenen Leistung in der Rolle Satins. Ihm fiel auf, daß er häufig bestrebt war, originelle Effekte für das Publikum zu erzielen, statt die Intention des Autors in angemessener Weise umzusetzen —, daß er bloß deshalb im Neuen schwelgte, weil es neu war.

Damals beeindruckten Stanislawski die Ideen eines jungen Schauspielers namens Wsewolod Meyerhold, der das Ensemble gerade verlassen hatte und nun als Regisseur arbeitete. Meyerhold glaubte, neue Wege und Methoden gefunden zu haben, konnte sie aber nicht realisieren, weil er dazu hervorragende Schauspieler benötigte. Stanislawski richtete eigens für ihn ein dem Moskauer Künstlertheater angeschlossenes Studio ein. Auch wenn dieses Studio letztlich scheiterte, war mit dem Versuch, ein systematisches Schauspielertraining zu betreiben, doch die Erkenntnis verbunden, daß das Theater in erster Linie für den Schauspieler bestimmt ist und ohne ihn nicht existieren kann. Stanislawski kam zu der Einsicht, daß wir »neue Schauspieler brauchen, Schauspieler eines neuen Typs mit einer völlig neuen Technik«.

Dem Schauspieler Stanislawski war seine frühere Schaffensfreude ganz abhanden gekommen. Irgendwie geriet er, je öfter er seine Rollen wiederholte, immer tiefer in einen Zustand von Versteinerung. In dieser Stimmung verbrachte er den Sommer 1906 in Finnland. Morgens saß er auf einem Felsen über dem Meer und versuchte eine Bestandsaufnahme seiner gesamten künstlerischen Vergangenheit. Und hierbei machte er eine weitere Entdeckung. Ihm wurde klar, daß der emotionale Gehalt einer Rolle, die er zum erstenmal schuf, sich sehr stark von dem emotionalen Gehalt unterschied, den er nach Ablauf einer gewissen Zeit mit dieser Rolle verband.

Besonders wichtig war ihm in diesem Zusammenhang die Rolle des Doktor Stockmann in Ibsens *Ein Volksfeind*, die er im Jahre 1900 mit großem Erfolg gespielt hatte. Diese Rolle war ihm anfänglich leicht gefallen. Ihre politischen und gesellschaftlichen Dimensionen hatten ihn besonders beeinflußt. Auch ein ganz anderes Motiv der Handlung hatte ihn angeregt: Stockmanns Liebe zur Wahrheit. Er empfand aufrichtige Sympathie für diesen Stockmann, der von Szene zu Szene immer einsamer wird. Und wenn am Schluß des Stücks Stanislawski als Stockmann schließlich ganz allein dastand, schien die Zeile »Der stärkste Mann der Welt ist der, der ganz allein steht« wie von selbst aus einer Kraft in seinem Inneren und nicht aus irgendeiner schauspielerischen Absicht hervorzugehen. In der Rolle Stockmanns fühlte sich Stanislawski auf der Bühne wohler als in jeder anderen Rolle, die zu seinem Repertoire gehörte. In ihr war er seinen Intuitionen gefolgt. Für ihn war Stockmann kein politischer Ränkeschmied, kein Propagandaredner, kein Räsonneur, sondern ein Mann mit Idealen, ein wirklicher Freund seines Landes und seines Volkes. Aus dieser Intuition war das äußere Bild des Charakters hervorgegangen.

Als Stanislawski begonnen hatte, die Rolle Stockmanns vorzubereiten, brauchte er sich die Sorgen und Gedanken dieser Gestalt nur vorzustellen, und schon ergaben sich gewisse äußerliche Kennzeichen wie von selbst — die vornübergebeugte Körperhaltung, die Kurzsichtigkeit, die seine innere Blindheit für menschliche Schwächen so beredt unterstrich. Ganz automatisch erfühlte er die kindliche, jungenhafte Art, sich zu bewegen, den raschen Schritt; Zeige– und Mittelfinger streckten sich wie von selbst nach vorn, als wollten sie seine Gedanken, Gefühle und Worte der Seele des Zuschauers einprägen.

Alle diese Charakterisierungen waren Stanislawski unbewußt zugefallen, ohne daß er sich um sie bemüht hätte. Aber auf jener Bank in Finnland kehrte das seit langem in seiner Seele verschollene Gefühl für Stockmann plötzlich wieder. Ihm wurde klar, daß die Einsichten, die er in die Rolle Stockmanns hatte einfließen lassen, aus lebendigen Erinnerungen herrührten. Er hatte sich auf die Erinnerungen an einen Freund gestützt, einen aufrechten Mann, dessen Gewissen ihm nicht gestattet hatte, zu tun, was die Großen dieser Welt von ihm verlangten. »Während des Spiels leiteten mich diese lebendigen Erinnerungen unbewußt und regten mich immer wieder zu schöpferischer Arbeit an.« Ihm wurde klar, daß er diese Erinnerungen im Laufe der Zeit vergessen und nur noch die Äußerlichkeiten seiner Charakterzeichnung vor Augen hatte. Diese verfestigten äußeren Bestandteile der Rolle, die sichtbaren Anzeichen einer seit langem verschwundenen Emotion, hatte er nur noch mechanisch wiederholt. In einigen Szenen hatte er versucht, nervös und etwas exaltiert zu agieren und hatte zu diesem Zweck rasche, nervöse Bewegungen vollführt. In anderen hatte er naiv wirken wollen und hatte dazu kindliche, unschuldige Augen mechanisch nachgeahmt. Er hatte Naivität kopiert, aber er war nicht naiv gewesen. Er trippelte, empfand aber keinerlei innere Hast, die solche Schritte hätte rechtfertigen können.

73

Dies veranlaßte Stanislawski, zu überprüfen, wie er in früherer Zeit vorgegangen war, wenn er eine Rolle erarbeitete. Noch einmal las er die Aufzeichnungen in seinem künstlerischen Tagebuch, die ihm die Erfahrungen, die er gemacht hatte, ins Gedächtnis riefen. Er erinnerte sich daran, daß er zu der äußeren Anlage der Rolle des General Krutitzki in Ostrowskis *Eine Dummheit macht auch der Gescheiteste* durch die äußere Erscheinung eines alten Hauses inspiriert worden war, das er einmal gesehen hatte. Ein wenig windschief stand es in einem alten Hof und schien vom Alter wie aufgebläht; der üppige Moosbewuchs an den Seiten sah aus wie ein Backenbart. Kleine alte Männer in Uniform mit nutzlosen Papieren unter dem Arm kamen und gingen. Das alles hatte ihn auf geheimnisvolle Weise zu der Gestaltung der komischen Rolle Krutitzkis angeregt. Wie bei der Rolle Stockmanns hatte er das Material für das äußere Bild unbewußt aus der eigenen Erinnerung genommen. Aber als er diese Notizen über die anfängliche Gestaltung der Rolle mit dem verglich, was geblieben war, während er sie spielte, war er verblüfft, wie sehr seine Darstellung von schlechten schauspielerischen Angewohnheiten und Mätzchen, von dem Wunsch, dem Publikum zu gefallen, und von falschen Methoden entstellt war. Es wurde ihm klar, daß der Schauspieler vor jeder Aufführung nicht nur äußerliche Vorbereitungen treffen, eine Maske anlegen mußte, daß er vielmehr auch geistige Vorbereitungen für seinen Auftritt treffen mußte.

In dieser Stimmung kehrte der dreiundvierzigjährige Stanislawski nach Moskau zurück und machte sich an die Lösung jenes Problems, das ihn nicht mehr loslassen sollte. Er begann, sich selbst sorgfältig zu beobachten. Und er beobachtete die anderen Schauspieler, wenn er eine neue Rolle probte oder mit ihnen neue Rollen einstudierte. Ihm war klar geworden, daß Kreativität auf der Bühne vor allem eine besondere Voraussetzung hat, er nannte es »das schöpferische Selbstgefühl«. Natürlich hatten er und andere Schauspieler vor ihm dies verstandesmäßig schon immer gewußt, aber jetzt erkannte er es aus der eigenen Erfahrung und begriff, wie er sich ausdrückte, »zum erstenmal eine Wahrheit, die ich schon lange kannte«. Dieses schöpferische Selbstgefühl war anscheinend jedoch nicht der Kontrolle durch den Willen des Schauspielers unterworfen. Man hielt es für Inspiration, für ein Geschenk der Götter. Dennoch fragte sich Stanislawski: »Gibt es nicht vielleicht technische Mittel zur Schaffung des schöpferischen Selbstgefühls?« Wie ließ sich jene Atmosphäre erzeugen, »in der sich die Eingebung häufiger und bereitwilliger herabläßt, unsere Seele zu füllen«?[1]

Stanislawski wollte jene Bedingungen herausfinden, unter denen sich die Inspiration mit der größten Wahrscheinlichkeit in der Seele des Schauspielers einstellt, und er wollte in Erfahrung bringen, wie sich diese Bedingungen bei jeder Aufführung von neuem erzeugen lassen. Die Inspiration sollte der Schauspieler aus eigenem Wollen mobilisieren können.

Ein erster Schritt zur Schaffung solcher Voraussetzungen für die Inspiration bestand darin, daß Stanislawski bei seiner eigenen schauspielerischen Arbeit Entspannungstechniken zu entwickeln begann. Er verglich seine Empfindungen in diesem neuen, entspannten Zustand mit denen eines Gefangenen, dem man die Ketten, die ihn jahrelang in seinen Bewegungen gestört hatten, endlich abgenommen hat. Er war fest davon überzeugt, daß in der Entspannung »das ganze Geheimnis, die ganze Seele des Schöpferischen auf der Bühne liegt ... Alles andere mußte sich aus diesem Zustand, aus diesem Gefühl körperlicher Befreiung ergeben.«

Stanislawski war etwas irritiert darüber, daß weder seinen Schauspielerkollegen noch dem Publikum die Veränderung auffiel, die sich, wie er glaubte, in seiner Spielweise vollzog. Aber er setzte seine Suche und seine Übungen so lange fort, bis die Gewohnheit eines körperlich entspannten schöpferischen Selbstgefühls auf der Bühne immer mehr erstarkte und ihm zur zweiten Natur wurde. Stanislawski begriff nun, welche Funktion der Entspannung bei einem Auftritt zukam. Er bemerkte, daß er sich auf der Bühne wohl fühlte, denn indem er sich auf die Wahrnehmungen und die Befindlichkeit seines Körpers konzentrierte, wandte er seine Auf-

---

[1] Diese Äußerung sollte nicht so gedeutet werden, als habe Stanislawski versucht, Inspiration durch äußerliche Mittel zu erzeugen; das wäre unmöglich.

merksamkeit von dem ab, was auf der anderen Seite der Rampe, in dem schrecklichen schwarzen Loch jenseits des Bühnenrahmens vor sich ging. Er verlor die Angst vor dem Publikum. Zuweilen vergaß er fast, daß er auf der Bühne stand. Ihm fiel auf, daß sein schöpferisches Selbstgefühl bei diesen Gelegenheiten besonders stark war.

Bald folgte eine zweite Entdeckung. Bei dem Auftritt eines berühmten Schauspielers, der in Moskau gastierte, spürte Stanislawski im Spiel dieses Stars die Gegenwart des schöpferischen Selbstgefühls: eine bemerkenswerte Entspannung des Körpers, verbunden mit einem hohen Maß an Konzentration. Die ganze Aufmerksamkeit des Schauspielers richtete sich ungeteilt auf die Bühne. Stanislawski und das übrige Publikum verfolgten jede Einzelheit auf der Bühne mit gespannter Aufmerksamkeit. Hier erkannte Stanislawski: je mehr der Schauspieler seine Aufmerksamkeit dem Publikum zuwendet, desto eher lehnt sich das Publikum bequem zurück und erwartet, daß man ihm etwas bietet. Umgekehrt aber — auch das erkannte Stanislawski bei dieser Aufführung — weckt die Konzentration des Schauspielers auch die Konzentration des Publikums und nötigt es, sich mit dem zu beschäftigen, was auf der Bühne vor sich geht. Dies wiederum erregt die Aufmerksamkeit des Schauspielers, seine Vorstellungskraft, seinen Denkprozeß und seine Emotion. Stanislawski fiel auf, daß Konzentration nicht nur das Sehvermögen und das Gehör des Schauspieler steigert, sondern auch alle übrigen Sinne — Tastsinn, Geschmack, Geruchssinn und die motorischen Sinne. Dieser Abend offenbarte ihm, welchen Wert die Konzentration für den Schauspieler besaß.

Und so begann Stanislawski, seine Konzentrationsfähigkeit mit Hilfe von Übungen weiterzuentwickeln, die er eigens zu diesem Zweck erdachte.

Als sich Stanislawski eingehender mit dem schöpferischen Selbstgefühl beschäftigte, stieß er auf das Dilemma, daß der Schauspieler, der doch bemüht ist, eine wahre Emotion zu schaffen, auf der Bühne von lauter Imitationen umstellt ist — von Kulissen, Pappe, Farbe, Schminke, Requisiten, hölzernen Pokalen, Schwertern und

Lanzen. Das Dilemma des Schauspielers besteht also auch darin, daß er aus imaginären Gegenständen Wahrheit erzeugen muß. Denn darin liegt die große Aufgabe des Schauspielers: die Echtheit seiner Beziehung zum Geschehen auf der Bühne, zu den Requisiten, zum Bühnenbild, zu den anderen Schauspielern, die zusammen mit ihm auftreten, zu ihren Gedanken und Empfindungen zu verkörpern. Stanislawski entwickelte einen Mechanismus, der dem Schauspieler helfen sollte, die verschiedenen Dinge auf der Bühne als wahr zu akzeptieren — das »schöpferische Wenn«. Stanislawski zufolge weiß der Schauspieler, daß die Elemente auf der Bühne unecht sind, aber er sagt sich: »*Wenn* sie echt wären, würde ich das und das tun, ich würde mich zu dieser oder jener Erscheinung so und so verhalten...« Ich selbst glaube nicht, daß der Mechanismus des »schöpferischen Wenn« immer funktioniert; er verführt den Schauspieler oft dazu, dieses Als–ob als solches nachzuspielen. Aber wichtig scheint mir, daß Stanislawski an diesem Punkt die Dualität im Erleben des Schauspielers erkannt hat.

Viele glauben, Stanislawskis These, der Schauspieler müsse wirklich etwas empfinden, gehe von der Annahme aus, daß der Schauspieler sich des imaginären Charakters seiner Darbietung nicht bewußt sei. Mit anderen Worten, der Schauspieler würde vergessen, daß er spielt. Dies ist natürlich unmöglich. Würde der Schauspieler dies tatsächlich vergessen, so würde er natürlich seine Stichworte verpassen, er würde seinen Text und alle Regieanweisungen vergessen. Nach Stanislawskis Meinung kommt es auf die Wahrheit des Schauspielers an — auf das, was der Schauspieler innerlich fühlt und erlebt, denn dies kommt wiederum in dem zum Ausdruck, was die von ihm verkörperte Gestalt sagt und wie sie äußerlich reagiert.

Diese Entdeckung veranlaßte Stanislawski, seine ganze Aufmerksamkeit auf die inneren Gefühle der Rolle zu konzentrieren. Als Regisseur war er auf der Suche nach der ungesehenen, unverkörperten Leidenschaft, die auf natürliche Weise in der Seele des Schauspielers geboren wird. Er verbannte alle Kulissen und Requisiten aus den Proben, damit der Schauspieler die Kraft sei-

nes eigenen Temperaments und seiner eigenen Leidenschaft aus-
leben konnte.

Zu jener Zeit begann Stanislawski damit, die ersten Elemente
seiner »Grammatik der Schauspielkunst«, die später als sein
»System« bekannt wurde, schriftlich festzuhalten. In einem Brief
an Nemirowitsch–Dantschenko vom 16. November 1910 sprach er
von früherem Konkurrenzneid, von Eitelkeit und Unduldsamkeit,
die, wie er hoffte, durch eine reifere Haltung, durch Lebenserfah-
rung und Weisheit ersetzt werden könnten. Sodann teilte er Dantschenko einige Überlegungen zu seinem System mit und erklärte,
bevor man eine Rolle zerlegen könne, müsse man sie vom literarischen, psychologischen, gesellschaftlichen und vom Standpunkt
des Milieus aus bewerten.

> Erst dann kann man damit anfangen, die Rolle zu teilen,
> zunächst in physiologische Abschnitte, und dann, davon
> ausgehend, auch in psychologische Abschnitte oder Wün-
> sche. Jetzt kenne ich einige praktische Mittel (denn es ist
> meine Aufgabe, zu jeder Theorie ein Verfahren zu ihrer Ver-
> wirklichung zu finden; Theorie ohne Verwirklichung ist
> nicht mein Gebiet und daher verwerfe ich sie), die den
> Zweck haben, dem Schauspieler bei der psychologischen,
> physiologischen und Milieu–Analyse zu helfen, womöglich
> sogar bei der gesellschaftlichen Einschätzung eines Werkes
> und einer Rolle. Aber die literarische Seite der Sache wartet
> auf Ihr Wort. Antworten Sie darauf nicht nur als Literat, als
> Kritiker, sondern als Praktiker. Gebraucht wird eine Theo-
> rie, die von einer praktischen, durch Erfahrungen gut bestä-
> tigten Methode fundiert ist.
> Vorläufig weiß ich nur, bevor man an mein System heran-
> tritt, muß man a) den Prozeß des *Willens* anregen; b) den
> Prozeß des *Suchens* von irgendeiner literarischen Unterhal-
> tung herleiten (Sie haben das Wort), und wie ich den Prozeß
> des Suchens aufrechtzuerhalten und fortzuentwickeln hätte
> — das weiß ich; c) wie man den Prozeß des *Erlebens* anregt —
> weiß ich; d) wie man den Prozeß des *Verkörperns* fördert, weiß

ich noch nicht genau, aber ich habe bereits den Boden abge-
tastet und befinde mich nicht weit vom richtigen Weg; e) die
Prozesse der *Verschmelzung* und der *Einwirkung* sind klar.
Vor mir steht jetzt, einen praktischen Weg zu finden, um
beim Schauspieler bei jedem dieser Prozesse die Phantasie
anzuregen. In der Psychologie ist dieser Teil sehr schwach
ausgearbeitet, insbesondere die schöpferische Phantasie von
Schauspielern und Kunstmalern. Alles übrige ist bei mir
nicht nur ausgearbeitet, sondern auch schon genügend sorgfältig kontrolliert. Einiges ist nicht in der richtigen Reihenfolge niedergeschrieben. Ich denke, Sie werden in allem mit
mir übereinstimmen. Vieles, was Ihnen von Mittelspersonen
gesagt wird, haben diese zur Zeit zwar verstandesmäßig
erfaßt, aber womöglich nicht gefühlsmäßig. Darin eben liegt
die Hauptschwierigkeit. Es zu erfassen und im Gedächtnis
zu behalten ist nicht schwer; schwer ist, es zu empfinden und
darauf zu bauen.

Bei der eigentlichen Arbeit an seinem System fand Stanislawski
große Hilfe in Leopold Sulerschitzki, der sein Assistent wurde.
Sulerschitzki begann damit, Stanislawskis System an einer der
privaten Moskauer Schauspielschulen zu lehren. Dieses Experiment war so erfolgreich, daß mehrere von Sulerschitzkis Schülern
in das Moskauer Künstlertheater eintraten, wo sie den Kern des
Zweiten Studios bildeten.
Bald nach Gründung dieses Studios kündigte Nemirowitsch-Dantschenko dem gesamten Ensemble des Moskauer Künstlertheaters
an, Stanislawskis neues System solle von allen Schauspielern studiert und vom ganzen Theater übernommen werden. Die Schauspieler rebellierten gegen diesen Vorschlag. Stanislawski selbst
sah sich zu dem Eingeständnis genötigt, daß sie recht hatten. Er
war noch nicht weit genug, um ein solches Programm durchfüh-
ren zu können. Da Stanislawski, um experimentieren zu können,
die gewohnten Bahnen verlassen hatte, hatte sein eigenes Spiel an
Wirkung verloren, und sogar dem Publikum war dies bereits aufgefallen. Stanislawski erkannte, daß ihm die richtigen Mittel fehl-

ten, um einen Weg — nicht zum Verstand des Schauspielers, sondern zu seinem Herzen zu bahnen. Dennoch experimentierte er weiter.

Einige Jahre später inszenierte das Studio *Das Heimchen am Herd* von Dickens, und es waren viele junge Schauspieler beteiligt, die mit Stanislawskis Experimenten in Berührung gekommen waren, unter ihnen Michail Tschechow und Jewgeni Wachtangow. Hier nun vernahm Stanislawski zum erstenmal jene tiefen, warmen Töne des unterbewußten Gefühls, wie sie ihm seit langem vorgeschwebt hatten. Die älteren Schauspieler des Moskauer Künstlertheaters schenkten Stanislawskis Erklärungen über die neuen Methoden der Schauspielkunst nun erheblich mehr Beachtung. Seine Ideen reiften heran und gewannen klarere Umrisse.

Im Jahre 1920, nach der Revolution, in deren Verlauf das Theater verstaatlicht wurde, erhielt Stanislawski die Einladung, seine Ideen den Schauspielern und Sängern des Moskauer Großen Theaters vorzustellen und zu demonstrieren. Aus dieser Zeit besitzen wir die erste zusammenhängende Darstellung von Stanislawskis System. Die Notizen zu den Vorträgen, die sich eine Teilnehmerin dieses Opern–Studios (K. Antarowa) machte, enthalten in einfacher und klarer Form die ersten präzisen Veranschaulichungen und Beschreibungen von Stanislawskis tatsächlichen Verfahrensweisen. In diesen Vorträgen skizzierte Stanislawski die Prozesse der Konzentration, der Entspannung und des emotionalen Gedächtnisses.

Als Grundvoraussetzung für die schöpferische Arbeit des Schauspielers nannte Stanislawski die Konzentration auf der Bühne. Er betonte, es sei unmöglich, sich zu konzentrieren, wenn man nicht vorher die Übungen mit imaginären Objekten durchgeführt habe. Imaginäre Objekte sind genau das, was ihr Name sagt — Objekte, mit denen die Menschen im Leben wirklich umgehen, während der Schauspieler zunächst lernen muß, sie wiederzuerschaffen, ohne daß sie vorhanden sind. Bevor der Schauspieler die Arbeit am Stück selbst mit sichtbaren oder lebendigen Objekten beginnt, muß er einige Zeit Übungen widmen, in denen er »seine Aufmerksamkeit auf imaginäre Objekte konzentriert«; der Schauspieler muß jede mit diesem Objekt verbundene körperliche Handlung und jede Empfindung registrieren. Stanislawski erklärte, für den Schauspieler bedeute »wissen« nichts anderes als imstande sein, »etwas zu tun«; und etwas tun könne man nur, wenn man seinen Willen, seine Phantasie, seine Aufmerksamkeit und seine Kraft unter Kontrolle habe. Stanislawski ging davon aus, daß solche Übungen nicht nur zur Schauspielerausbildung, sondern auch zur Arbeit des Schauspielers an seiner Rolle gehörten.

Wie die Konzentration erreicht werden kann, schilderte Stanislawski folgendermaßen:

Nehmen wir einmal an, Sie haben ein Messer in den Händen, mit dem Sie im Laufe der Handlung einen Nebenbuhler erstechen sollen. Wenn Ihr Gedanke zwischen der Waffe (dem Messer) und der Handlung (dem Mord) geteilt ist, wird er Ihren Körper und Ihre Energie nicht zur Einheit der Handlung zwingen, die dem Publikum eine wahrheitsgetreue Begebenheit aus Ihrem Leben zu vermitteln vermag.

Der einzige Gedanke, der *erste*, der Sie in den schöpferischen Kreis führen muß, ist Ihr Messer. Konzentrieren Sie sich auf eine Handlung: auf die Betrachtung des Messers. Blicken Sie es scharf an. Prüfen Sie die Klinge. Untersuchen Sie die Haltbarkeit des Griffes. Sehen Sie es im Geiste schon im Herzen oder in der Brust Ihres Nebenbuhlers. Zielen Sie im Geiste auf seinen Rücken, wenn Sie einen Bösewicht darstellen sollen. Überlegen Sie, ob Sie zustoßen können, ob die Klinge nicht zu kurz oder zu lang ist, ob sie fest ist und sich nicht durchbiegen wird. In Ihren Gedanken gibt es nur das Messer — nur die Waffe.

Nachdem Sie die ganze Kraft Ihres Gedankens auf das Messer konzentriert haben, erweitern Sie den Kreis Ihres bereits gesammelten Gedankens. Ändern Sie dabei aber nichts an der Verfassung, in der Sie sich befinden, übertragen Sie vielmehr Ihren Gedanken vom Messer auf den Nebenbuhler. Jetzt erinnern Sie sich von selbst an Ihren ersten Verdacht, an die Zeit, wo Ihr jetziger Feind noch Ihr Freund war.

Ändern Sie den Kreis nicht.`Erweitern Sie ihn. Lassen Sie
Ihre Gedanken in die Vergangenheit schweifen. Suchen Sie
keine dunklen Farben nur deshalb, weil Sie einen Mörder
spielen und einen Feind umbringen wollen. Lassen Sie in
Ihrer Erinnerung, im Geiste, das Bild Ihrer früheren
Freundschaft erstehen. Versetzen Sie sich in Ihre Kindheit,
wo Ihre Freundschaft begann. Zeichnen Sie die liebevollen
Gestalten Ihrer Mütter und stellen Sie sich beide als aufrichtige Freundinnen vor...
Sie haben sich ganz auf Ihre Erinnerungen (aus dem Vorle-
ben der Rolle) konzentriert. Das Messer haben Sie vergessen. Aber Sie halten es noch in der Hand. Plötzlich haben Sie
sich an der Hand verletzt, und alle Ihre freundlichen Gedanken sind verflogen. Ihre Aufmerksamkeit ist wieder zum
Messer zurückgekehrt. Und schon überfällt Sie eine neue
Erinnerungsreihe mit Bildern des Kummers, des Verrats
und der Lüge.

Stanislawski vertrat die Auffassung, daß der Schauspieler nur
durch dieses Vorgehen die gewöhnlichste aller Irritationen überwinden könne: das Lampenfieber. Wenn sich der Schauspieler
ganz auf die Dinge konzentriert, mit denen er es zu tun hat, ob
materieller Art oder nicht, wenn er von den verschiedenen Aufgaben, die ihm seine Rolle oder sein Regisseur stellen, ganz in
Anspruch genommen wird, hat er einfach gar nicht die Zeit, sich
Gedanken darüber zu machen, ob er seine Rolle zu spielen vermag
oder was das Publikum über ihn denkt oder was für ein fürchterli-
ches Gefühl es ist, über die Bühne zu gehen, wo einen jeder sehen
und kritisieren kann.
Stanislawski kam auch auf ein anderes Grundprinzip seines späteren »Systems« zu sprechen: die Entspannung. Alle großen Schauspieler, die er gesehen und beobachtet hatte, zeichneten sich
durch eine außerordentliche Freiheit in ihren Bewegungen aus,
durch die Fähigkeit, den eigenen Körper mit erstaunlicher Leichtigkeit und Geschmeidigkeit zu beherrschen. Fast sah es so aus,
als spielten sie nicht vor einem Publikum, als lebten sie vielmehr

in ihrer gewohnten Umgebung, ohne auf irgend etwas zu achten, das nicht zu ihrem unmittelbaren Handeln oder zu den Menschen, mit denen sie das Stück aufführten, in Beziehung stand. Stanislawski beschrieb diese Entspannung so:

> Das erste, was der Studio–Teilnehmer lernen muß, sind völlig freie Bewegungen auf der Bühne. Durch Konzentration der Gedanken auf eine bestimmte Aufgabe, durch Aufmerksamkeit, die auf bestimmte Muskeln gerichtet ist, muß man lernen, sich so zu bewegen, als ob die ganze Energie eben in diesen Muskeln gesammelt ist.

Viele Menschen, die unter körperlichen, seelischen oder emotionalen Spannungen leiden, wissen nicht, in welchem Grade man lernen kann, mit solchen Spannungen umzugehen und sie unter Kontrolle zu bringen. Stanislawski hat diesen Punkt ausführlich beschrieben:

> Nehmen wir einmal an, Sie müßten, unbemerkt von Menschen, die Sie von nebenan beobachten könnten, von Ihrem Platz am Fenster fortgehen, um einen Brief zu verstecken, den Sie eben bekommen haben, aber noch nicht richtig durchlesen konnten.
> Was sind Ihre Aufgaben? Die erste — lautlos aufzustehen. Aber der Sessel ächzt. Wie werden Sie die Szene durchführen? Werden Sie die Angst »spielen«, der Sessel könnte ächzen? Nein, im Kreis Ihres schöpferischen Bewußtseins werden Sie Ihre Energie auf die Beine, auf die Knie konzentrieren, werden dazu alle Ihre Kräfte einsetzen, sich nicht nach den Seiten umblicken, wie manche das schablonenmäßig zu tun pflegen, sondern Ihre *ganze Aufmerksamkeit nur auf dieses Stückchen der Aufgabe richten*.
> In Ihrem Inneren suchen Sie dringend nach Hilfe — und das Publikum geht mit Ihnen, mit Ihrer Aufgabe, und wird durch Ihre Intensität in Ihren Kreis einbezogen. Sie sind aufgestanden. Wie erleichtert fühlen Sie sich! Es ist Ihnen

gelungen, ohne Geräusch aufzustehen! Ihr erleichtertes Lächeln hat dem Zuschauer gezeigt, wie stark Sie anfangs Ihre Muskeln, Ihren Willen und Ihre Gedanken angespannt hatten und welch neuen Ausdruck der Freude Sie in der unbedeutenden Szene, »geräuschlos aufzustehen«, gefunden haben.

Ihre zweite Aufgabe ist, sich ohne Geräusch zu bewegen. Wie oft sieht man nicht auf der Bühne Schauspieler in solchen Situationen! Was tun sie? Sie ziehen die Schultern hoch und den Kopf ein, neigen sich nach vorn und treten schwerfällig von einem Fuß auf den anderen, während sie mit den Augen nach allen Seiten blicken, denn das soll, nach der Schablone, Unruhe ausdrücken.

Was müssen Sie als Studio–Teilnehmer tun? Sie müssen Ihre ganze Energie auf Ihre Zehenspitzen übertragen, Ihre ganze Aufmerksamkeit dorthin verlegen und Ihren übrigen Körper — Schultern, Arme, Hals — lockern. Kopf, Hals und Schultern muß man immer geradehalten, so daß Kopf und Rücken eine Linie bilden. Im Kreuz jedoch muß man so etwas wie einen kleinen Stab fühlen, auf dem der Leib mit seinen lockeren Gliedmaßen sitzt, die Sie immer durch Ihren Willen einfach und leicht bewegen können.

Sobald Sie Ihre Aufmerksamkeit auf die Zehen gerichtet haben, können Sie sie leicht bewegen. Sie haben sich auf die Zehenspitzen gestellt und sind eine kurze Strecke durch das Zimmer gegangen. Merken Sie sich rechtzeitig, wohin Sie sich retten können, falls sich plötzlich die Tür öffnet, damit Sie nicht wie ein auf der Tat ertappter Verbrecher aussehen. Auf Ihrem Weg steht ein Toilettentisch. Sie aber wollen den Brief in Ihrem Zigarettenkästchen verstecken. Leise und leicht gehen Sie auf den Fußspitzen bis zum Toilettentisch. Dort sind Sie glücklich angelangt. Das Kästchen ist jetzt nicht mehr weit. Werden Sie jetzt noch immer auf Zehenspitzen schleichen? Nein. Sobald Sie den Tisch erreicht haben, fangen Sie an, vor sich hinzusingen, als hätten Sie die Tür neben sich vergessen.

Neben Muskelentspannung und Konzentration nannte Stanislawski ein weiteres zentrales Element der Psychotechnik des Schauspielers, dessen Hauptfunktion darin besteht, die Inspiration zu wecken. Dieses Element bezeichnete er als emotionales Gedächtnis — ein Erinnerungsvermögen, das auf den Gefühlsempfindungen des Schauspielers fußt und durch seine fünf Sinne an die Oberfläche des Bewußtseins gebracht wird, wobei Stanislawski anscheinend jedoch dem Sehvermögen und dem Gehör die größte Bedeutung einräumte.

Stanislawski veranschaulichte das emotionale Gedächtnis, indem er die Schauspieler aufforderte, sich eine große Zahl von Häusern vorzustellen, in jedem Haus eine Vielzahl von Zimmern, in jedem Zimmer zahlreiche Schränke, in jedem Schrank Schubladen, in jeder Schublade große und kleine Schachteln und unter ihnen eine sehr kleine, die mit Perlen gefüllt ist. Es ist leicht, das Haus zu finden, das Zimmer, den Schrank, die Schachteln und auch die kleinste von allen. Aber es bedarf eines sehr scharfen Auges, um jene winzige Perle zu finden, die aus der Schachtel gefallen ist, einen Moment lang aufblitzte, um dann für immer zu verschwinden. Wenn man sie je wiederfindet, dann durch puren Zufall. Genauso verhält es sich auch mit dem Lagerhaus, welches das Gedächtnis des Schauspielers darstellt. Es gibt darin ebenfalls Schränke, Schubladen und große und kleine Schachteln. Einige sind leichter, andere weniger leicht zugänglich. Aber wie soll der Schauspieler eine Perle seines emotionalen Gedächtnisses wiederfinden, die in seinem Bewußtsein kurz aufblitzte, um dann scheinbar für immer zu verschwinden? Stanislawski behauptete, darin bestehe die eigentliche Aufgabe des Schauspielers. Später habe ich mich der Lösung dieser Aufgabe gewidmet, als ich die »Methode« begründete.

Stanislawski nannte als eines der wichtigsten Elemente der Schauspielkunst die innere Wechselbeziehung, nämlich die Wechselbeziehung des Schauspielers zum Partner auf der Bühne und die zwischen Schauspieler und Publikum. Er unterschied die äußeren Bewegungen von Hand, Fuß und Körper, die für das Auge sichtbar sind, von den inneren Bewegungen geistiger Wechselbeziehung, die dem Auge nicht sichtbar und deshalb scheinbar unwirksam sind. Von seinem früheren Interesse an der Philosophie des Hinduismus beeinflußt, hat Stanislawski diese innere Wechselbeziehung leider immer wieder als »Strahlensendung« und »Strahlenempfang« bezeichnet, so als würden Gefühle und emotionale Regungen Strahlen abgeben, die durch die Augen oder durch die Haut des Körpers nach außen treten und sich in einem Strom über die Menschen ergießen. Zu recht hat er betont, daß sich der Schauspieler seiner fünf Sinne auf eine besondere Weise bedienen müsse: wenn er zuhört, muß er auch lauschen; wenn er riecht, muß er auch einatmen; wenn er einen Gegenstand ansieht, muß er ihn betrachten und nicht bloß einen Blick darauf werfen. Aber Stanislawski war nicht in der Lage, zu beschreiben, mit Hilfe welcher Methoden sich dieser Vorgang beherrschen läßt; er konnte keine Übungen angeben, mit denen »Strahlensendung« und »Strahlenempfang« sich hätten leichter bewerkstelligen lassen.

Diese Vorträge vor den Schülern und Sängern des Opern–Studios beim Moskauer Großen Theater waren die erste geschlossene Darstellung von Stanislawskis System, und als Darlegung seiner grundsätzlichen Überlegungen vor der systematischer angelegten Darstellung in *Die Arbeit des Schauspielers an sich selbst* (1936) sind sie von großer Bedeutung. In vielen Punkten stimmen sie mit den Gedanken in *Mein Leben in der Kunst* (1924) überein, wo er zu beschreiben versucht hat, auf welchen Wegen er zu seinen Entdeckungen gelangt ist.

Aber Stanislawski blieb an diesem Punkt nicht stehen: ständig war er bestrebt, seine Gedanken zu verfeinern, genauer zu fassen, zu korrigieren und sie in eine einsichtige, zusammenhängende Form zu bringen, damit sie nicht das Schicksal der meisten Ideen im Theater erlitten und zusammen mit ihrem Schöpfer stürben.

Wir haben schon erwähnt, daß Stanislawski zwar nicht mit seinen Ideen, wohl aber mit seinen Leistungen ständig unzufrieden war. Die statischen Ergebnisse, die er in einigen Inszenierungen erzielte, bei denen er seine neuen Methoden angewendet hatte, riefen außerdem immer wieder kritische Stimmen auf den Plan, die meinten, der Schauspieler beschäftige sich zu sehr mit der eigenen Psyche, während die Expressivität unzureichend bleibe. Stanislawski war von dieser Kritik nicht allzu sehr überrascht — in manchem stimmte er ihr sogar zu. Er selbst war unzufrieden mit den Ergebnissen, aber sie waren dennoch wichtige Schritte bei seiner beharrlichen Erkundung des Grundproblems der Schauspielkunst. Mehr Sorge bereitete ihm sein Scheitern im klassischen Repertoire, wo man es mit den tiefsten und heftigsten Regungen und Erlebnissen der menschlichen Seele zu tun hatte, und wo es ihm mit all seinen Methoden nicht gelungen war, den Schauspielern zu der notwendigen Ausdruckstiefe zu verhelfen. Er sah, daß die Arbeit in den Studios glänzende Ergebnisse zeitigte, aber die dramatischen Formen, auf die sie zuzusteuern schienen, machten ihm Kummer. Er befürchtete, seine Arbeit könnte womöglich nur für den engen Bereich des modernen naturalistischen Dramas Geltung besitzen.

Einige von Stanislawskis Schülern, Wachtangow und Nemirowitsch–Dantschenko, schienen gerade auf dem Gebiet gesteigerter Expressivität erfolgreich zu sein, wo Stanislawski selbst gescheitert war. Anfang der zwanziger Jahre müssen Wachtangows Inszenierungen von *Der Dibbuk* und *Turandot* mit ihrer theatralischen Qualität, ihrem Schwung und ihrer Dynamik Stanislawskis Aufmerksamkeit auf andere als die rein psychologischen Elemente gelenkt haben. Die glänzenden Inszenierungen von Nemirowitsch–Dantschenkos musikalischem Studio mit ihrer Betonung von Rhythmus und Musikalität waren dazu angetan, Stanislawskis Neid zu wecken, aber sie nötigten ihn auch, sein System auf dem Gebiet der Expressivität und der Verkörperung der Rolle zu überdenken.

Stanislawski war der große Pionier bei der Entwicklung eines Systems für den Schauspieler. Aber wie wir gesehen haben, ging sein Werk nicht weit genug, um das Problem der Expressivität zu lösen. Sein Schüler Wachtangow und später auch Boleslawski scheinen das Verständnis des Schauspielers für dieses Problem weiter vorangetrieben zu haben. Es gibt einige elementare Übereinstimmungen in den drei Ansätzen, von denen ein Schauspieler ausgehen kann: Darstellung, Erleben und mechanische Fertigkeit. Jeder von ihnen folgt den von Stanislawski umrissenen grundsätz-lichen Lehren: ein bewußtes Training der Sinne, das zu den unbe-wußten schöpferischen Mitteln führt. Dieses Training der schau-spielerischen Technik bestand aus einer Reihe praktischer Übun-gen zur Entspannung, zur Konzentration auf Objekte, zum Auf-merksamkeitskreis usw. Aber das wichtigste war, die Seele des Schauspielers als Material für seine Arbeit zu nutzen — hieraus ergab sich die Notwendigkeit, die Emotionen zu studieren und einfache und komplizierte Gefühlsregungen zu analysieren.

Das American Laboratory Theatre

Die Arbeit Stanislawskis und des Moskauer Künstlertheaters hatten mich davon überzeugt, daß Schauspielen nichts anderes ist als auf der Bühne zu leben. Meine Beobachtungen, meine Erfahrungen und meine Lektüre hatten mich zu den richtigen Ideen geführt. Aber die letzte Frage blieb offen: Wie kann man dies alles in die Tat umsetzen? Wie läßt sich das, was man erkannt hat, lebendig machen?

Erste Antworten sollte ich im American Laboratory Theatre finden, das von Richard Boleslawski und Maria Uspenskaja geleitet wurde. Es residierte in Nummer 139, Macdougal Street, gleich neben dem Provincetown Playhouse, das wegen seiner Beziehung zu O'Neill für mich immer die Geburtsstätte des modernen amerikanischen Theaters geblieben ist.

Ich trat mit großer Aufnahmebereitschaft in das Laboratory Theatre ein, aber ohne recht zu wissen, was dabei herauskommen würde. Wer dort aufgenommen werden wollte, mußte eine dreiteilige Anhörprobe absolvieren. Der erste Teil bestand aus einer Art pantomimischer Übung (eigentlich einer Übung, die dem sensorischen Gedächtnis galt), bei der man aufgefordert wurde, mit einem imaginären Gegenstand zu hantieren. Der zweite Teil bestand aus einer Improvisation mit einem älteren Schüler. Thema meiner Improvisation war das Geldausborgen — eine Situation, in die ich mich wegen meiner damaligen finanziellen Lage ohne große Schwierigkeiten hineinversetzen konnte. Der dritte Teil der Probe umfaßte das Memorieren und Vortragen eines Shakespeare–Monologs. Ich glaube, in meinem Fall war es ein Monolog Shylocks aus *Der Kaufmann von Venedig*. Ich muß die Anhörprobe wohl bestanden haben, denn ich wurde aufgenommen. Man fragte mich, ob ich es mir leisten könne, zu bezahlen, oder ob ich ein Stipendium benötige. Ich versicherte, ich hätte genug Geld für das Jahr und wolle zahlen. So begann mein Theaterleben.

Sowohl Richard Boleslawski als auch Maria Uspenskaja hatte ich in Aufführungen des Moskauer Künstlertheaters schon gesehen. Ich hatte auch erlebt, wie Boleslawski einmal in einer einaktigen Komödie für Stanislawski eingesprungen war. Als Schauspieler hatte er mich nicht sehr beeindruckt, aber ich wußte, daß er zusammen mit Jewgeni Wachtangow einer der ersten Direktoren des Studios des Moskauer Künstlertheaters gewesen war. Sehr stark hatte mich dagegen Madame Uspenskaja in ihrer großartigen Verkörperung der Gouvernante in *Der Kirschgarten* beeindruckt. Die Uspenskaja, die zu den jüngeren Mitgliedern des Moskauer Künstlertheaters gehörte, war im Studio ausgebildet worden, bevor sie als reguläres Mitglied in das Ensemble kam.

Ich erinnere mich noch sehr genau an meine Stimmung während dieser ersten Tage im Laboratory Theatre — es war für mich wie eine Offenbarung. Deutlich sehe ich noch vor mir, wie ich während der ersten Sitzungen in der Schule dahocke und mir Notizen über das, was ich höre, mache und immerzu denke: »Das ist es. Das ist der eigentliche Punkt. Darum geht es.« Diese Notizen sind ein genaues, wenn auch verschlüsseltes Zeugnis für das, was uns gesagt wurde, und für die Übungen, an denen wir teilnahmen. Sie enthalten auch eigene Kommentare von mir zu dem, was uns beigebracht wurde. Wenn ich sie heute durchgehe, so erkenne ich noch, mit welcher Wachheit ich mir die Lehren aneignete und sie interpretierte, aber es findet sich nicht ein Wort über meine eigenen Gefühle und meine Erregung. Seltsamerweise spiegeln meine Notizen aus jenen frühen Sitzungen nichts von meiner eigenartigen Hochstimmung.

Mein Notizbuch zeigt, daß uns Boleslawski am Dienstag, dem 13. Januar 1924 (zwei Tage vor der Premiere von Max Reinhardts spektakulärer Inszenierung von Vollmoellers Pantomime *Das Mirakel*) die drei Wege des Theaters erläuterte. Der erste, den

Boleslawski als kommerzielles Theater bezeichnete, zielt mit allen Mitteln auf finanziellen Erfolg oder Erfolg bei der Kritik. Im kommerziellen Theater ist der Schauspieler bestrebt, dem Publikum zu gefallen, und achtet nur darauf, nicht zu leise und nicht zu langsam zu sprechen. Alles andere wird nach erfolgreichen Mustern kopiert. Ich machte mir bei dem Vortrag die folgende Notiz [1]:

> Typen–System. Rollenbesetzung nach dem Aussehen, nicht nach der inneren Seele ... Der Schauspieler ohne Chance, zu wachsen, weil er immerzu nachahmt. 75% großer Kunst ist Schwerstarbeit — nur fünfundzwanzig Prozent ist große Begabung. Die Bernhardt aus dem Konservatorium geworfen — nicht talentiert. Edmund Kean als bloßer Akrobat abgetan. Talent nur das Resultat von harter Arbeit.

Als zweiten Weg des Theaters nannte Boleslawski die »Französische Schule«. Historisch geht sie zurück auf die Zeit, als die Schriften der Griechen und Römer zu neuem Leben erweckt wurden. Die Französische Schule ist mehr oder weniger eine Kopie des Bildes, das man sich damals vom klassischen antiken Theater machte. Das Ziel besteht darin, auf der Bühne eine klassische Stimmung oder Gefühlslage zu erzeugen. Die Ausbildung des Schauspielers zielt auf Vollkommenheit in den technischen Fertigkeiten. Der Schauspieler ist sich dessen, was er tut, absolut bewußt. Boleslawski sagte dazu: »Sie können uns überraschen und in Staunen versetzen, aber unsere Seele erreichen sie nie.«
Der dritte Weg des Theaters war derjenige, den Boleslawski selbst vertrat. Er betonte, daß es sich hier nicht um eine »Russische Schule« handele; die Kunst sei universal und ihre Grundsätze ebenso. In meinem Notizbuch zitiere ich Boleslawskis Gedanken:

---

[1] Alle Zitate sind einem Notizbuch entnommen, das Lee Strasberg vom 13. Januar 1924 bis zum 30. Januar 1925 führte. Es befindet sich heute in der Lee Strasberg Collection. – Anm. d. Hrsg.

Der oberste Grundsatz dieser Schule besagt, daß es nicht
genügt, eine Rolle einmal zu durchleben und sie dann viele
Male darzustellen. Der Schauspieler muß sie bei jedem Mal
neu durchleben. Neben den technischen Mitteln des Schauspielers (Stimme, Sprache, Körper) wird der Gefühlstechnik
große Beachtung geschenkt, und nie werden die Gefühle von
der äußeren Technik getrennt; sie werden bei jedem Auftritt
eingesetzt.

Boleslawski betonte, jedes Gefühl könne aufgebaut und eingeübt
werden.
Dieser dritte Weg zielt aber nicht nur auf die Arbeit an den Fertigkeiten des Schauspielers, er erkennt, wie Boleslawski betonte,
auch die Bedeutung des Ensembles — der Arbeit im Kollektiv.
Diese Arbeit bringt besondere Ergebnisse hervor, die man nirgendwo sonst finden kann. Ein wichtiges Merkmal jeder Arbeit im
Kollektiv besteht darin, daß man einen Leiter braucht, daß aber
alles von der Gruppe getan werden soll. Boleslawski nannte als
Beispiel eine Rudermannschaft. Die Mitglieder der Mannschaft
werden vom Steuermann dirigiert, aber alle beginnen und arbeiten gemeinsam. Ganz anders der Architekt, der fertig ist, sobald er
seine Pläne gezeichnet hat. Er übergibt seine Arbeit anderen, die
sie vollenden. Diese Arbeiter haben keinen Anteil an der kreativen
Gefühlslage, in der sich der Architekt anfänglich befand. Der
Architekt aber ist während der Verwirklichung des Kunstwerks
nicht mehr zugegen.

Die entscheidende Bedeutung von Boleslawskis Darstellung der
drei Wege des Theaters bestand darin, daß sie die verschiedenen
Stilrichtungen des Theaters und auch die verschiedenen schauspielerischen Stile von den kreativen Grundproblemen des Schauspielers trennte. Bei seiner Beschreibung der Prozeduren der
schauspielerischen Arbeit hatte Boleslawski nicht den Eindruck
erweckt, als würde sich das Problem des Schauspielers einfach aus
irgendwelchen individuellen Unzulänglichkeiten oder aus dem
realistischen Stil der damaligen Zeit ergeben, der vom Schauspie-

ler verlangte, auf der Bühne ein Bild zu erzeugen, das so glaubhaft und real wie eben möglich sein sollte. Boleslawski sah darin vielmehr ein elementares, in der Geschichte des Theaters immer wieder auftauchendes Problem.

Ebenso wichtig war die hiermit verbundene Erkenntnis, daß sich nicht nur die technischen Mittel des Schauspielers — Stimme, Sprache, Körper — trainieren lassen. Boleslawski behauptete, auch die inneren Mittel des Schauspielers — das, was man damals noch »Seele« nannte — ließen sich trainieren. Es gebe konkrete Methoden oder Übungen, die sich mit den schwierigsten Aspekten der schauspielerischen Arbeit beschäftigten, mit Phantasie, Emotion und Inspiration. Die Mittel, mit denen der Schauspieler Phantasie, Emotion und Inspiration erreichen könne, seien Konzentration und das affektive Gedächtnis.

Ich kam mit diesen Techniken zum erstenmal in jenen außergewöhnlichen Kursen am American Laboratory Theatre in Berührung. Am ersten Unterrichtstag stellte uns Madame Uspenskaja zwei Übungen vor, die ganz allgemein den Wert der Konzentration demonstrierten. Madame (wie wir sie nennen sollten) bat einige von uns, aufzustehen und umherzugehen. Natürlich fühlten wir uns unbehaglich, befangen und gehemmt; viele blickten nach der Seite, zu den Mitschülern, zu Madame oder zu den übrigen Anwesenden, um an irgendeinem Anzeichen abzulesen, ob sie ihre Sache richtig machten. Auch diejenigen, die durch ihren forschen Gang ein falsches Selbstvertrauen zur Schau trugen, empfanden genau das gleiche Unbehagen.

Dann forderte Madame uns auf, einige Bücher von einem Platz an einen anderen zu schaffen und dabei an irgend etwas zu denken, uns auf irgend etwas zu besinnen: wieviele Filme wir im letzten Jahr gesehen hatten, wer darin auftrat, wovon der Film handelte, wer die Regie führte. Als wir nun wieder begannen, herumzugehen, geschah etwas Merkwürdiges. Das Gehen wurde natürlicher, der Rhythmus der Bewegungen war gelöster. Jeder fühlte sich freier, sobald er versuchte, sich auf etwas zu besinnen. Und dann sagte Madame etwas sehr Wichtiges: »Ihr müßt immer einen

Grund, ein Problem, eine Ursache dafür haben, daß ihr auf der Bühne erscheint.«[2]

Wachtangow hatte seinen Schauspielern gesagt, manchmal komme es eigentlich nicht darauf an, was man denke, solange man überhaupt an etwas denke, an etwas Reales. Wie wir später noch sehen werden, kommt es nicht darauf an, daß das, womit sich der Schauspieler beschäftigt, eine genaue Parallele zu dem jeweiligen Stück oder der Rolle aufweist, sondern darauf, daß, wenn die Bühnenfigur nachdenkt, auch der Schauspieler wirklich nachdenkt, daß, wenn die Bühnenfigur etwas empfindet, auch der Schauspieler etwas empfindet — irgend etwas. Alles, was der Schauspieler tut, wird nicht nur von seiner Absicht geprägt, sondern auch von der inneren Beschaffenheit und Intensität dessen, was in diesem Augenblick tatsächlich in ihm vor sich geht.

In der zweiten Übung veranschaulichte Madame den Prozeß der Konzentration an Hand einer Übung, die vermutlich aus dem indischen oder fernöstlichen Joga stammte. Der Schauspieler wurde aufgefordert, einen Gegenstand, zum Beispiel eine Streichholzschachtel, zu nehmen, sie fünf Minuten lang zu betrachten und auf alle Einzelheiten zu achten: auf die exakte Größe, die genaue Form, die Farben, die Schriftzüge, darauf, wie weit vom Rand entfernt die Schrift beginnt, auf Größe und Form der Schrift und so weiter. Dann sollte er drei Minuten verstreichen lassen und aufschreiben, woran er sich noch erinnerte. An diesem ersten Tag war der Schauspieler überrascht, wieviel er vergessen oder gar nicht gesehen hatte. Beim nächsten Mal sollte er auf das Material achten, aus dem die Streichholzschachtel gefertigt war, auf das Material der Streichhölzer, sollte sich besinnen, was er über die Herstellung von Streichhölzern und über die Entdeckung des Feuers wußte und wo Streichhölzer erstmals verwendet worden

---

[2] Wenn ich diese Übung später spielen ließ, habe ich immer dafür gesorgt, daß der Schauspieler wirklich über etwas nachdenkt und nicht nur so tut, als würde er nachdenken. Bei jungen Schauspielern erlebt man häufig, daß sie die Augenbrauen zusammenziehen, die Lippen aufeinanderpressen, den Blick unruhig schweifen lassen, als würden sie nachdenken. Wenn man dann nachfragt, stellt man fest, daß sie an gar nichts denken und den Denkvorgang bloß imitieren.

waren. Bei Schrift und Farbe sollte er auf die künstlerische Gestaltung achten, auf die Bedeutung der Schrift und so weiter. Die kleine Streichholzschachtel wurde auf diese Weise zu einem Bild für die gesamte Menschheitsgeschichte. Auf diese Weise konnte jedes Ding, das der Schauspieler in Augenschein nahm, wenn er es nur in der richtigen Weise betrachtete, eine Wichtigkeit erlangen, die über den funktionalen Wert des Gegenstandes im Alltag weit hinausging. Ich erinnere mich nicht daran, daß wir diese Übung nach diesem ersten Tag jemals wiederholt hätten, aber es war ohne weiteres zu verstehen, worin ihr Wert lag und was Madame mit ihr hatte sagen wollen. Für den Schauspieler ist diese Übung von enormem Wert: er muß imstande sein, die Bedeutung der Details, die der Autor beschreibt, oder der Worte, die er den Schauspieler sprechen läßt, zu erkennen. Viele Schauspieler verschenken viel von dem, was im Rollenbuch steht, bloß deshalb, weil sie zu dem spezifischen Gegenstand oder der spezifischen Wirklichkeit, die von den Worten geschildert wird, keine Beziehung aufbauen.

In dem von Boleslawski entwickelten System liegt das Schwergewicht auf der Konzentration und dem affektiven Gedächtnis. Boleslawski erläuterte, wie diese beiden Elemente für den Schauspieler miteinander verbunden sind: »Was du auf der Bühne tust, ist in diesem Augenblick das Allerwichtigste auf der Welt; und dein Gedächtnis muß dir sagen, wie du es tun sollst.«

Nach Boleslawski teilt sich das affektive Gedächtnis in zwei Sphären: das analytische Gedächtnis, das sich daran erinnert, wie etwas getan werden soll; und die Erinnerung an das reale Empfinden, die dem Schauspieler hilft, es auf der Bühne zu erreichen. Boleslawski erläuterte uns, wie der Schauspieler das affektive Gedächtnis beim Aufbau einer Rolle einsetzt: »Das Ziel des affektiven Gedächtnisses besteht nicht darin, wirklich etwas zu fühlen, zu sehen oder zu berühren — das wäre Halluzination —, sondern darin, sich die Stimmungslage in Erinnerung zu rufen, in der man etwas tut.« (Notizbuch, 23. Januar 1925)

(Ich möchte hier anmerken, daß der Ausdruck *affektives Gedächtnis* im American Laboratory Theatre etwas unklar verwendet wurde.

Vielleicht weil Boleslawski und Madame im Englischen ungeübt waren, kam es in der Frage, wie sie die beiden Sphären des affektiven Gedächtnisses voneinander unterschieden, zu einiger Verwirrung. Innerhalb meiner eigenen Arbeit unterteile ich das affektive Gedächtnis in das Wahrnehmungsgedächtnis, das die Erinnerung an die sinnlich–körperliche Wahrnehmung bewahrt, und das emotionale Gedächtnis: die Erinnerung an das Erlebnis intensiver Reaktionen im Inneren. In einem späteren Kapitel über meine eigenen Entdeckungen werde ich näher darauf eingehen.)

Die hier beschriebenen Übungen, die wir im American Laboratory Theatre ausführten, beschäftigen sich nur mit der ersten Sphäre des affektiven Gedächtnisses — mit dem, was Boleslawski das analytische Gedächtnis nannte. Wir arbeiteten auf diesem Gebiet hauptsächlich mit imaginären Objekten (Stanislawski nannte sie »Luftobjekte«) und imaginären Geschehnissen auf der Bühne. Sie wirkten real und wurden auf der Bühne lebendig, wenn der Schauspieler darin trainiert war, die eigenen Sinne so zu stimulieren, daß sie tatsächlich auf solche Objekte reagierten. Ich möchte hier betonen, daß nur die Objekte imaginär sind — die Reaktion selbst ist real.

Auf ein imaginäres Objekt reagiert man genauso, wie man reagieren würde, wenn das Objekt nicht imaginär wäre. Im täglichen Leben kommt es häufig vor, daß wir in der Ferne einen Menschen erkennen und nun entweder mit Zuneigung oder Ablehnung reagieren, je nachdem wie wir zu ihm stehen. Später erkennen wir, daß wir uns geirrt haben, daß der Mensch gar nicht derjenige ist, für den wir ihn gehalten haben; in diesem Augenblick sagen wir »Ich dachte...« oder »Ich bildete mir ein...«, um den Unterschied zur faktischen Wirklichkeit deutlich zu machen. Aber die eigentliche Reaktion in dem Augenblick, in dem wir »glaubten«, war genau von der Art, wie sie gewesen wäre, wenn der Mensch tatsächlich derjenige gewesen wäre, für den wir ihn hielten.

Sowohl Stanislawski als auch sein großer Schüler Wachtangow betonten, daß die faktische Wirklichkeit der Kontrolle des Schauspielers häufig entzogen ist. Nur die imaginäre Wirklichkeit vermag er zu erschaffen und daher auch zu kontrollieren. Indem er, ausgehend von Dingen in seiner Alltagswelt, trainiert, solche Objekte geistig neu zu erschaffen, stärkt der Schauspieler seine Vorstellungskraft. Die Aufgabe besteht für ihn darin, seine Aufmerksamkeit auf das zu konzentrieren, was er gerade tut, und die Wirklichkeit und Wahrhaftigkeit des imaginären Objekts oder des imaginären Erlebens zu erschaffen.

Damit der Schauspieler dies erreicht, muß das Training bei den fünf Sinnen ansetzen — Sehvermögen, Gehör, Tastsinn, Geschmack und Geruch —, hinzu kommen außerdem die kinetischen oder motorischen Sinne. Das Training der Sinne war ein wesentlicher Bestandteil der bewußten Schauspielerausbildung. Alle menschlichen Reaktionen resultieren aus sinnlicher Wahrnehmung. Wenn wir den Löwen hinter uns nicht sehen, reagieren wir nicht. Wenn wir den herannahenden Zug nicht hören, verlassen wir die Gleise nicht. Wenn wir die Explosion nicht hören, erschrecken wir nicht. Damit eine Reaktion erfolgt, muß die Sinneswahrnehmung funktionieren. Die Art der Reaktion wird durch zusätzliche Elemente differenziert, die dem Verhalten eine bestimmte Form geben. Aber ohne die Sinne gibt es kein Leben.

Die Sinne so zu trainieren, daß sie auf imaginäre Anstöße reagieren, wird deshalb zu einem Bestandteil der Grundausbildung des Schauspielers; und diese Fähigkeit, auf imaginäre Stimuli zu reagieren, macht das eigentliche Talent des Schauspielers aus. Auf sie achten wir, wenn wir feststellen wollen, ob jemand schauspielerisches Talent besitzt. Alle Menschen reagieren auf die Gegenwart realer Objekte. Boleslawski veranschaulichte dies mit einem Beispiel: wenn eine Maus zufällig in eine dicht gedrängte Menschenmenge gerät, dann bekommen wir einige der schönsten schauspielerischen Leistungen geboten, zu denen Menschen fähig sind. Aber erst die Fähigkeit, die gleiche Reaktion zu zeigen, ohne daß das faktische Objekt gegenwärtig ist, bezeugt das Vorhandensein von Vorstellungskraft.

Die Ausbildung am American Laboratory Theatre umfaßte eine Anzahl von Übungen zum affektiven Gedächtnis. Bei diesen Übungen wurde jedem Schüler ein älterer Schüler, der sogenannte Hirte, zugewiesen, der ihn unterstützte. Dabei lernten wir

viele individuelle Übungen mit imaginären Objekten kennen —
Tee trinken, eine Grapefruit essen, Schuhe und Strümpfe an– und
ausziehen. Wir sollten differenzieren, je nachdem ob wir Perlen,
Nüsse, Kartoffeln, Beutelmelonen oder Wassermelonen in die
Hand nahmen. In anderen Übungen forderte mich mein Hirte
auf, ein Bild an der Wand zu betrachten, ein bestimmtes
Geräusch zu hören und so weiter. Auch diese Übungen waren
dazu bestimmt, die fünf Sinne zu trainieren.

Dann arbeitete ich mit meinem Hirten an einer Übung, die gleichzeitig zwei verschiedene Funktionen des affektiven Gedächtnisses
in Anspruch nahm. Ich sollte eine Tasse Tee trinken und dabei
einen Brief lesen. Eine der Handlungen — das Teetrinken —
sollte vollkommen unbewußt vor sich gehen; meine Aufmerksamkeit sollte ganz und gar auf den Brief gerichtet sein.

Ich habe Aufzeichnungen über eine andere Übung mit imaginären Objekten, die ich für Madame absolvierte. Ich sollte ein Zimmer betreten und meine Papiere am Boden verstreut finden, weil
das Fenster offen geblieben war. Einige Blätter waren zusammen-
geklebt, ich sollte sie aufsammeln und ordnen. Als ich die zusam-
mengeklebten Blätter aufhob, versuchte ich Unwillen und Enttäuschung zu zeigen. Madame sagte: »Nein, jetzt erklärst du uns, was
du empfindest: ›Ich fühle das und das‹, und deshalb verziehst du
das Gesicht — laß das. Halte dich an das affektive Gedächtnis,
empfinde wirklich, dann verstehen wir es, ohne daß du es uns
sagst, ob mit Worten oder mit Gesten.« (Undatierte Eintragung)

In einer Übung mit einer imaginären Situation sollte ich mich an
dem halb geöffneten Käfig eines Löwen vorbeischleichen, ohne
das Tier aufzuwecken. Meinen Aufzeichnungen zufolge kritisierte
Madame vor allem, daß ich meine Angst vor dem Löwen zu zeigen versuchte, statt mich zu bemühen, in aller Stille an ihm vor-
überzukommen: »Mach dir klar, daß du nur herauskommst, wenn
du ganz leise an ihm vorbeischleichst, und versuche einmal wirklich, keinen Lärm zu machen.« Ich notierte mir selbstkritisch zu
dieser Übung: »Ich habe die Beziehung zum imaginären Objekt
wirklich hergestellt, aber als der Löwe mich bemerkte, hat sich
mein Verhalten (Rhythmus) nicht verändert.« (6. Februar 1925)

Madame leitete eine andere Übung, in der sie die Überlegenheit wirklichen Empfindens gegenüber der bloßen Demonstration von Gefühlen betonte. Es war eine interessante Gruppenübung. Wir spielten eine Gruppe von Kindern, die auf die Ankunft einer besonders beliebten Tante warteten. Sie sollte mit dem Schiff kommen, und Madame sagte die Ankunftszeit an — in fünf Minuten, in vier Minuten und so weiter. Da kam plötzlich die Durchsage, das Schiff habe vier Stunden Verspätung. Madame warnte uns: »Versucht nicht zu schauspielern und eure Enttäuschung zu zeigen. Versucht euch klarzumachen, was wirklich gesagt worden ist und was dies bedeutet. Zeigt nicht die Wirkung des Augenblicks, sondern durchlebt diesen Augenblick. Spielt den Augenblick nicht, sondern nehmt euch die Zeit, euch klarzumachen, was er für euch bedeutet, das ist alles.« (6. Februar 1925) Wir sollten allen Nachdruck in das Bemühen legen, das Schiff und die anderen Objekte um uns herum zu sehen.

Bei anderer Gelegenheit wurde diese Übung erweitert. Während wir beobachteten, wie sich das Schiff näherte, sollte es plötzlich explodieren. Die ganze Aufmerksamkeit des Schauspielers soll sich eben auf die Objekte und das Geschehen konzentrieren und sich um die Emotion gar nicht kümmern.

Auch Leute, die diesen Ansatz als Grundlage für die Schauspielerausbildung gutheißen, gehen zuweilen davon aus, das Ziel bestehe hier darin, dem Schauspieler zu helfen, bei seinem Auftritt auf reale Objekte zu reagieren. Deshalb ziehen es manche auch vor, in der Ausbildung reale Objekte zu verwenden, und glauben, auf diese Weise würde der Schauspieler konkretere Erfahrungen machen. Diese konkreten Erfahrungen mögen nützlich sein, aber man verfehlt damit den eigentlichen Wert dieser Art von Training, auf den sowohl Stanislawski als auch meine eigenen Lehrer immer wieder hingewiesen haben. Der Umgang mit realen Objekten auf der Bühne hilft dem Schauspieler nicht, das Problem des Bühnenerlebnisses zu lösen. Auch wenn man sich jeden Tag Strümpfe anzieht, ist es doch etwas völlig anderes, wenn man das gleiche in einer imaginären Situation auf der Bühne tut.

Mit dem Training des affektiven Gedächtnisses bezweckte Boleslawski nicht einfach, den Schauspieler im Umgang mit Requisiten geschickter zu machen, es ging ihm vielmehr darum, die Vorstellungskraft des Schauspielers zu trainieren und so zu entwickeln, daß er imstande ist, mit einer nicht existenten Realität umzugehen, die das wichtigste Element des Theaters ist. Zwar gibt man ihm bei der Aufführung greifbare Requisiten, aber nie wird er sich auf die Erfahrung eines wirkliches Mordes beziehen können oder auf das Erscheinen eines wirkliches Geistes, um Hamlets Begegnung mit dem Geist seines Vaters darzustellen, oder auf das Erscheinen eines wirklich in der Luft schwebenden Messers, das Macbeth an seine Aufgabe erinnert, oder des Blutes, von dem sich Lady Macbeth während der Schlafwandel–Szene zu befreien versucht — ganz zu schweigen von der Schwierigkeit, das Schlafwandeln selbst hervorzubringen.

Boleslawski hatte sich für uns eine Anzahl von Tierübungen ausgedacht. Wie die Arbeit am affektiven Gedächtnis waren auch sie dazu bestimmt, die Vorstellungskraft des Schauspielers zu stärken. In einem Kursus sollten wir uns wie Affen, Elefanten, Pferde, Eichhörnchen usw. verhalten. Ich nahm an einer Übung teil, in der alle Schüler Tiger waren. Aus meinen Notizen geht hervor, daß Madame zu mir sagte, ich hätte die ruhelosen Bewegungen des Tigers erreicht, aber nicht das innere Empfinden: »Ahme den Tiger nicht nach«, bekam ich zu hören, »versuche zu empfinden, was der Tiger empfindet. Achte auf die Gitterstäbe deines Käfigs, spüre die Unruhe.« (6. Februar 1925)

Diesen Tierübungen lag eine wesentliche Absicht zugrunde. Madame erklärte, sie sollten den Schauspieler veranlassen, »auf die Elemente zu achten, die notwendig sind, um das Tier zu charakterisieren und wirklich werden zu lassen«. Schauspieler neigen dazu, an jede Rolle mit der Annahme heranzugehen, sie selbst ähnelten der Gestalt, die sie auf der Bühne verkörpern sollen. Oft übersehen sie beim Aufbau ihrer Rolle wichtige Elemente, weil sie den Unterschied zwischen sich selbst und der Rolle nicht wahrnehmen. Meinen Aufzeichnungen zufolge sagte sie dann: »In diesen Tierübungen ist dem Schauspieler jederzeit bewußt, daß er nicht das Tier ist, und deshalb macht er sich sogleich auf die

Suche und bemüht sich, herauszufinden, welches Verhalten für das jeweilige Tier besonders charakteristisch ist.« (6. Februar 1925)

Wie sich der Schauspieler in diesen Übungen verhält, ist nicht nur eine Frage der neuromuskulären Aktivität, es hängt, wie Madame schon früher angedeutet hatte, »von der sensorischen und manchmal auch der emotionalen Reaktion auf das Tier« ab. Auch beruht die Bedeutung der Übung nicht auf den unmittelbaren Ergebnissen, sondern liegt in den grundsätzlicheren Anforderungen, die sie an die Vorstellungskraft des Schauspielers stellt.

Von den Tierübungen gingen wir zu anderen Gruppenübungen über, zu denen auch die Darstellung von Charakteren gehörte, die unserer eigenen Persönlichkeit sehr fremd waren. In den Aufzeichnungen vom 24. Januar 1924 schildere ich eine dieser Übungen:

> Wir sollten Indianer sein und vor dem Problem stehen, den Farmern in Neuengland, die gerade Weihnachten feiern, ein Geschenk zu machen. Die Resultate waren nicht gut. Immer etwas Charakteristisches zusammensuchen. Der Indianer, der seinen Fuß in die Spuren des anderen setzt. Die Körperkraft der Farmer, die uns tanzen ließen, bis uns warm geworden war. An diesem Tag war es sehr kalt.

Unsere Übungen mit Boleslawski und Madame beschränkten sich auf das Gebiet des analytischen Gedächtnisses. Mit ihnen sollte die Vorstellungskraft des Schauspielers trainiert werden. Erst später, als ich mich selbst mit den Problemen des Schauspielers beschäftigte, entwickelte ich Übungen, die dem »emotionalen Gedächtnis« galten.

Neben der Konzentration und dem affektiven Gedächtnis gehörte noch ein weiteres Element zur schauspielerischen Ausbildung des Laboratory: die Aktion.

»Aktion« bezeichnet nicht das, was der Autor geschrieben hat; dieses Wort ist auch kein Synonym für das, was auf der Bühne vor sich geht, und es bezeichnet auch nicht den logischen Aufbau der

Szene. Aktion ist immer *das* entscheidende Element im Theater gewesen. Schon das englische Wort *actor* weist auf die Verbindung zu *to act / handeln* hin. Jeder Schauspieler bedient sich auf diese oder jene Weise der Aktion.

Für den äußerlich darstellenden Schauspieler ist sie das, was der von ihm verkörperte Charakter auf der Bühne treibt: wohin er sich wendet, wo er sich niederläßt, wo und wie er reagiert, wann er einen Gedanken betont, indem er bei irgendeiner Geste innehält. Alles das sind Mittel, um anzudeuten, was die dargestellte Figur denkt, fühlt oder tut.

Außerdem erzeugt jeder Schauspieler Folgen von Aktionen, die Routinecharakter haben: er tritt zur Tür herein, hält inne, seufzt, blickt sich um, zieht seine Jacke aus, krempelt sich die Ärmel hoch und führt eine alltägliche Verrichtung aus — etwas, woran er so gewöhnt ist, daß er gar nicht darauf zu achten braucht, während er den Text der Rolle spricht. Solche Routineaktionen ahmen oft nur nach oder deuten an, was die Bühnenfigur gerade tut.

Aber selbst in diesem Bereich sollten wahre Aktionen mit Hilfe der Sinne und durch Konzentration hervorgebracht werden. Um es noch einmal zu wiederholen: wenn die verkörperte Figur stutzt und überlegt, was sie als nächstes tun soll, dann muß auch der Schauspieler wirklich nachdenken und darf nicht nur so tun, als ob. Vielleicht hat er erwartet, zu Hause jemanden anzutreffen, der nun nicht da ist; oder er überlegt, wie er seine nächste Aufgabe bewältigen soll, zum Beispiel, wie er jemandem eine bestimmte Neuigkeit mitteilen soll. Aber diese Routineaktionen laufen ab, während sein Kopf und sein Empfinden von einer anderen wichtigen Aufgabe beansprucht sind, die die eigentliche Aktion der Szene darstellt.

Die wirkliche Aktion der Szene kommt in den Absichten der Bühnenfigur zum Ausdruck. Stellen wir uns eine kurze Szene vor:

> Ein Mann kommt zur Tür herein. Eine Frauenstimme hinter der Bühne: »Bist du es, Liebling?«
> Er antwortet: »Ja.«

Die Stimme hinter der Bühne fährt fort: »Wie war es heute?«
Er antwortet: »Gut.«
Die Stimme fragt weiter: »Sollen wir jetzt gleich zu Abend essen?«
Er entgegnet: »Mmmm.«

Nun kommt dieser Mann vielleicht nach Hause, weil ihm gekündigt worden ist, und muß diese Nachricht seiner Frau beibringen. Dies wird zu seiner Aktion, und sie wird sein Verhalten an vielen Stellen prägen, lange bevor der Dialog selbst eine Möglichkeit bietet, die Sache zur Sprache zu bringen; oder der Mann glaubt, etwas entdeckt zu haben, das ihn mißtrauisch gegen seine Frau macht, und kommt nun nach Hause, um herauszufinden, ob es stimmt. Die körperlichen Aktionen bleiben praktisch die gleichen, aber die Art, in der sie ausgeführt werden, hängt ganz von der emotionalen Aktion der Szene ab: Wie soll er die Sache anpacken? Rückt er gleich mit der Sprache heraus? Und so weiter. Alle diese Aktionen folgen im wesentlichen dem gleichen körperlichen Bewegungsmuster, führen jedoch beim Schauspieler zu ganz unterschiedlichen Verhaltensweisen.

Wenn Aktionen einen Wert haben sollen, dann müssen sie etwas mitteilen, das die Worte als solche nicht ausdrücken. Aktionen sind nicht einfach entweder physischer oder geistiger Art, sondern physisch, motivational und emotional zugleich. Gordon Craig zum Beispiel hat die Aktion, die den *Hamlet* prägt, als »Suche nach der Wahrheit« bezeichnet. Er hat zwar nicht klar gesagt, wie sich dies auf das Spiel der Darsteller auswirkt, aber seine visuelle Konzeption der Inszenierung ist hierdurch nachhaltig beeinflußt worden. Unter der Leitung von Stanislawski inszenierte und beriet Craig die Produktion, die das Moskauer Künstlertheater im Jahre 1912 herausbrachte. In der ersten Szene am Hof schien das ganze Ensemble samt König und Königin wie von Gold umflossen. Tatsächlich waren sämtliche Kulissen mit Goldpapier beklebt, und inmitten dieses Strahlens wurden die einzelnen Gestalten sichtbar. Hamlet saß unterdessen an der Seite vorn, so daß der Hofstaat wie ein Bild wirkte, das vor seinem geistigen Auge erschien.

Aufgrund der zentralen Aktion des Stückes — der Suche nach der Wahrheit — wirkten die Akteure in ihren Kostümen fast wie geflügelte Phantasiegeschöpfe. Dies lag daran, daß die Schauspieler für Craig eine höhere Wahrheit repräsentierten.

Von dieser Aktion her gesehen, wird das ganze Stück zu einem geschlossenen Ganzen, und zwar durch Hamlets Drang nach Erkenntnis: er will die Wahrheit herausfinden und seine Zweifel und Ungewißheiten hinsichtlich der Erklärungen des Geistes lösen; wenn er dies tut, ist er in seinem Verhalten ganz entschlossen und tatkräftig. Die Ansprache des ersten Schauspielers bringt Hamlet auf den Gedanken, den König auf die Probe zu stellen. Der Monolog »Sein oder Nichtsein« gerät nun nicht zu einem launischen Selbstgespräch oder zum hysterischen Ausdruck des Verlangens, Selbstmord zu begehen, er wird vielmehr zur Suche nach dem, was man tun soll, um zur Wahrheit des menschlichen Lebens zu gelangen.[3]

So wichtig die Aktion ist — sie kommt erst ins Spiel, nachdem der Schauspieler darin trainiert ist, auf etwas einzugehen und zu erleben. Dann wird die Aktion das Mittel, das dem Schauspieler Zugang zu jenem Bereich verschafft, mit dem sich das Stück beschäftigt. Ein Stück ist eine Abfolge verschiedenartiger Aktionen. Diese wiederum leiten sich aus den gegebenen Umständen her, das heißt, aus jenen Geschehnissen und Erlebnissen, die den Schauspieler veranlassen, das zu tun, was er auf der Bühne ausführen soll.[4]

---

[3] Francis Fergusson, der am Laboratory Theatre studierte, hat Boleslawskis Konzept von »Aktion« so erläutert: »Die ›dramatische Aktion‹ eines Stücks oder einer Rolle läßt sich immer mit einem Infinitiv ausdrücken. Die ›Aktion‹ von Tschechows *Drei Schwestern* hat man auf die Formel gebracht: ›nach Moskau gelangen‹. ... Die ›Aktion‹ des Oedipus in *Oedipus Rex* ist nicht die Geschichte, die im Verlauf des Stücks entfaltet wird, sondern: ›die Ursache für die Nöte der Stadt herausfinden‹ – eine Bewegung, die ihre Erfüllung erreicht, als das volle Ausmaß der Schuld des Oedipus offenbar wird. Die ›Aktion‹ des Stückes selbst — denn jedes Stück ebenso wie jede Rolle hat eine eigene Aktion — bei einem solchen Meisterwerk aus einer längst vergangenen Epoche herauszufinden, ist äußerst schwierig, aber die Suche ist sehr fruchtbar.«
Die Aktion, die Fergusson den *Drei Schwestern* zuweist, »nach Moskau gelangen«, ist allerdings kaum mehr als eine Paraphrasierung des Wortlauts des Stücks und würde einem Schauspieler wenig nützen. Ich habe sogar mißglückte Inszenierungen dieses

Stärker noch als die einzelnen psychologischen und körperlichen Übungen am Laboratory Theatre prägte mich Boleslawskis Konzept eines einheitlichen Systems der Schauspielerausbildung. Stimmtraining, Entspannungsübungen, Bewegungsarbeit, Etüden zum affektiven Gedächtnis — alle diese Komponenten sind für die Schulung des Schauspielers wesentlich. Aber noch faszinierender war die von Boleslawski nach und nach entwickelte Vorstellung von einer festen Abfolge von Prozeduren, die dem angehenden Schauspieler in der gleichen Weise helfen würden, wie die standardisierten Übungstechniken dem angehenden Musiker helfen — eine Folge von Übungen, die physisch und geistig im Schauspieler den notwendigen Ansporn zur Kreativität entwickeln sollten.

Auch die Anfänger unter uns durften an einer Sondervorlesung teilnehmen, die Boleslawski am 30. Januar 1925 für die Gruppe der Fortgeschrittenen hielt. Sie stand am Beginn der zweiten Phase ihrer Ausbildung und befaßte sich mit der Frage, wie man lernt, auch in Augenblicken der größten Inspiration kontrolliert zu agieren. Bis dahin hatte sich das Training damit beschäftigt, unbewußte Kontrolle durch bewußte Vorbereitung zu erlangen. Aber jetzt befaßte sich Boleslawski direkt mit dem von Diderot aufgestellten Paradoxon. Seine Ausführungen habe ich in meinem Notizbuch festgehalten.

Stückes gesehen, in denen das Publikum auf das beharrliche Verlangen der Schwestern, nach Moskau zu gelangen, fast hörbar mit der Erwiderung reagierte: »Wenn sie doch aufhören würden, sich zu beklagen, und endlich losführen!«

[4] Obwohl Stanislawski immer wieder betont hat, daß Handlungen psychophysisch sind, gibt es allerlei Verwirrung und Mißverständnisse selbst um einen so einfachen Begriff wie den der *Aktion*. Die unglückliche Formulierung, die Stanislawskis System als die »Theorie oder Methode der physischen Handlungen« bezeichnet, beruht auf späteren Schriften, die immer im Zusammenhang mit Stanislawskis früheren Entdeckungen gesehen werden müssen. Einige »Experten«, die sich nur auf diese späteren Arbeiten stützen, gehen davon aus, daß uns im American Laboratory Theatre der Begriff der Aktion früher unbekannt gewesen sei. Diese Leute haben aufwendige Theorien darüber zurechtgesponnen, worin sich mein Verständnis der Technik Stanislawskis von ihrer eigenen Deutung dieser Technik unterscheidet.

Die Vorbereitung in jeder Kunst muß bewußt erfolgen — ihr
müßt wissen, was ihr tun werdet und wie ihr es tut. Verlaßt
euch nicht auf eure Inspiration ... sondern achtet auf eure
bewußte Vorstellung von dem, was ihr im Begriff seid zu tun.
Dann das methodische Training, um das Beste aus euren
Fähigkeiten zu machen — dieser Faktor Fähigkeit muß
unbewußt sein. Bewußte Vorbereitung — unbewußtes
Resultat. Diese Unbewußtheit bei der Darstellung, der Ent-
faltung der Rolle ist das wertvollste Element des Stücks. Es
ist nicht einfach Vergeßlichkeit aufgrund von Ermüdung, es
ist auch nicht Halluzination; sondern Entfachen von künstle-
rischem Feuer. Aber das ist nur die erste Stufe oder Etage
des Unbewußten. Wir müssen noch eine zweite Etage des
Unbewußten aufrichten. Um Kontrolle über eure unbewußten Momente zu erlangen und euer unbewußtes Gedächtnis
zu trainieren, müßt ihr üben. Stellt euch ein bewußtes Problem: einen Nagel in eine Wand schlagen. Nun vollzieht
diese Handlung unbewußt, aber denkt daran, was ihr getan
habt und wie ihr es getan habt, das heißt, was euer *Körper*
getan hat, worin die *Aktion* besteht. Hier liegt der Kern des
Problems. Denkt daran, warum ihr den Nagel in die Wand
schlagt — um euch daran aufzuhängen? Oder um ein Bild
von der Freundin aufzuhängen? Denkt an die Energie, das
heißt, an den Rhythmus eurer Aktion — seid ihr müde oder
nicht? Versucht nicht, euch selbst zuzusehen und zu beobachten, was ihr da tut, versucht statt dessen zu fühlen, was
ihr tut und wie ihr es tut. [*Mit anderen Worten, das sensorische
Gedächtnis einsetzen. — L.S. späterer Zusatz*] Um zu einer unbewußten Anpassung an die Umgebung und an alles, was
andere tun, zu gelangen, nehmt ihr das gleiche Problem,
einen Nagel einzuschlagen, und zwar in den verrücktesten
Situationen, und laßt den Schauspieler sich darauf einstel-
len. [*Man ist zum Beispiel bemüht, einen anderen nicht zu wecken.
Man darf sich nicht erwischen lassen. Man ist vor jemandem auf der
Flucht usw. — L.S. späterer Zusatz*] Dann benutzt eine unbewußte Anpassung oder versucht auf das Publikum einzuge-

hen. Das läßt sich nicht erklären, man spürt es bloß. Übt jeden Tag zwei oder drei Minuten Konzentration und drei Minuten unbewußte Anpassung.

Boleslawski zeichnete dann für uns die hier wiedergegebene Skizze. Das Erdgeschoß, das man auf dem »schwierigen Weg« erreicht, zeigt die bewußte Vorbereitung, die auf das unbewußte Resultat im ersten Stockwerk abzielt. Das zweite Stockwerk repräsentiert die weitere Anpassung, die dem, was der Schauspieler schafft, Gestalt verleiht: Körper, Aktion und Energie; Einstellung auf die Umgebung; und Einstellung auf das Publikum. Damit gelangt man ins Dachgeschoß, das er scherzhaft »verrücktes Haus« nannte. Oben auf dem Dach rauchen zwei Schornsteine — sie stehen für »Lob« und »Ruhm«. Was Boleslawski über den Fortschritt des Schauspielers in diesem »Haus« sagte, bildete die Grundlage für die Ideen, die ich dann im Group Theatre zu entwickeln begann.

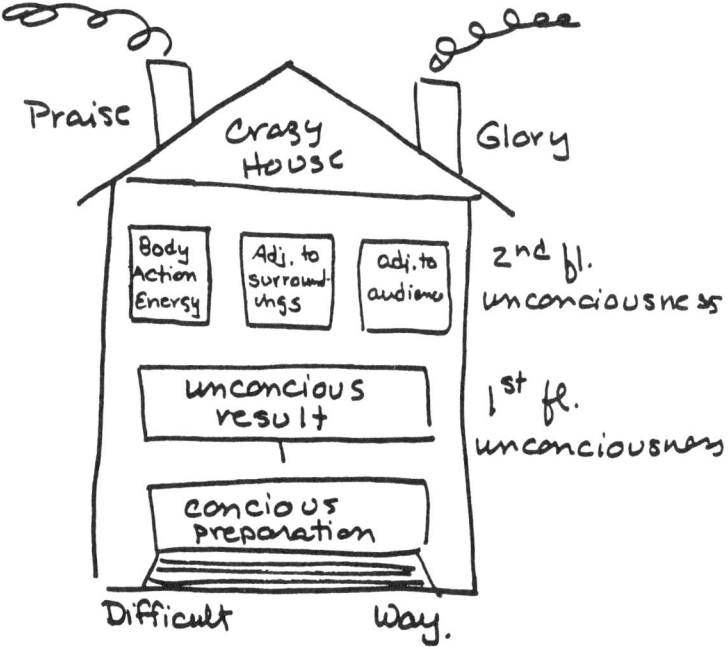

Zur gleichen Zeit wie ich nahmen an den Kursen des Laboratory Theatre andere Leute teil, die es später weit gebracht haben: John Martin, der spätere großartige Ballettkritiker der *New York Times*; Francis Fergusson wurde ein namhafter Professor für Vergleichende Literaturwissenschaft; Harold Hecht stieg in die Ränge der Hollywood–Produzenten auf; George Auerbach wurde Filmregisseur; und Stella Adler, die als Schauspielerin auf der jiddischen Bühne auftrat und in den Tagen des Group Theatre zu hohem Ansehen gelangte. Aber keiner von ihnen entwickelte jenes alles andere überlagernde Interesse am schauspielerischen Prozeß, das mich gepackt hatte. In seinem Buch *The Fervent Years* hat Harold Clurman mich einen »Fanatiker in Sachen wahrhaftiger Emotion« genannt. Nun, ein Fanatiker war ich vielleicht nicht, aber ich muß zugeben, daß mich die grundlegenden Entdeckungen Stanislawskis noch heute ebenso begeistern wie damals. Vielleicht sogar noch mehr.

Schon damals, Anfang 1924, als ich diese Dinge zum erstenmal kennenlernte, war mir klar, wie wichtig und notwendig Entspannung, Konzentration und affektives Gedächtnis (Wahrnehmungsgedächtnis und emotionales Gedächtnis) sind; und während der vielen Jahre des Suchens und Experimentierens seither ist ihre Bedeutung für mich immer nur weiter gewachsen.

Die Reise geht weiter:

I. Entdeckungen am Group Theatre

Mit meiner Analyse der Entdeckungen Stanislawskis und der Schilderung meiner eigenen Erfahrungen am Laboratory Theatre habe ich deutlich zu machen versucht, daß die Schauspielerausbildung — die Übungen, die dazu bestimmt sind, die Phantasie zu entwickeln und die Glaubwürdigkeit auf der Bühne zu trainieren — dem Schauspieler dabei helfen soll, die von dem jeweiligen Stück geforderte, notwendige Realität hervorzubringen. Dieses Training hat es also mit dem schöpferischen Prozeß im Schauspieler zu tun. Aber der Schauspieler muß auch imstande sein, die Wirklichkeit, die er mit Hilfe seiner bewußten oder unbewußten Technik entdeckt, zum Ausdruck zu bringen. Auch Stanislawski hat dieses Problem des schauspielerischen Ausdrucks sehr wohl gesehen — also die Frage, was der Schauspieler dem Publikum vermittelt. Deshalb hat er sein Buch *Die Arbeit des Schauspielers an sich selbst* in zwei Teile gegliedert; der erste behandelt die Arbeit des Schauspielers an sich selbst im schöpferischen Prozeß des *Erlebens* und der zweite die Arbeit an sich selbst im schöpferischen Prozeß des *Verkörperns* oder des Sich–Ausdrückens bei der Aufführung. Stanislawski selbst äußerte sich unzufrieden darüber, daß es ihm nicht gelungen war, die gewünschten expressiven Resultate, vor allem bei klassischen Stücken, zu erzielen. Sein großer Schüler Jewgeni Wachtangow arbeitete zwar mit den Verfahrensweisen seines Lehrers, hatte jedoch schon einige Formulierungen Stanislawskis revidiert. Diese Veränderungen trugen dazu bei, daß Wachtangow jene verblüffenden, dramatisch höchst wirkungsvollen Resultate erzielte, auf die sich sein Ruhm gründet.

Ich bin mit dem Werk Stanislawskis und seinen Ideen zuerst am Laboratory Theatre in Berührung gekommen. Durch meine dortigen Lehrer, Maria Uspenskaja und Richard Boleslawski, habe ich die Grundsätze des Stanislawski–Systems kennengelernt.

Man hat mich oft gefragt, in welcher Beziehung das »Stanislawski-–System« zur sogenannten »Methode« stehe. Ich habe dazu immer ganz einfach gesagt, daß die Methode auf den Grundsätzen und Verfahrensweisen des Stanislawski–Systems beruhe. Ich habe diese Grundsätze zuerst in den frühen dreißiger Jahren angewendet, als ich am Group Theatre mit jungen Schauspielern arbeitete und sie trainierte, später dann auch in meinen eigenen Kursen und am Actors Studio. Aber das, was wir taten, habe ich immer als »Arbeits-methode« bezeichnet, weil mir das, was in dem Wort »System« mitklingt, nicht gefiel. Außerdem wollte ich angesichts der vielen Debatten und Mißverständnisse in der Frage, was den Kern des »Systems« ausmache und was nicht, und angesichts der Verwirrung um frühere und spätere Phasen im Schaffen Stanislawskis, Stanis-lawski nicht für irgendwelche eigenen Fehler verantwortlich ma-chen.

Die Arbeit, für die ich einstehe, kann man heute mit Recht als »die Methode« bezeichnen. Sie beruht nicht allein auf den Verfahrens-weisen Stanislawskis, sondern auch auf den Klärungen und Anre-gungen, die Wachtangow beigesteuert hat. Hinzugefügt habe ich eigene Deutungen und von mir entwickelte Verfahrensweisen. Durch unsere weiterführenden Überlegungen, durch Analyse, Anwendung und Ergänzung haben wir einen nicht unerheblichen Beitrag zur Vervollständigung von Stanislawskis Werk geleistet. Meine eigenen Entdeckungen am Group Theatre, am Actors Studio und in meinen privaten Kursen gelangen zu Lösungen für das Problem des schauspielerischen Ausdrucks.

Die Methode zieht daher gleichsam die Summe der Arbeit, die während der letzten achtzig Jahre im Hinblick auf das Problem des Schauspielers geleistet worden ist. Ich trage dafür ein gewisses Maß an Verantwortung und kann darüber heute mit einer gewissen Autorität sprechen. Mein Anteil bestand in der Förderung, Ausbil-dung und Leitung des Ensembles am Group Theatre. Hier wendeten wir die Verfahren der Methode auf ein vollständiges Ensemble an. Seit 1948 habe ich als künstlerischer Leiter des Actors Studio und in meinen privaten Kursen versucht, diese Ergebnisse auch auf den einzelnen Schauspieler anzuwenden. In den folgenden Kapiteln möchte ich die weiteren Entdeckungen und Verfahrensweisen schildern, die ich im Laufe der Jahre beigesteuert habe.

Eine meiner wichtigsten Entdeckungen als Regisseur am Group Theatre war eine Neuformulierung von Stanislawskis »schöpferischem Wenn«. Wie schon erwähnt, beruhte Stanislawskis Formulierung des »schöpferischen Wenn« auf der Frage: Wie würdest du selbst dich unter den vom Stück entworfenen Umständen verhalten, was würdest du tun, wie würdest du empfinden, wie würdest du reagieren? Für Stücke, die den Erfahrungen des Schauspielers zeitlich und psychologisch nahe stehen, ist diese Formel durchaus geeignet, aber sie versagt, wenn der Schauspieler das leidenschaftliche, heroische Verhalten entwickeln soll, das für die großen klassischen Dramen charakteristisch ist. Wachtangow, der nach einer das theatralische Element betonenden Form suchte, hatte Stanislawskis Formel folgendermaßen modifiziert: Die szenischen Verhältnisse deuten an, daß sich die verkörperte Gestalt in einer bestimmten Weise verhalten muß; was würde dich, den Schauspieler, dazu motivieren, dich in dieser Weise zu verhalten.

Bei den frühen Inszenierungen des Group Theatre stellte auch ich fest, daß sich Stanislawskis Formel des »schöpferischen Wenn« bei einer Vielzahl von Problemen, die sich im Zusammenhang mit unseren Stücken und unseren Schauspielern ergaben, als unzureichend erwies. In der praktischen Arbeit stützte ich mich deshalb auf Wachtangows Neuformulierung. Sie schien mir korrekt, sowohl weil sie die Probleme unserer Produktionen lösen half, als auch weil sie Beschränkungen aufhob, die Stanislawski selbst erkannt hatte.

Diese Neuformulierung verlangt vom Schauspieler nicht nur, daß er das gewünschte künstlerische Resultat hervorbringt, sie besagt auch, daß er dieses Resultat nur erreichen kann, wenn er es zu einem wirklichen, persönlichen Erlebnis für sich macht. Damit kommen die Prinzipien der Motivation und der Ersetzung ins Spiel. Der Schauspieler ist nicht darauf beschränkt, sich so zu verhalten, wie er selbst sich unter den Umständen verhalten würde, die der von ihm verkörperten Gestalt vorgegeben sind; er sucht vielmehr nach einer Ersatzrealität, die sich von der durch das Stück vorgegebenen Wirklichkeit unterscheidet und die es ihm ermöglichen soll, gemäß den Anforderungen der Rolle wahrheitsgetreu zu agieren. Dies muß nicht unbedingt die Art und Weise sein, in der er selbst sich unter denselben Umständen verhalten würde; er bleibt also nicht auf das eigene natürliche Verhalten beschränkt.

Bei der Arbeit am Group Theatre ergaben sich Schwierigkeiten und Irritationen mit einigen Schauspielern, die daher rührten, daß ich als Regisseur nicht bereit war, das eigene natürliche Verhalten des Schauspielers in den vom Stück vorgegebenen Umständen zu akzeptieren. Ich suchte statt dessen nach Anpassungen und Konditionierungen, die nicht unbedingt etwas mit dem Stück zu tun haben mußten, die aber an den Erlebnis– und Erfahrungsbereich des Schauspielers anknüpften. Nur so, glaubte ich, würde das gewünschte Ergebnis auf der Bühne zustandekommen.

Man geht oft davon aus, daß der Schauspieler genau das denken solle, was auch die von ihm verkörperte Gestalt denkt. Viele Schauspieler, die hiermit nicht einverstanden sind, haben, wenn man sie gelegentlich zu einem besonders gelungenen Augenblick beglückwünschte, augenzwinkernd erwidert: »Aha, das fandest du also gut. Weißt du, woran ich in diesem Augenblick wirklich gedacht habe?« Und dann folgt irgend etwas, das mit den Gedanken der dargestellten Figur überhaupt nichts zu tun hat: wohin sie zum Abendessen gehen sollen, wann die Wäsche gewaschen werden soll usw. Aber wichtig ist, daß sie über etwas Reales, Konkretes nachgedacht und nicht nur so getan haben, als würden sie nachdenken.

Es überrascht mich immer wieder, wie wenig über unsere tatsächlichen Trainings– und Probenverfahren am Group Theatre bekannt ist. Vielleicht können ein paar Beispiele dafür, wie diese Anpassungen und Ersetzungen in die Inszenierungen eingebracht wurden, veranschaulichen, wie meine Umformulierung von Stanislawskis »schöpferischem Wenn« funktionierte.

Lee Strasberg bei seiner Graduierung an der Hebrew High School.

Eine Aufführung von *The Man Who Married a Dumb Wife* im Settlement House an der Chrystie Street, 1927.

TOMMASO SALVINI, THE FAMOUS ITALIAN TRAGEDIAN, ONE OF THE GREATEST
MODERN EXPONENTS OF THE CHARACTER OF OTHELLO

Tommaso Salvini, »der berühmte
italienische Tragöde, einer der bedeutendsten
Othello-Darsteller unserer Zeit«, um 1887.

Giovanni Grasso. Lee Strasbergs
Programmzettel von dem Auftritt im
Grand Street Theatre, 1928.

Skizze von Edward Gordon Craig für die *Hamlet*-Inszenierung des Moskauer Künstlertheaters.

Konstantin Stanislawski, umgeben von Moskwin, Katschalow, Schaljapin und Sorin. Das Gemälde im Hintergrund zeigt Anna Pawlowa.

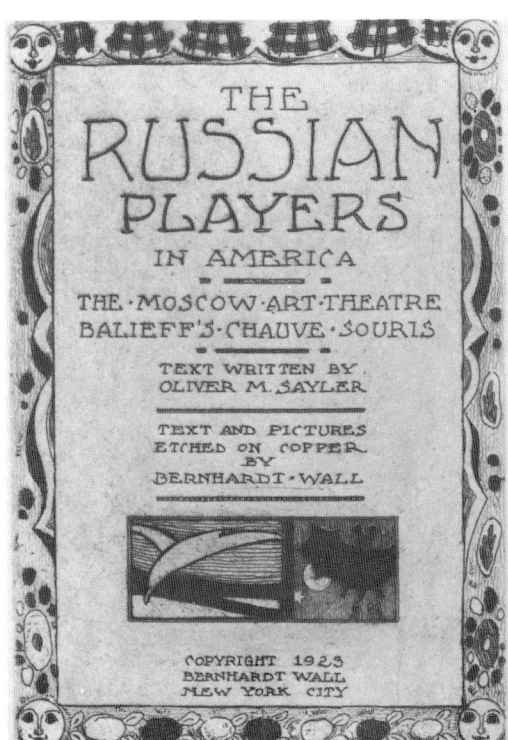

Das Souvenir-
Programmheft des
Moskauer
Künstlertheaters, 1923.

Konstantin Stanislawski, »Mitbegründer
und erster Schauspieler des Moskauer
Künstlertheaters«, 1923.

Wladimir Nemirowitsch-Dantschenko,
»Mitbegründer des Moskauer
Künstlertheaters«, 1923.

Lee Strasberg, um 1931.

Paula Miller Strasberg und
J. Edward Bromberg in einer
Produktion des Group Theatre.
(Vandamm Studio, Billy Rose
Theatre Collection, New York
Public Library)

Die Gründer des Group
Theatre: Lee Strasberg,
Harold Clurman und
Cheryl Crawford.

Lee Strasberg (außen rechts) leitet eine Probe mit Angehörigen des Group Theatre. Mit dem Textbuch in der Hand stehend: Clifford Odets.

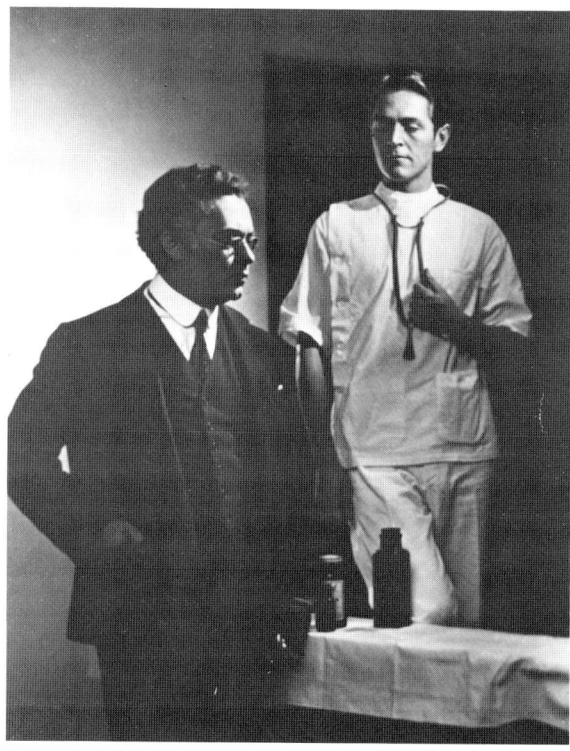

J. Edward Bromberg und Alexander Kirkland in *Men in White* von Sidney Kingsley, 1933. Regie führte Lee Strasberg.

Lee Strasberg (außen rechts, stehend) bei einer Inszenierung des Group Theatre von *Till the Day I Die* von Clifford Odets, 1935. Dies war seine letzte Inszenierung am Broadway.

Eine Szene aus *Johnny Johnson* von Paul Green und Kurt Weill, 1936. Es war das letzte Stück, bei dem Strasberg für das Group Theatre Regie führte.

Lee Strasberg, wie man ihn oft sah: mit einem Buch und dabei Musik hörend,1936.

Lee Strasberg (rechts) im
Gespräch nach einer Probe,
1940.

Marilyn Monroe bei einem
Kurs, den Lee Strasberg leitete.

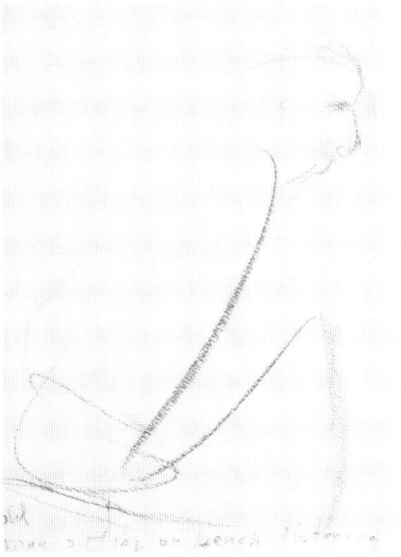

Lee Strasberg nach einer Zeichnung von
Marilyn Monroe.

Eine Zeichnung, auf der sich Marilyn
Monroe während der Arbeit an einer Szene
für Strasberg selbst skizziert hat. Die
Bildunterschrift lautet: »Ich muß mich
konzentrieren«.

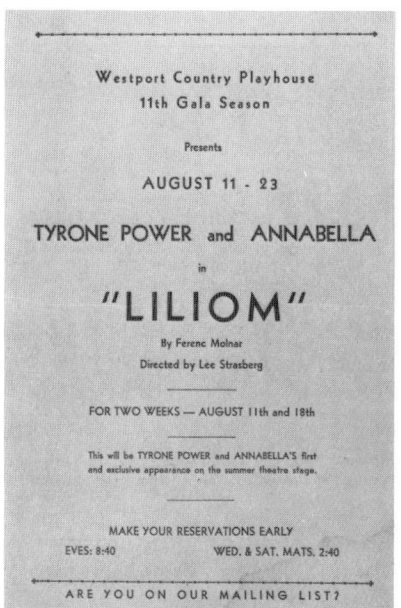

Programmheft zu einer Inszenierung von *Liliom* am Westport Country Playhouse mit Tyrone Power und Annabella, bei der Strasberg Regie führte.

Lee Strasberg und Isaac Stern am Teatro Cologne in Argentinien.

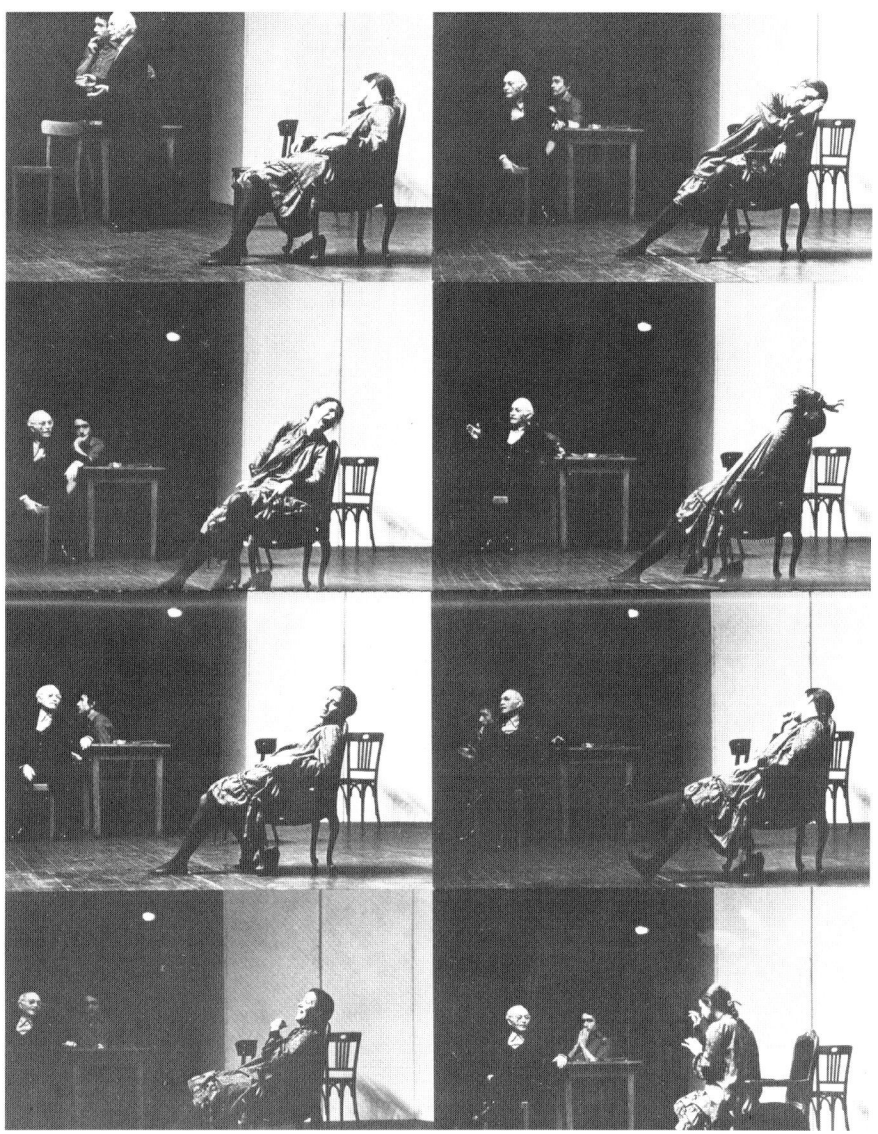

Lee Strasberg leitet am Schauspielhaus Bochum eine Übung zum emotionalen Gedächtnis.
Die Schauspielerin ist Anna Strasberg.

Lee Strasberg während des
»Schauspielerseminars« am
Schauspielhaus Bochum,
9.–22. Januar 1978.

Lee Strasberg in *Der Pate, Teil II*, 1974.

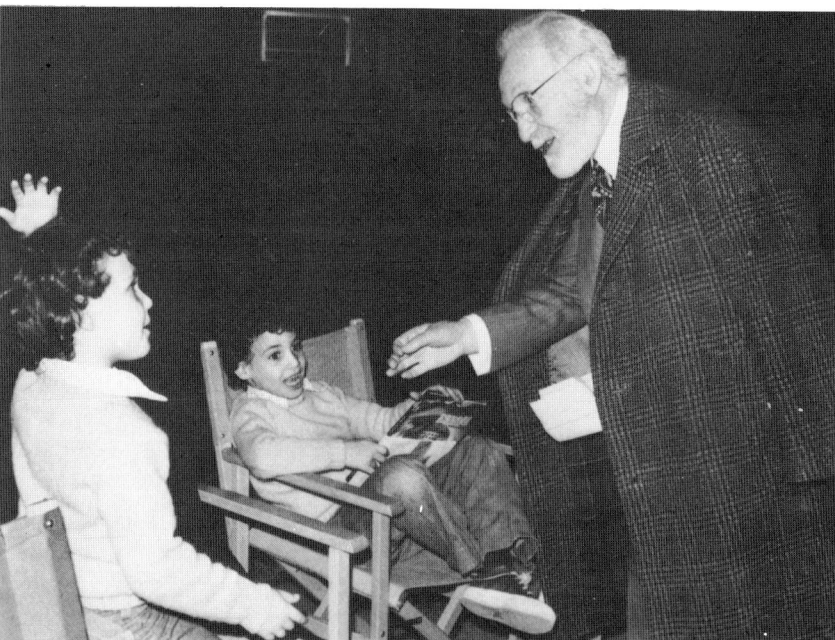

Lee Strasberg gibt seinen Söhnen David und Adam Schauspielunterricht in den Kulissen zu *The Cassandra Crossing*, wo die beiden Jungen zusammen mit ihrem Vater auftraten.

Lee Strasberg und seine Frau
Anna im Garten ihres Hauses
in Kalifornien, 1976. (Photo
mit freundl. Genehmigung von
Betty Beaird)

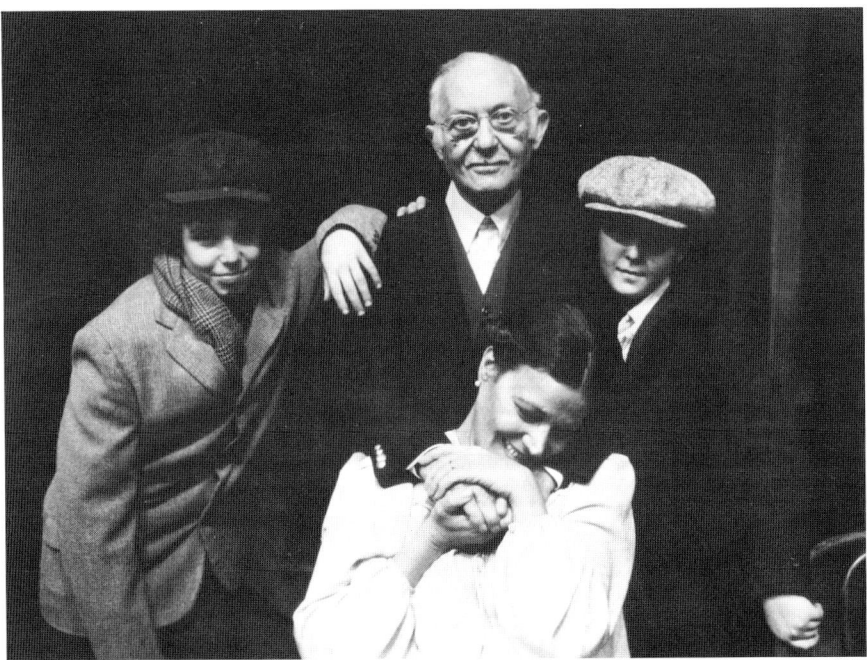

Die letzte Aufnahme von Lee Strasberg, mit seiner Frau Anna und den Söhnen Adam und
David auf der Bühne des Actors Studio. (Photo mit freundl. Genehmigung von Ken
Regan, Camera 5)

In dem Stück *Success Story* von John Howard Lawson, bei dem ich 1932 Regie führte, sollte Luther Adler einen jungen heißblütigen, klassenbewußten Lagergehilfen spielen, der sich nach oben durchboxt. Diese Gestalt war von einer alles durchdringenden Wut über seine soziale Lage motiviert. Luther jedoch konnte die wahre Gefühlslage dieser Rolle nicht finden. Ich sagte ihm, wir benötigten eine Reaktion, die seine Wut zeigt, aber Luther war nie in seinem Leben ein persönliches Unrecht widerfahren, das eine solche Reaktion hätte auslösen können. Nachdem wir einige Zeit probiert hatten, fragte ich ihn: »Was macht dich wütend?« Luther erwiderte: »Wenn jemand einem anderen etwas Böses tut, werde ich wütend.« Deshalb schuf Luther im Geist eine Ersatzsituation: jemandem, der ihm nahesteht, wird etwas Böses angetan. Dies gestattete ihm, die destruktive Energie der von ihm verkörperten Gestalt hervorzubringen. Selbstverständlich bemerkte das Publikum nichts von Luthers privater Motivation. Es sah nur die wirkliche Wut des Lagergehilfen.

In der gleichen Inszenierung verwendeten wir auch noch eine andere, kompliziertere Anpassung. Stella Adler, Luthers Schwester, besaß eine ganz ungewöhnliche Gefühlsintensität, eine große Ausdruckskraft und physische Vitalität, die dem Autor des Stükkes für die Rolle der scheuen jüdischen Sekretärin, die sich heimlich in den Lagergehilfen verliebt hatte, nicht angemessen zu sein schien. Lawson hätte Stella lieber die Rolle der sinnlichen, betörenden Frau des Firmenchefs gegeben. Wir fanden jedoch in Stella die emotionalen Valeurs, die notwendig waren, um eine zurückhaltende, aber dynamische Rolle zu schaffen. Ich wollte tiefe Emotion — die Stella besaß —, aber gebändigt durch etwas Reines, Liebenswürdiges, Ätherisches. Es war sehr schwer, dies von ihr zu bekommen, weil sie von ihrem Wesen her dazu tendierte, »die Bühne in Flammen zu setzen«. In einer Sequenz sollte die von Stella verkörperte Gestalt eine versteckte Sehnsucht nach dem Lagergehilfen zeigen, aber heimliche, still romantische Gefühle waren nicht Stellas Sache. Alle ihre Versuche wirkten übertrieben, ohne jede lebendige Wahrheit.

Schließlich gelang ihr die Rolle mit Hilfe einer ungewöhnlichen

Anpassung — ich nannte sie die »Schiffsdeck–Anpassung«. Dazu gab ich Stella folgende Anweisungen:

»Du bist auf einem Schiff, allein, es ist Nacht, Mondschein. Da ist noch ein Mann, und ihr unterhaltet euch. Aber ihr wißt, es ist nichts von Dauer. Und deshalb erzählt ihr einander Dinge, die ihr jemandem, den ihr kennt, niemals erzählen würdet. Gegenüber jemandem, den man nicht kennt, läßt man nicht einfach alles heraus, aber man teilt sich mit. Du hast eine Romanze mit dem Mann, und am fünften Tag sagst du, es war sehr nett, vielleicht treffen wir uns irgendwann mal wieder, und dann gehst du fort. Es ist völlig real. Aber rein, es will nicht auf irgend etwas anderes hinaus.«

Diese Anpassung funktionierte bei ihr. Sie sollte sich vorstellen, daß alles, was auf der Bühne ablief, in Wirklichkeit auf dem Schiff vor sich ging; sie sollte das Gefühl entwickeln und festhalten, an Bord des Schiffes zu sein: der Mondschein, das Wasser, die romantische Stimmung. Auf diese Weise brachte sie nichts von der Art, wie sie selbst sich in einem Büro verhalten würde, auf die Bühne. Die Anpassung funktionierte nicht nur — die Leute kamen hinter die Bühne und erkannten sie tatsächlich nicht wieder. Freunde sagten ihr, sie sei völlig anders, so verändert, so ruhig. Es war wahrscheinlich ihre beste schauspielerische Leistung überhaupt.

Ein Jahr nach *Success Story* erlebte das Group Theatre mit dem Stück *Men in White (Menschen in Weiß)* seinen ersten künstlerischen und finanziellen Triumph am Broadway. Es war das erste Krankenhausstück überhaupt, und Joe Bromberg sollte den Chefarzt spielen. Bromberg, den man bisher vor allem aus komischen Rollen kannte, besaß eine Jovialität, die für diese Rolle überhaupt nicht geeignet schien. Bromberg mußte eine sehr viel zurückhaltendere, verschlossenere, auch entschiedenere Art entwickeln. Ich schlug ihm die sogenannte »FBI–Anpassung« vor. Ich sagte ihm, er solle sich vorstellen, er sei FBI–Agent und habe den Auftrag, das Group Theatre zu durchleuchten. Daß er FBI–Agent sei, dürfe er nicht preisgeben und könne auch nicht mit den Schauspielern sprechen. Ähnlich wie im Falle der Schiffsdeck–Anpassung gewann das Spiel auch hier eine eigenartige, neue Qualität, die der Rolle entsprach.

In dem Stück *Gold Eagle Guy* von Melvin Levy, das ich 1939 inszenierte, standen wir vor dem Problem, eine Gruppenanpassung zu schaffen. Am Ende des zweiten Aktes sollte es ein Erdbeben geben, und die Schauspieler sollten darauf reagieren. Bei einem wirklichen Beben stürzen die Menschen unmittelbar nach den Erdstößen aus ihren Häusern, um zu sehen, was geschehen ist. Auf der Bühne brauchte ich jedoch eine direkte, lebhafte Reaktion auf das Ereignis. Hier schuf ich für die Schauspieler eine Anpassung, indem ich ihnen sagte:

»Ihr seid auf der Flucht von einem Land in ein anderes.« (Damals flohen viele Menschen aus Deutschland, deshalb stand ihnen diese Situation deutlich vor Augen.) »Ihr seid in ein Versteck direkt an der Grenze geschmuggelt worden. An diesem Abend seid ihr dort eingeschlossen, morgen sollt ihr über die Grenze gebracht werden. Plötzlich bricht Feuer aus.«

Dann schuf ich sensorische »Stichworte«, die durch Lampen ausgelöst wurden: jemand riecht Rauch, jemand merkt, daß das Versteck in Flammen steht. Schließlich begreifen die Menschen, daß sie in einer Falle sitzen. Die Wirkung dieser Gruppenreaktion war überwältigend.

Der Zweck solcher Ersetzungen bestand nie darin, Emotion als solche hervorzubringen, auch nicht darin, die Emotion hervorzubringen, die der Schauspieler selbst von sich aus unter den jeweiligen Umständen zum Ausdruck gebracht hätte. Es ging vielmehr darum, eine Möglichkeit zu finden, jene emotionale Reaktion zu schaffen, die der Text vom Akteur forderte. Die meisten Schauspieler des Group Theatre gelangten zu ausgezeichneten Leistungen — das fand nicht nur ich, das bestätigten auch die Kritiker und das Publikum. Aber häufig fühlten sich die Schauspieler bei den Proben unterdrückt, bevormundet und eingeengt. Ich konnte das zwar verstehen, aber ich konnte nicht darauf eingehen. Ich konnte nicht akzeptieren, daß der bloße Selbstausdruck des Schauspielers einem Stück von Nutzen sein würde.

Die Hervorbringung von Emotion als solcher ist nicht immer ein

Problem (vor allem nicht bei Schauspielern, bei denen die Emotionen so sehr an der Oberfläche liegen wie bei Miss Adler). Aber die Hervorbringung der *richtigen Art von Emotion* bleibt ein ständiges Problem des Schauspielers. Die Arbeit, die unter meiner Leitung am Group Theatre auf diesem Gebiet geleistet wurde, öffnete Möglichkeiten und Dimensionen, die sich später als wichtige Ergänzung der von Stanislawski und Wachtangow aufgestellten Grundsätze erweisen sollten — nicht nur, was die Erlebnisfähigkeit des Schauspielers angeht, sondern auch im Hinblick auf seine Fähigkeit, diesem Erleben einen lebendigen und intensiven Ausdruck zu geben. Mit ihrer Hilfe ließ sich eine Lösung finden, die den Schauspieler vom schöpferischen Prozeß zum Ausdrucksprozeß führt, ohne auf rein äußerliche Verfahrensweisen zurückzugreifen.

In seiner Geschichte des Group Theatre *The Fervent Years* hat Harold Clurman (leider ohne hinreichende Erläuterungen) geschrieben, die Improvisation und das, was ich als affektives oder emotionales Gedächtnis bezeichne, seien die beiden Gebiete gewesen, mit denen ich mich beschäftigte. Wie ich gerade geschildert habe, gab es natürlich auch noch andere Bereiche. Aber es hat eine gewisse Berechtigung, diese beiden besonders hervorzuheben. Ganz gewiß legte ich bei den Proben großen Wert auf die Improvisation, soweit sie in einer Beziehung zum schöpferischen Prozeß des Ensembles stand. Was das affektive Gedächtnis anging, so legte ich großen Wert auf das Erleben und die Erfahrung des Schauspielers, die im wesentlichen nichts anderes ist als seine Erinnerung an emotionale Augenblicke — und selbst bedeutende Schauspieler sind nicht immer imstande, diese Erinnerung zu mobilisieren.

Stanislawski selbst hatte die Verfahren der Improvisation, die Arbeit mit imaginären Objekten und das emotionale Gedächtnis nie ausführlich erläutert. Auf diesen Gebieten hat die Methode einen bedeutenden Beitrag geleistet. Bei meiner Arbeit am Group Theatre wurden die meisten Verfahrensweisen im Kontext der Proben zu einer bestimmten Inszenierung angewendet.

Diese Experimente mit der Improvisation zielten sowohl im Ausbildungsprozeß wie bei den Proben darauf ab, den Schauspieler in die Lage zu versetzen, jenen Gedanken– und Wahrnehmungsfluß zu mobilisieren, der notwendig ist, um auf der Bühne Spontaneität zu entwickeln. Diese Spontaneität muß sich sowohl auf die einstudierten Aktionen wie auf den gelernten Text erstrecken, und sie muß überdies Raum lassen für »das Leben des Augenblicks«. So wird beim Schauspieler und beim Publikum der Eindruck erzeugt, daß hier und jetzt tatsächlich etwas geschieht.

Die Improvisation mündet in einen Denk– und Reaktionsprozeß, und sie hilft dem Schauspieler das »logische«, einleuchtende Verhalten der von ihm verkörperten Gestalt herauszufinden, statt den offenkundigen Sinn des Textes »bloß zu illustrieren«.

Ein weiteres Problem ergab sich dort, wo es um Formen von Ausdruck ging, die eine höhere theatralische Intensität erforderten. Auch als die Schauspieler des Group Theatre schon für ihre detailgenaue, realistische Rollencharakterisierung bekannt waren, sahen wir besondere Probleme bei der Arbeit mit Formen von gesteigerter Theatralität voraus, etwa bei der Beschäftigung mit Shakespeare, mit der Commedia dell'arte, mit Molière oder dem Musical. Die Aufgabe bestand darin, ein Verfahren zu entwickeln, das die Schauspieler des Group Theatre in einer stärker stilisierten Spielweise schulte, aber ohne Einbuße an innerer Rechtfertigung und wahrheitsgetreuer Motivation. In den Übungen, die wir dazu entwickelten, spielte die Improvisation mit Objekten (sowohl realen als auch imaginären), Worten, Gemälden und ausgefallenen Situationsanpassungen eine wichtige Rolle. Diese Improvisationen führten oft zu einem Verständnis für eine Spielweise von höherer theatralischer Intensität. Einige Improvisationen auf der Grundlage von Gemälden von George Grosz waren sehr erfolgreich, etwa die Arbeit an der berühmten Szene im Operationssaal in *Men in White*. Die meisten Kritiker beschrieben diese Szene geradezu als ein »Ballett«. Ich werde später noch ausführlicher auf die Improvisation eingehen.

Meine eigene Arbeit, die die Grundlage für das Training des Ensembles am Group Theatre bildete, wendete sich von dem intensiven psychologischen Realismus in *The House of Connelly*

einer gesteigerten Theatralität zu. Diese zeigte sich in den Inszenierungen von *1931*, *Success Story* und *Men in White*, die den Arbeiten von Wachtangow im Stil nahestanden, aber nicht so offenkundig theatralisch waren. Später erreichte das von mir inszenierte
Musical *Johnny Johnson* diese dem Material entsprechende direkte
Theatralität. Ein Kritiker nannte diese Arbeit eine Mischung aus
Hogarth, den Marx Brothers und Charlie Chaplin. Kennzeich-
nend für die Inszenierungen von Harold Clurman am Group The-
atre war eine psychologische Intensität, die in *Paradise Lost* von
Clifford Odets und dann in dem freieren, lebendigeren Realismus
von *Awake and Sing!* und *Golden Boy* zutage trat. Robert Lewis'
Inszenierung des Stücks *My Heart's in the Highlands* von William
Saroyan war ein glänzendes Beispiel für einen phantastischen
Realismus und bekundete die Suche nach einer stilisierten Realität, die auch späterhin seine Theaterarbeit kennzeichnete. Elia
Kazans Arbeit als Regisseur, die am Group Theatre begann, war
äußerst dynamisch. Aber die Anforderungen des Materials nötigten ihn im wesentlichen zu einem realistischen Stil, obwohl es in
einigen seiner späteren Inszenierungen, etwa in *JB* von Archibald
MacLeish Anzeichen von erhöhter Theatralität gab. Den vollen
Umfang von Kazans Vorstellung, was Theater sein könne, wie sie
sich in der projektierten Inszenierung eines klassischen griechi-
schen Dramas abzeichnete, hat das Publikum leider nie kennengelernt.

Das Group Theatre war für mich weniger eine Phase der Entdek-
kung, sondern vor allem eine Phase der Nutzbarmachung früherer
Entdeckungen bei wirklich professionellen Inszenierungen. Es
ging in dieser Zeit um praktische Anwendung und nicht so sehr
um Theorie. Hier ließ sich testen, was wir von Stanislawskis
System gelernt hatten, wie es uns durch unsere Lehrer vermittelt
worden war; hier ließ sich überprüfen, was wir inzwischen wußten
und ob wir die Fähigkeit besaßen, mit Hilfe jener Grundsätze zu
eigenen Resultaten zu gelangen, ohne einfach das nachzuahmen,
was Stanislawski und seine Nachfolger erreicht hatten.

Die Reise geht weiter:
II. Das Actors Studio und meine Kurse

Als ich 1948 künstlerischer Leiter des Actors Studio wurde, begann mir immer klarer zu werden, daß ein Schauspieler Emotionen sehr wohl durchleben und dennoch unfähig sein kann, sie zum Ausdruck zu bringen. Ich hatte schon immer um dieses Problem gewußt und hatte mich während der Arbeit an Inszenierungen auch praktisch mit ihm auseinandergesetzt. Jetzt aber wurde mir vollends bewußt, daß es sich hier um ein zentrales Problem der Schauspielkunst handelte.

Shakespeare läßt Hamlet über das Bemühen des Schauspielers, »seine Seele nach eignen Vorstellungen ... zu zwingen«, auch sagen: »Und alles das um nichts! Um Hekuba! ... Hätte er das Stichwort und den Ruf zur Leidenschaft wie ich: was würd er tun?« Diese Unfähigkeit, das »Stichwort und den Ruf zur Leidenschaft« zu finden, hat der französische Regisseur Jacques Copeau als den »Kampf des Schauspielers mit dem eigenen Temperament« bezeichnet. Wir gingen daran, genau dieses Problem zu lösen.

Ich entdeckte jedoch noch etwas anderes: der Schauspieler kann »mit dem eigenen Temperament kämpfen«, er kann das »Stichwort zur Leidenschaft« finden und dennoch aus irgendeinem Grund unfähig sein, sie zum Ausdruck zu bringen. Dies hatte im Laufe der langen Geschichte unserer Kunst noch niemand erkannt! Aber nicht nur Schauspielern bereitet es Schwierigkeiten, sich auszudrücken, sondern allen Menschen. Ich fing an, nach den Ursprüngen dieser Schwierigkeit zu suchen.

Es war nicht schwer, sie zu ausfindig zu machen. Alle Fähigkeiten, mit denen ein Mensch geboren wird, lernt er durch Training und Konditionierung zu nutzen. Er lernt gehen und sprechen, ohne sich klar zu machen, welche Mechanismen dabei wirksam werden. Er lernt, musikalische Laute zu erzeugen, ohne zu wissen, welche Leistungen seine Kehle dazu vollbringen muß. Er lernt, Worte zu artikulieren, ohne auf die Muskeln und Nerven zu achten, die daran beteiligt sind. Es dauert fünf Jahre, bis ein Kind lernt, die Schuhe anzuziehen und die Schnürsenkel zu binden. Wenn der Mensch dies einmal gelernt hat, so tut er es fortan bloß noch gewohnheitsmäßig. Er entwickelt Denk–, Sprech–, Verhaltens– und Einstellungsgewohnheiten gegenüber seiner Umgebung.

Er entwickelt auch Ausdrucksgewohnheiten. Er wird konditioniert, seine Gefühle und inneren Regungen nicht so zu äußern, wie es dem Wesen, dem Charakter und der Kraft seiner emotionalen Reaktion entspräche, sondern sie in den Formen auszudrücken, die die Gesellschaft oder seine Umgebung zuläßt. Seiner körperlichen Gewohnheiten ist er sich im allgemeinen bewußt, aber von seinen emotionalen und seinen Wahrnehmungs–Gewohnheiten weiß er kaum etwas. Wenn ein Mensch das Alter erreicht hat, in dem er Schauspieler werden möchte, ist er sich seiner physischen Ausstattung, seiner Stimme, seiner Sprache, seiner Bewegungsmuster, bis zu einem gewissen Grade bewußt. Aber nur wenig oder nichts weiß er über die Stärken und Schwächen seines Wahrnehmungs– und Erinnerungsapparats und noch weniger über das Verhalten seiner Emotionen und darüber, wie er sie zum Ausdruck bringt.

Bei vielen Menschen geschieht dies auf eine Art und Weise, die so begrenzt ist, daß wir von »Manierismen« sprechen. Da sie für einen solchen Menschen die natürlichen Formen seines Ausdrucks sind, hält er sie für wahrhaftig und real und erkennt nicht, daß sie maniriert sind. Im Actors Studio mußte ich einen Weg finden, mit solchen Manierismen umzugehen, die der expressiven Wahrheit, die sich aus der Verbindung von Gefühlsintensität und Emotion ergibt, den Weg verstellen.

In einem Fall begegnete mir dieses Problem bei einer sehr talentierten Schauspielerin von wirklichem Format. Sie hatte eine ganze Reihe solcher Manierismen an sich, lauter Gewohnheiten, die sie im Laufe ihrer Konditionierung angenommen hatte. In einer Szene fuhr sie immerfort unruhig mit den Händen hin und her. Um dies zu verhindern, banden wir ihr die Hände hinter einen der Pfeiler, die den Balkon stützten. Das nötigte sie, die unwillkürliche Nervosität ihrer Hände abzustellen und einfach zu warten, bis sich gleichsam organisch die Notwendigkeit zum Ausdruck einer Gefühlsregung ergab. Wenn die emotionale Motivation stark genug war, zerriß sie, ohne nachzudenken, den dünnen Faden, der ihre Hände hinter dem Pfeiler festhielt. Dann wirkte die Geste notwendig und besaß auch die Kraft, der dahinterstehenden Emotion wirklich Ausdruck zu verleihen.

Eine andere hochbegabte Schauspielerin weigerte sich, den Unterschied zwischen ihren Manierismen und ihrer Realität zu erkennen. Es dauerte mehr als zehn Jahre, bis sie imstande war, dies einzusehen. Sobald das aber geschehen war, machte ihr Spiel bemerkenswerte Fortschritte.

Es ist verblüffend, in welchem Maße Ausdrucksgewohnheiten mit Ausdrucksschwierigkeiten zusammenhängen. Oft rühren diese Schwierigkeiten aus ganz bestimmten Erfahrungen, die zur Ausprägung unbewußter Gewohnheiten führten. Oft lassen sich diese Gewohnheiten in dem Teil der Schauspielerausbildung auflösen, der der Entspannung gewidmet ist.

Einer Schauspielerin, mit der ich am Actors Studio lange Zeit arbeitete, fiel es ungewöhnlich schwer, sich zu entspannen. Sie war Berufsschauspielerin und hatte beim Radio Karriere gemacht. Anfangs hatte sie zur Arbeit auf der Bühne eine sehr negative Einstellung, weil sie sich vor allem auf ihre sprachlichen Fertigkeiten verließ. Aber nach und nach gelang es ihr, sich auch auf der Bühne mit sehr viel mehr Überzeugungskraft und Wirklichkeit schöpferisch zu betätigen. Es gelang ihr auch, sich zu entspannen — ein Anzeichen für ein erhöhtes Maß an Willenskraft und Körperbeherrschung. Trotz dieser Fortschritte hatte sie immer noch Schwierigkeiten, den Nacken zu entspannen, der bei vielen Menschen ein Bereich starker psychischer Spannungen ist. Da ihre allgemeinen Leistungen immer besser wurden, wollte ich wissen, was es mit diesem speziellen Problem bei ihr auf sich hatte. Ich versuchte ihr zu helfen, den Kopf so weit zurückzulegen, daß er auf der Rücklehne des Sessels ruhen konnte, um die Nerven und Muskeln, die etwas steif wirkten, zu entspannen. Sie klagte, das könne sie nicht, da sie unter Arthritis leide. Wenn sie den Kopf zurücklege, empfinde sie einen stechenden Schmerz im Nacken. Um der Sache auf den Grund zu gehen, stützte ich ihren Kopf, ermunterte sie, ihn auf meiner Hand ruhen zu lassen, und bat sie, mir zu sagen, wann der Schmerz anfing. Sie hatte es in der Entspannung inzwischen weit gebracht — diesen Köperbereich ausgenommen. Nun ließ ich meine Hand Zentimeter um Zentimeter nach hinten sinken und erwartete jeden Augenblick, daß sie mir sagen würde, der Schmerz hätte begonnen. Aber schließlich erreichte der Kopf die Rücklehne des Sessels, und sie hatte noch immer keinen Schmerz zu erkennen gegeben. Sie sagte, schon als kleines Kind habe sie diese Körperpartie nicht frei bewegen können. Ich konnte mir nicht vorstellen, daß sie im Kinderbettchen solche Spannungen registriert haben könnte. Nein, nicht im Kinderbett, erklärte sie daraufhin. Es sei gewesen, als sie angefangen habe, in einem größeren Bett zu schlafen. Sie hatte mit ihrer älteren Schwester zusammen geschlafen, und hatte sich, da sie noch sehr klein war, viel herumgewälzt. Ihre Schwester hatte daraufhin gedroht, sie umzubringen, wenn sie nicht still liegen würde. Damals hatte sie diese Steifheit, die sich vor allem auf ihren Nakken konzentrierte, entwickelt. Dann vertraute sie mir an, zwar hätten Ärzte sie untersucht und Arthritis bei ihr festgestellt, aber einen Grund für die heftigen Schmerzen, über die sie klagte, hätten sie nicht gefunden. Offenbar waren sowohl die Spannung wie auch der Schmerz ein Resultat von Konditionierung. Die Lockerung dieser Bereiche war eine wesentliche Voraussetzung dafür, daß sie sich von den Manierismen und Spannungen, die ihrer Fähigkeit zum Selbstausdruck auf der Bühne im Wege standen, befreien konnte.

In einem anderen Fall stieß ich auf etwas, das ich dann als »Oppositionshaltung« des Schauspielers bezeichnen lernte. Wenn sich der Schauspieler beim Entspannungstraining gelockert zu haben scheint, prüfe ich oft nach, ob er nicht bloß so tut, als sei er entspannt. Ich fasse seine Hand und hebe daran seinen Arm in die Höhe. Wenn der Schauspieler wirklich entspannt ist, fällt der Arm ganz natürlich herab, sobald ich die Hand loslasse. Wenn der

Arm hingegen noch angespannt ist, bleibt er zunächst in der Luft hängen. Dann erst bemerkt der Schauspieler dies, und er läßt ihn mechanisch sinken. Er ist sich jedoch darüber im klaren, daß er Entspannung nur vorspiegelt. Bei manchen Menschen nun verhält es sich so, daß der Arm, den ich gehoben habe, um ihn anschließend loszulassen, auch dann noch oben bleibt, wenn sich der übrige Körper entspannt hat, obwohl es keinerlei Anzeichen für einen Mangel an Bereitschaft gibt, ihn sinken zu lassen. Ich habe herausgefunden, daß dies meist auf eine innere Konditionierung hindeutet, sich allem, was von einem verlangt wird, erst einmal zu widersetzen. Gleichgültig, ob der Betreffende etwas tun will oder ob er aufgefordert wird, etwas zu tun — die erste Reaktion seines Instruments (seines Körpers) auf seinen Willen ist stets Opposition.

In einem Falle hatte eine Schauspielerin ganz allgemein gute Fortschritte in der Entspannung gezeigt, aber es gab immer noch verspannte Partien, was sich nicht nur bei den Entspannungsübungen, sondern auch in ihrem Spiel auf der Bühne zeigte. Während einer Übung hob ich ihren Arm; es waren Spannungen vorhanden und außerdem eine leichte Andeutung von Oppositionshaltung. Ich sagte ihr, sie sei noch angespannt, und erwartete, sie würde nun versuchen, sich zu entspannen. Aber sie reagierte nicht. Ich wiederholte, was ich gesagt hatte, und um sicherzugehen, daß sie mich hörte und reagierte, versetzte ich ihr einen leichten Klaps auf den Arm. Sofort entspannte sie diesen Bereich. Irgend etwas ließ mich sagen: »Bist du früher bestraft worden?«
Sie erwiderte: »Ja.«
»Oft?«
»Ja.«
»Und warst du trotzdem sehr störrisch?«
»Ja.« Damit ließ sich das Ausmaß der Spannungen und der Steifheit in ihren Hals– und Rückenmuskeln während der Entspannungsübungen erklären. Manche Psychologen glauben, daß sich gerade in diesem Bereich bestimmte Arten von traumatischen Erlebnissen festsetzen. Durch gymnastische Übungen sind diese Spannungen keinesfalls zu beheben. Nur wenn man die Verbin-

dung von Körper und Seele berücksichtigt, läßt sich hier etwas ausrichten, ein Aspekt, der für viele Richtungen der modernen Psychologie sehr wichtig geworden ist.

Ein anderes Beispiel vermag nicht nur die Bedeutung der Gewohnheit zu veranschaulichen, sondern auch, wie tiefgreifend andere Erlebnisse das Verhalten eines Menschen konditionieren können. Eine junge Schauspielerin hatte in fast allen Bereichen ihres Körpers Schwierigkeiten, sich zu entspannen. Beine und Füße waren ganz besonders steif, was ungewöhnlich ist. Als sie imstande war, sich in einigen Partien zu entspannen, zeigten die Beine noch immer einen ungewöhnlich heftigen Widerstand, wie ich ihn kaum je erlebt hatte. Sie absolvierte eine Übung zum emotionalen Gedächtnis, und ich versuchte die Gründe für ihr ungewöhnliches Verhalten herauszufinden. Irgend etwas schien mit ihr vor sich zu gehen, während sie diese Übung machte. Während des Spiels schien sie oft in einen Konflikt oder Widerspruch wegen der Frage zu geraten, was sie selbst von sich verlangen sollte. Ich versuchte herauszufinden, was mit ihr geschah, wenn sie zum Spielen auf die Bühne kam. Was empfand sie dabei? Mich interessierten hier weniger die Gefühle, die sich auf die Szene bezogen, als vielmehr jene Erfahrungen, die ihr Verhalten auf der Bühne irgendwie beeinflußten. Ich kam nicht recht weiter, als es plötzlich aus ihr hervorbrach: als sie mit der Schauspielerei begonnen habe, da habe ihr jemand gesagt, sie werde es nie schaffen: wegen ihres Aussehens und weil sie viel zu sehr Dame sei, um Schauspielerin werden zu können. Und schließlich kam heraus, es war ihr Vater gewesen, der nicht gewollt hatte, daß sie Schauspielerin würde, und der gesagt hatte: »Das sind lauter Flittchen.«

»Deshalb fiel es mir am Anfang so schwer, weil er mich besucht hat, als ich anfing.«

Ich sagte: »Und jedesmal, wenn du —«

»— wenn ich mich in einer bestimmten Weise hinsetzte, sagte er ›So etwas tut eine Dame nicht.‹«

»Und wie hat dich das beeinflußt, wenn du auf die Bühne kamst? Hast du dann das Gefühl gehabt, du würdest ein Flittchen aus dir machen?«

»Bei der ersten Szene, die ich für dich gespielt habe [1], war er auch hier; und als ich meine Szene dann in Unterwäsche spielte, da hat es ihn vom Stuhl gehauen.«

»Ach, er war also zufällig dabei, als du zum erstenmal eine solche Szene gespielt hast.«

»Ja.«

»Was sagte er denn? Nichts da mit ›vom Stuhl gehauen‹. Laß hören, was er wirklich gesagt hat.«

»Er sagte: ›So nicht.‹ Und ich erwiderte: ›Doch.‹ ›Wenn du schon in Hemd und Höschen auftrittst, dann setz dich wenigstens wie eine Dame hin.‹« [*Gelächter*]

»Sehr wichtig. Und wenn du dann auf die Bühne gekommen bist, dann hast du mehr darauf geachtet —«

»— wie ich sitze.«

»— wie du deine Beine stellst, und nicht darauf, was du aus der Rolle machst.«

»Genau. Weil du gesagt hattest, ich sei eine Mischung aus Blanche und Stella.«

»Was habe ich gesagt?«

»Du hast gesagt, du könntest nicht erkennen, ob ich Blanche oder Stella sei. Damals wäre ich am liebsten weggelaufen.«

»Ach ja, stimmt, ganz recht.«

»Ich wollte mich verkriechen, weil ich so durcheinander war.«

»Nein, du warst nicht durcheinander. Du warst auf ein ganz bestimmtes Verhalten hin konditioniert.«

In diesem Fall hatten wir es also mit einer starken primären Konditionierung zu tun, verbunden mit den besonderen Umständen bei einem ersten Auftritt in einer wichtigen Szene. Alle diese Faktoren trugen zu einer originären Erfahrung von Spannung bei, die den Ausdruck auf der Bühne auch später noch beeinträchtigte.

Der Schauspieler unterliegt natürlich vielen Belastungen. Eine Belastung, mit der es jeder Schauspieler zu tun hat, ist die Sorge, den Text nicht zu vergessen. Ich kann mich hier darauf stützen, wie ich selbst reagierte, als ich, nachdem ich viele Jahre lang nicht

---

[1] Eine Szene mit Blanche in *A Streetcar Named Desire*.

mehr aufgetreten war, eine Rolle in *Der Pate II* übernahm. Was mir dabei am meisten Sorge machte, war nicht die Frage, wie ich spielen würde, sondern ob ich meinen Text behalten würde. Würde ich mich verhaspeln? Unter dieser Angst habe ich immer gelitten. Schon als junger Schauspieler hatte ich ein ausgezeichnetes Gedächtnis — und daran hat sich bis heute nichts geändert. Ich konnte mir meinen Text sehr leicht einprägen, und dennoch, ob bei den Proben oder in der Aufführung — immer wieder überfiel mich diese Angst. Bevor ich den ersten Satz sprach, sagte ich ihn ständig vor mich hin. Und aus lauter Angst, ich könnte ihn vergessen, flüsterte ich ihn so lange vor mich hin, bis ich die Bühne betrat. Sobald ich aber dort stand, war die Angst verflogen. Meine Konzentration richtete sich immer sehr stark auf das, was ich auf der Bühne tat. Viele Schauspieler kann diese Angst aber auch in ihrer Expressivität hemmen.

Einmal arbeiteten wir mit einem sehr erfahrenen Schauspieler zusammen. Er schien mir sehr viel mehr Energie und emotionale Überzeugungskraft zu besitzen, als er bisher zu mobilisieren gelernt hatte. Er probte eine Szene aus *The Night of Iguana*. Im allgemeinen schildert der Schauspieler dann am Ende der Szene, mit welchen Problemen er sich in dieser Szene auseinandersetzen wollte und auf welche Probleme er beim Spielen der Szene gestoßen ist. Dieser Schauspieler nun sagte, er habe mit der Erarbeitung der Szene begonnen, bevor er den Text lernte. Und als er mit den Proben begonnen habe, sei der Text zu seiner Überraschung wie von selbst gekommen. Und er fuhr fort, je intensiver er sich mit dem befasse, was er in der Szene zu tun habe, desto mehr verschwinde sein Problem mit dem Text.

»Das stimmt«, sagte ich ihm. »Wenn du dich wirklich mit etwas beschäftigst, dann weißt du, was du tust. Du weißt, worüber die von dir verkörperte Gestalt spricht. Wenn du den genauen Wortlaut nicht treffen würdest, dann könntest du etwas anderes sagen; so verschwindet diese Angst. Aber das ist nicht der problematische Punkt. Der eigentliche Punkt ist der, daß der Text nie wie auswendig gelernt klingen soll. Entweder man erinnert den Text oder man erinnert ihn nicht, aber dann weiß man, worum sich die

Szene dreht und kann weitermachen. Der Partner wird sich an den Text erinnern. Das ist die geringste Schwierigkeit. Das ist nur eine Frage der Gedächtnisleistung. Das hat mit Schauspielerei nichts zu tun. Das hat nichts mit schauspielerischem Talent und nichts mit dem zu tun, was der Schauspieler tut. Jeder Mensch hat Probleme mit seinem Gedächtnis, das ist also kein schauspielerisches Problem. Ein Problem ergibt sich, wenn sich der Schauspieler in einer Szene mit dem befaßt, was ihn wirklich angeht, und dann nicht weiß, wie er sich dazu bringen kann, daran zu glauben. Wenn hingegen der Schauspieler an das, was er tut, wirklich glaubt, dann ist es nicht so schlimm, wenn ihm mal die Worte ausgehen, eine Zeile, ein Satz. Der Schauspieler kann sich dann sagen: ›Ich tue so vieles anderes, was wichtig ist, was mich erfüllt, was mir das Gefühl gibt, ich sei wirklich und ich hätte ein Recht zu sagen, was ich hier sage, ich hätte ein Recht zu tun, was ich hier tue.‹ Und das Lampenfieber wird vor allem durch eines vertrieben: durch Konzentration — Konzentration auf die Dinge, die man tut, die einen vorwärtstreiben, die einen weiterbringen.«

Je intensiver ich mich mit dem problematischen Verhältnis zwischen der Fähigkeit des Schauspielers, Erleben zu schaffen, und seiner Fähigkeit, dieses Erleben auf eine lebendige, dynamische Weise zum Ausdruck zu bringen, beschäftigte, desto klarer erkannte ich das Wesen der technischen Probleme des Schauspielers. Ich erkannte auch, warum Schauspieler unter Ängsten leiden, die weder vom Publikum noch von den Regisseuren begriffen werden. Die Schwierigkeit besteht nicht darin, daß er kein ausreichendes Verständnis für seine Rolle entwickelt hätte. Wenn dieses Verständnis die wichtigste Voraussetzung wäre, dann wären der Regisseur, der Theaterkritiker oder der Stückeschreiber die besten Schauspieler.

Natürlich kann der Schauspieler kühl und distanziert, mit Hilfe antrainierter Techniken genau das ausführen, was der Regisseur von ihm oder was er selbst von sich verlangt. Je mehr sich der Schauspieler aber darauf einläßt, das Leben und das Erleben der Stückfigur zu erschaffen und mitzuteilen, desto mehr hat er es mit dem Problem zu tun, mit seinem eigenen menschlichen Werkzeug, seinem Körper, umzugehen und ihn zu beherrschen. Dieses Werkzeug reagiert nicht nur auf die Forderungen, die der Wille des Schauspielers stellt, sondern auch auf all die Impulse, Wünsche, Konditionierungen, Gewohnheiten, Verhaltens– und Ausdrucksweisen, die sich in diesem Körper angehäuft haben. Ihre Wirkung ist so automatisch, daß der Schauspieler sie gar nicht bemerkt und deshalb unfähig ist, mit ihnen umzugehen. In welchem Ausmaß unbewußte Denk–, Gefühls– und Verhaltensweisen den Schauspieler während des eigentlichen Spiels beeinflussen, bedarf der weiteren Erforschung und Klärung.

Man muß unterscheiden zwischen den Schauspielern, die durch irgend etwas gehemmt werden, tiefe Emotionen zu *empfinden*, und jenen, die sehr tief und intensiv fühlen, aber in einer Umgebung aufgewachsen sind, die ihre Fähigkeit, diese Intensität auch *auszudrücken* nicht gefördert und entwickelt hat. Unter normalen Erlebnisbedingungen äußern sie sich deutlich und direkt, aber je intensiver das Erlebnis, desto schwerer fällt es ihnen, es zum Ausdruck zu bringen. Da keine Hemmungen im Wege sind, besteht nicht die Notwendigkeit, irgend etwas zu unterdrücken; es kommt nur darauf an, sich zu entspannen und nicht auf die gewohnten Ausdrucksformen zurückzugreifen. Dann wird die Gefühlsregung neue Ausdrucksformen finden und hervorbringen, die dem Stück angemessener sind als diejenigen, an die der Schauspieler gewöhnt ist. So wie sich das Wasser seinen Weg selbst sucht, so sucht sich anscheinend auch eine Gefühlsregung den ihr gemäßen Ausdruck.

Ein falsches Verständnis der von mir hier beschriebenen Arbeit mit dem Schauspieler hat mancherlei Verwirrungen gestiftet. Manche behaupten, diese Fragen gehörten in den Aufgabenbereich des Analytikers, des Psychologen oder des Arztes. Man hat den Vorwurf erhoben, diese Arbeit sei eigentlich nichts anderes als eine Laien–Analyse, eine »billige« Form von Psychotherapie. Und es trifft immerhin zu, daß sie oft zu Ergebnissen führt, die mit der Schauspielerei nichts zu tun haben.

Eine junge Dame zum Beispiel, die einige Monate lang an meinen Kursen teilgenommen hatte, entschuldigte sich eines Tages, sie müsse aufhören, da sie schwanger geworden sei. Meine Frau Anna war sehr bestürzt, als diese Schauspielerin erklärte, ich sei für ihre Schwangerschaft unmittelbar verantwortlich. Als sie sah, wie meine Frau reagierte, erklärte sie rasch, wie sie das meinte. Die Ärzte hatten ihr gesagt, sie könne keine Kinder bekommen. Deshalb hatte sie beschlossen, sich mit ihrer ganzen Kraft auf die Schauspielausbildung zu konzentrieren. Als der Doktor ihr dann mitteilte, sie sei schwanger, hatte er hinzugefügt, das sei ohne Zweifel der Entspannung zu verdanken, die sie in den letzten Monaten praktiziert hatte.

Es ist einfach so: da ich mich mit dem ganzen Menschen beschäftige, mit seiner Art, zu denken, zu empfinden, zu fühlen, sich zu verhalten und sich auszudrücken, gerate ich immer wieder auf Gebiete, mit denen sich auch andere in anderen Zusammenhängen befassen. Aber ich möchte betonen, daß die Absichten hierbei völlig anderer Art sind. Wenn der Psychologe seinem Patienten hilft, sich zu entspannen, dann tut er das, um psychische und emotionale Schwierigkeiten und Störungen zu beseitigen. Mir hingegen geht es in der Schauspielerei nicht darum, irgendwelche Erfahrungen oder Empfindungen zu beseitigen. Es ist vielmehr meine Absicht, dem einzelnen dabei zu helfen, alles das, was er zur Erfüllung seiner Aufgabe als Schauspieler besitzt, zu mobilisieren, zu beherrschen, zu formen und anzuwenden. Mit inneren Belastungen habe ich nur insoweit zu tun, als sie der Erfüllung der Aufgaben, die sich der Schauspieler selbst gestellt hat, im Wege sind. Und ganz gewiß beseitige ich keine Gefühle und Empfindungen! Ich verhelfe jedem einzelnen dazu, sich der tiefsten Quellen seiner Empfindungen und Kreativität zu vergewissern und zu lernen, wie sich diese Empfindungen im Prozeß der Hervorbringung eines künstlerischen Resultats willentlich immer wieder erzeugen lassen.

Aus der Geschichte wissen wir, daß Künstler immmer wieder unter verschiedenen psychischen und emotionalen Störungen gelitten haben, unter Neurosen oder auch Psychosen. Mitunter hat dies die Hingabe an ihr Werk gesteigert und intensiviert, etwa im Falle Strindbergs, van Goghs oder Artauds. Der Künstler kann sich die Inspiration, die zuweilen aus der Intensität seiner Störung hervorgeht, zunutze machen, wenn der schöpferische Prozeß zu irgendeinem beliebigen Zeitpunkt stattfinden kann, und er braucht sich auch nur einmal abzuspielen, um das Stück, den Roman, das Gemälde hervorzubringen. Beim Schauspielen jedoch muß der schöpferische Prozeß zu einem ganz bestimmten Zeitpunkt und an einem ganz bestimmten Ort, nämlich in einer bestimmten Aufführung, zustandekommen, und er muß sich am nächsten Abend wiederholen lassen. Insofern habe ich es mit der bewußten Beherrschung von Fähigkeiten zu tun, die in anderen Kunstformen unbewußt oder nur gelegentlich wirksam zu werden brauchen und wirksam werden.

Das Hauptziel der Ausbildung des Schauspielers besteht darin, ihm zu einer möglichst vollkommenen Beherrschung jener menschlichen Fähigkeiten zu verhelfen. Sie bildet die Grundlage für die Kreativität des Schauspielers. Daher besteht ein grundlegender Unterschied zwischen der Zielrichtung und den Absichten unserer Arbeit und den Ergebnissen und Zielen, die ein Psychotherapeut anstrebt. Ich habe festgestellt, daß Zen, Joga, Meditation und dergleichen manchen Menschen zwar in ihrem Privatleben helfen, daß ihnen diese Techniken aber nicht zum Selbstausdruck auf der Bühne verhelfen können. Eine Psychoanalyse dieser oder jener Spielart verhilft dem Menschen zu größerer Klarheit darüber, was in seinem eigenen Inneren vor sich geht. Insofern kann sie auch für den Schauspieler einen gewissen Wert besitzen, indem sie ihm hilft, seinen Beruf zu verstehen und zu praktizieren. Aber eine notwendige Voraussetzung für die Schauspielerei scheint sie mir nicht zu sein.

Das oben Gesagte halte ich für sehr wichtig, weil viele junge Schauspiellehrer, angeregt durch die Übungen und Verfahrensweisen innerhalb unseres Trainings, diese grundlegenden Unterschiede mißachtet haben. Sie haben in ihre Arbeit verschiedene Verfahrensweisen aufgenommen, die mit professionellem Schauspielen nichts zu tun haben und in keiner direkten Beziehung zu den Problemen stehen, denen der Schauspieler begegnet, die häufig sogar die Aufmerksamkeit von der eigentlichen künstlerischen

Ausführung und den auf das Theater bezogenen Problemen des Trainings ablenken. Aber gerade hierum geht es vor allem.

Manchen erscheint meine Schauspielerausbildung zu stark auf das Innere gerichtet. Diese Kritiker haben allerdings nicht verstanden, worin das fundamentale Problem des Schauspielers besteht: in seiner Fähigkeit, geistig, körperlich und emotional eine ganz bestimmte, von der Rolle im Stück geforderte Realität organisch und überzeugend zu erschaffen; und ihr so lebendig und dynamisch wie möglich Ausdruck zu verleihen. Künstlerische Betätigung ist für den Schaffenden immer ein Mittel zum Selbstausdruck, aber zur Kunst wird sie nur in dem Maße, wie sie das Erlebte auch offenbart.

Man hat der Methode zuweilen den Vorwurf gemacht, sie erzeuge für den Schauspieler neue Probleme, die es vorher nicht gegeben hat. Aber die Probleme und Schwierigkeiten waren immer da; modern sind nur die Lösungen und die neuentdeckten Methoden der Schauspielerausbildung.

Die beiden Gebiete, auf denen ich im Laufe meiner Arbeit am Actors Studio und in meinen privaten Kursen die wichtigsten Entdeckungen gemacht habe, sind das der Improvisation und das des affektiven Gedächtnisses. Mit Hilfe dieser Techniken vermag der Schauspieler den von der Rolle geforderten und ihr entsprechenden Emotionen wirklichen *Ausdruck* zu verleihen.

Als der französische Regisseur Michel Saint–Denis einmal das Actors Studio besuchte und eine Improvisation miterlebte, war er sehr überrrascht. Anscheinend wußte er nicht, daß die Improvisation schon für Stanislawski ein wichtiges Mittel gewesen war und daß wir sie auch bei Inszenierungen am Group Theatre eingesetzt hatten. Gewiß, es gibt in Stanislawskis Werk kein Kapitel über die Improvisation; aber die Etüden, die er beschreibt, waren nichts anderes als Improvisationen, und sie wurden nicht nur im Training, sondern auch im eigentlichen Inszenierungsprozeß eingesetzt. Auch Wachtangow benutzte die Etüden auf eine höchst phantasievolle Weise.

Die Improvisation gilt heute anscheinend vor allem als sprachliche Übung oder als ein Spiel, das den Schauspieler anregen soll.

Was man für Improvisation hält, ist zum großen Teil eine Übung in sprachlicher Erfindungsgabe, man denke etwa an die gute Arbeit des Second City. Zuweilen mißversteht man auch das Paraphrasieren der Worte des Autors als Improvisation. Bei beiden Ansätzen bleibt vom eigentlichen Wert der Improvisation für die Ausbildung des Schauspielers wenig übrig. Er besteht meiner Ansicht nach darin, daß die Improvisation es ihm ermöglicht, die eigenen Gefühle und die seiner Rolle zu erkunden.

Im Theater kennt man die Improvisation vor allem durch die Commedia dell'arte–Darsteller, die während des sechzehnten, siebzehnten und achtzehnten Jahrhunderts überall in Europa auftraten. Diese Theatertruppen verwendeten stereotype, durch Maske und Kostüm definierte Rollen, und hoben die Improvisation zugleich auf ein schöpferisches, lebensechtes Niveau. Ausgehend von einer knappen Skizze der Spielhandlung, die an der Seitenkulisse befestigt wurde, sollten die Schauspieler die nicht ausgeschriebenen Dialoge und Aktionen mit feststehenden, häufig in Umgangssprache gehaltenen Reden und komischen Spielroutinen ausfüllen. Dieses Verfahren erzeugte eine Natürlichkeit und Spontaneität, die wir eher der Schauspielerei des zwanzigsten Jahrhunderts zuschreiben würden. Alles, auch die vollständig auswendig gelernten Reden, erweckte den Eindruck von Spontaneität, weil der Schauspieler nie genau wußte, was sein Partner in dem vom Szenarium angedeuteten Handlungsrahmen sagen oder tun würde. Das Publikum spürte etwas von dieser neuartigen Atmosphäre, und letztlich brachte dies auch neuartige Theaterstücke und neue Inszenierungsformen hervor. Shakespeare und Molière verdanken dem Einfluß der Commedia dell'arte gewiß sehr viel: in ihren Dialogen und der Art, wie sie die Umgangssprache einsetzen, herrscht eine Freiheit und Frische, wie es sie vorher nicht gegeben hatte.

Auch zur Entwicklung einer realistischen und glaubwürdigen Rollencharakterisierung auf der Bühne leistete die Commedia dell'arte einen wichtigen Beitrag. Vieles davon ging in der Folgezeit wieder verloren und kehrte auf die Bühne erst zurück, als David Garrick und später Edmund Kean einen naturalistischen Stil wiederbelebten. Die Improvisation ist ein wesentliches Element, wenn der Schauspieler die Spontaneität entfalten soll, die notwendig ist, um bei jeder Aufführung »die Illusion des ersten Mals« zu erzeugen.

Schon Stanislawski hatte herausgefunden, daß sich ein großes Problem für das Spiel aus dem »Vorwissen« ergibt. Alles, was die Stückfigur bemerken soll, was man sie fragt und was man ihr sagt, die Geschehnisse, die sie überraschen sollen, und auch die eigenen Reaktionen darauf — das alles weiß der Schauspieler schon. Gleichgültig, wie geschickt er den Anschein erweckt, nicht zu wissen, was als nächstes auf der Bühne geschieht — sein normales Handeln auf der Bühne wird dennoch durch seine Erinnerung gesteuert, durch die sorgfältig einstudierten Worte und Bewegungen. Auch im günstigsten Falle führt dies zu einer »Andeutung« dessen, was kommen soll.

Wenn der Schauspieler zum Beispiel in seiner Rolle sagt: »Ich verstehe das nicht«, dann signalisiert er womöglich schon, daß er nicht versteht. Eine real wirkende Stückfigur, die sagt: »Ich verstehe das nicht«, würde sich in diesem Augenblick mit aller Kraft bemühen, zu begreifen, was da eben gesagt wurde. Der Schauspieler hingegen deutet vorschnell das *Resultat* an, während eine reale Gestalt noch damit beschäftigt wäre, nachzudenken und herauszufinden, was das Gesagte bedeuten könnte. Oder: der Schauspieler stellt die Frage: »Wer bist du?« und wartet nun einfach auf die Antwort. Eine reale Stückfigur wäre, während sie auf die Antwort wartet, eifrig bemüht, herauszufinden, wer der andere ist. Das Gesicht kommt ihr vielleicht bekannt vor oder völlig unbekannt, vielleicht verwechselt sie ihn mit einem anderen usw. Wenn eine real wirkende Figur sagt: »Ich weißt nicht, wohin ich gehen soll«, dann beschäftigt sie sich meist mit der Frage, wohin sie gehen könnte. Ein Schauspieler hingegen gibt einfach zu erkennen, daß er nicht weiß, wohin — ohne dieses Problem zu lösen.

Eine wirkliche Bühnengestalt lebt in ständiger Geistesgegenwart, der Prozeß des Denkens, der sinnlichen oder emotionalen Reaktionen reißt nie ab. Das geht über den vom Stückeschreiber gelieferten Wortlaut des Dialogs weit hinaus. Der größte Wert der Improvisation besteht darin, daß sie im Schauspieler einen kontinuierlichen Fluß von Reaktionen und Gedanken in Gang bringt. Viele Schauspieler glauben, daß sie auf der Bühne wirklich nachdenken. Sie bemerken nicht, daß ihr Denken ganz und gar an die einstudierten Dialogzeilen gebunden ist. Beim Training oder bei den Proben wechsele ich oft ganz bewußt die Objekte, die Partner oder andere Details aus, um den Schauspielern zu demonstrieren, wie sie nun unverändert mit dem fortfahren und das sagen, worauf sie sich vorbereitet haben. Oft kommt ein Schauspieler auf die Bühne, und weil er schon weiß, wie es ausgeht, spielt er gleich auf das Ende zu. Durch Improvisieren gelangt der Schauspieler dahin, die Szene einleuchtender und überzeugender zu spielen, nicht nur aus seinem eigenen Blickwinkel, sondern auch aus dem des Publikums.

Bei einer Sitzung am Actors Studio bat ich einmal eine Schauspielerin, an einer Demonstration teilzunehmen. Ich schlug ihr vor, sie solle sich eine Szene aus einer Inszenierung aussuchen, in der sie tatsächlich aufgetreten war und die ihr Schwierigkeiten bereitet hatte, denen sie gern auf den Grund gehen würde.

Sie wählte die Szene aus *Drei Schwestern*, in der Mascha ihren Schwestern gesteht, daß sie den Oberst liebt. Dieser Szene stellte sie eine Improvisation voran, in der sie, wie es schien, eine Tür öffnete und einen offenbar engen Raum betrat. Dann kniete sie nieder, um zu beten. Welche Bedeutung diese Improvisation für die Szene hatte, die nun folgen sollte, war unklar. Sie beendete die Improvisation und trat ab. Nun betrat sie die Szenerie, in der sie die Improvisation in eine Verbindung mit dem Stück bringen sollte. Sie ließ sich auf einem Sofa nieder und griff nach einem Kissen, mit dem sie spielte und das sie zu umarmen schien. Dann sprach sie die erste Zeile der eigentlichen Szene: »Schwestern, ich muß euch etwas gestehen. ... Ich liebe diesen Mann.« Die Realität, mit der sie diese Szene wiedergab, verblüffte durch ihre Natürlichkeit und Lebendigkeit. Ganz spontan brachte sie eine Mischung von Tränen und Lachen hervor.

Nachdem sie die Szene beendet hatte, erläuterte sie, was soeben geschehen war. Sie schilderte, was in ihr vorgegangen war, als man sie zuerst gebeten hatte, den Part zu übernehmen, und als sie den Text las. Den Entschluß, die Rolle zu übernehmen, hatte sie gefaßt, als sie auf diese Szene gestoßen war. Sie stellte ihre Entscheidung nicht weiter in Frage und wußte auch nicht, was sie dazu motiviert hatte. Bei der Aufführung selbst jedoch war sie nie mit sich zufrieden gewesen, ebensowenig wie die Kritiker und die Zuschauer.

Es fiel ihr schwer, sich an irgendein persönliches Erlebnis zu erinnern, das in einer Beziehung zu diesem speziellen Vorgang stand. Eine direkte Parallele in ihrem eigenen Leben konnte sie nicht entdecken. Sie rief sich ihre erste Reaktion bei der Lektüre des Textes ins Gedächtnis zurück und fragte sich, was sie eigentlich motiviert hatte, die Rolle zu spielen. Dann fiel ihr etwas ein, das sie vollkommen vergessen hatte. Mit sechs Jahren hatte man sie gezwungen, zur Beichte zu gehen. Sie hatte nicht viel zu beichten, aber die Nonne hatte ihr eine Geschichte erzählt, die sie tief bewegt hatte: Der liebe Gott schickte einmal den heiligen Petrus auf die Erde, um das Schönste mitzubringen, was er finden könnte. Aber der liebe Gott war nicht zufrieden mit dem, was Petrus brachte. Noch einmal wurde er losgeschickt, aber wieder gefiel das, was er mitbrachte, dem lieben Gott nicht. Als er zum dritten Mal zurückkehrte, wies er eine geschlossene Faust vor. Und als er seine Hand öffnete, lag darin ein einzelne Träne. Es war eine Träne, die ein Kind bei der Beichte vergossen hatte, und der liebe Gott akzeptierte sie als das Schönste, was Petrus ihm bringen konnte. Diese Geschichte hatte die Schauspielerin tief beeindruckt.

Nachdem sie diese Geschichte gehört hatte, versuchte sie bei der Beichte immer wieder, sich eine Träne abzuzwingen, mit wenig Erfolg. Sie legte sich Geschichten zurecht, die sie zu Tränen bewegen sollten — aber es fruchtete nichts. Sie litt darunter, daß sie nichts zu beichten hatte. Auf all dies war sie gestoßen, als sie versucht hatte, ihre Reaktion auf jene Szene zu analysieren. Unbewußt hatte diese Erinnerung sie zu dem Entschluß gebracht, die Rolle zu übernehmen. Dieses frühe Erlebnis in der Improvisation am Actors Studio wiederzubeleben und noch einmal zu durchleben, erwies sich als ausgezeichnete Vorbereitung für eine Szene, die ihr sonst sehr schwer gefallen wäre.

Die Improvisation hält nicht nur das Denken und die Reaktionen des Schauspielers in Fluß, sie hilft ihm auch, das einleuchtende Verhalten der von ihm verkörperten Gestalt herauszufinden, statt die offenkundige Bedeutung des Textes »bloß zu veranschaulichen«. Schauspieler sind häufig sehr erstaunt darüber, daß sie für Szenen großes Lob erhalten, in denen sie an irgend etwas dachten, das mit dem Stück nichts zu tun hatte.

Wie schon gesagt, es kommt weniger darauf an, was der Schauspieler denkt, als vielmehr darauf, daß er wirklich über etwas nachdenkt, das in diesem Augenblick für ihn real ist. So zu tun, als würde man über etwas nachdenken, das mit dem Stück zu tun hat, ist nicht real genug, auch wenn es vielleicht ausreicht, das Publikum zu täuschen. Das meinen wir, wenn wir das Spiel eines Darstellers zuweilen als bloße »Andeutung« bezeichnen.

Der zweite wichtige Bereich meiner Arbeit ist das affektive Gedächtnis. Boleslawski teilte, wie schon gesagt, das affektive Gedächtnis in zwei Sphären: das analytische Gedächtnis und das Gefühlsgedächtnis. Das analytische Gedächtnis wird durch Übungen mit imaginären Gegenständen trainiert und entwickelt; in unserer eigenen Arbeit bezeichnen wir diese Seite des affektiven Gedächtnisses als Wahrnehmungsgedächtnis. Den anderen Aspekt, den Boleslawski als Gefühlsgedächtnis bezeichnete, nennen wir emotionales Gedächtnis. Meine Arbeit am Actors Studio und in meinen privaten Kursen kreiste immer um das emotionale Gedächtnis als Bestandteil der Schauspielerausbildung. (Der ursprüngliche Begriff *affektives Gedächtnis* wird oft mit dem Begriff *emotionales Gedächtnis* verwechselt, aber der Begriff *emotionales Gedächtnis* bezieht sich vor allem auf die intensiveren Elemente einer emotionalen Reaktion. Stanislawski und sein Kreis nannten *affektives Gedächtnis* oft das, was wir als *emotionales Gedächtnis* bezeichnen, das Gefühlsgedächtnis. In den folgenden Erörterungen werden diese Begriffe als synonym verwendet.)

Den Begriff *affektives Gedächtnis* entlehnte Stanislawski dem Werk des französischen Psychologen Théodule Ribot *Die Psychologie der*

136

Gefühle. Dieses Buch wurde in den neunziger Jahren des 19. Jahrhunderts ins Russische übersetzt. (Ein Exemplar befindet sich in der Bibliothek Stanislawskis.) In seinem Kapitel »Das Gefühlsgedächtnis« stellte Ribot fest, es gebe zwar zahlreiche Untersuchungen über das Wesen und die Wiederbelebbarkeit visueller, akustischer, taktil–motorischer und verbaler Erinnerungsbilder, doch kaum jemand habe sich mit der Frage des emotionalen Gedächtnisses befaßt. Ähnlich wie unsere Seh– und Hörwahrnehmungen können auch unsere Gefühle und Leidenschaften Erinnerungen hinterlassen. Klar ist, daß diese Erinnerungen im wirklichen Leben durch irgendein tatsächliches Ereignis mobilisiert werden. Ribot fragte sich jedoch, ob diese »in der Vergangenheit erlebten Emotionen auch spontan oder willentlich im Bewußtsein wiederbelebt werden können, unabhängig von einem äußeren Ereignis, das sie auslöst«.

Daß es emotionale Erinnerungen gibt, war für Ribot keine Frage. Fraglich erschien ihm nur, in welchem Maße sie durch Willensanstrengung wiederbelebt werden können. Leider haben viele Kritiker die Tatsache, daß es solche emotionalen Erinnerungen gibt, mit der anderen Tatsache verwechselt, daß es den meisten Menschen schwerfällt, sie sich willentlich ins Gedächtnis zu rufen. Gerade dieses Problem war für Stanislawski von größter Bedeutung, weil es für alle Schauspielstile und –richtungen relevant war. Ribot berichtet von eigenen Forschungen, bei denen er die unterschiedlichsten Menschen gebeten hatte, emotionale Erinnerungen neu zu beleben und greifbar zu machen. In einer dieser Untersuchungen bemühte sich ein junger Mann von zwanzig Jahren, sich das Gefühl von verdrießlicher Langeweile noch einmal zu vergegenwärtigen, das er an seinem ersten Tag in der Kaserne erlebt hatte. Der junge Mann schloß die Augen und ließ seine Gedanken schweifen. Zuerst fühlte er, wie ihm ein leichter Schauer den Rükken hinunterlief, ein Gefühl von etwas Unangenehmem, das er lieber nicht noch einmal erlebt hätte. Dieses Unbehagen verband sich mit einer vagen Empfindung, die keine feste Gestalt annahm. Dann trat ihm das Bild des Kasernenhofs vor Augen, in dem er umherzugehen pflegte; an seine Stelle trat das Bild eines Schlafsaals im dritten Stock. Dann sah er sich, wie er am Fenster sitzt, hinausschaut und den ganzen Kasernenkomplex überblickt. Während dieses Bild bald verschwand, blieb eine »vage Vorstellung davon, am Fenster zu sitzen, und ein Gefühl von Druck, Mattigkeit, Ablehnung und eine Art Last auf den Schultern«. Die ganze Zeit über blieb das Gefühl von verdrießlicher Langeweile erhalten.

Ribot erklärte, ein eigentümliches Merkmal der affektiven Erinnerung sei die Langsamkeit, mit der sie sich entfalte. Ich selbst habe allerdings festgestellt, daß sich eine solche Erinnerung bei genügender Übung binnen einer Minute bewerkstelligen läßt.

Ribots Entdeckungen trugen erheblich zu Stanislawskis Verständnis der unbewußten Vorgänge bei, die während des schöpferischen Prozesses im Schauspieler ablaufen. Hieraus ergab sich die Lösung eines Problems, das man vorher nicht zu erfassen vermocht hatte: Was geschieht, wenn der Schauspieler inspiriert ist? oder worin besteht die Inspiration des Schauspielers?

Das Gedächtnis läßt sich in drei Sphären einteilen. Die erste ist das Verstandesgedächtnis, das sich leicht kontrollieren läßt. Wir versuchen zum Beispiel uns in Erinnerung zu rufen, wo wir gestern um diese Zeit waren — dazu sind die meisten Menschen imstande. Die zweite Sphäre ist das körperliche Gedächtnis, das uns lehrt, unsere Muskeln zu beherrschen. Während des Lernprozesses ist uns durchaus bewußt, was wir gerade tun, aber nachdem wir es erlernt haben, vollziehen wir die Bewegung automatisch, aus dem Gedächtnis. Mein Sohn David zum Beispiel verkündete mit fünf Jahren voller Stolz, er könne sich jetzt die Schuhe selbst binden. Fünf Jahre dauerte das Training seiner Muskeln, bis sie diese Aufgabe bewältigen konnten. Nach einiger Zeit wurde das Schuhebinden zur Gewohnheit; das Gedächtnis funktionierte automatisch. Die dritte Art von Gedächtnis ist das affektive Gedächtnis. Es besteht aus zwei Teilen: dem Wahrnehmungsgedächtnis und dem emotionalen Gedächtnis.

Das affektive Gedächtnis liefert das Ausgangsmaterial für die Wiederbelebung von Gefühlen und insofern auch für die Hervorbringung eines wirklichen Erlebnisses auf der Bühne. Der Schauspieler wiederholt von Aufführung zu Aufführung ja nicht bloß die Worte und Bewegungen, die er bei der Probe einstudiert hat, sondern auch die Gefühlserinnerungen. Und er gelangt zu diesen Emotionen durch das Verstandes– und das Empfindungsgedächtnis.

Die Psychologen sind uneins in der Frage, was die Emotion eigentlich ist. Was spielt sich da psychologisch ab? In welcher Sphäre ist eine Emotion angesiedelt? Wie werden Emotionen erregt? Wie werden sie zum Ausdruck gebracht? Viele dieser Fragen sind bis heute nicht hinreichend beantwortet worden.

Verblüffende Untersuchungen zum Vorhandensein und zur Funktionsweise des affektiven Gedächtnisses (sowohl des Wahrnehmungs– als auch des emotionalen Gedächtnisses) hat der kanadische Hirnchirurge Wilder Penfield vorgelegt. Während der chirurgischen Behandlung von Patienten, die unter epileptischen Anfällen litten, stieß er zufällig auf die Tatsache, daß die elektrische Stimulierung bestimmter Gehirnbereiche gelegentlich einen Zustand erzeugte, in dem der Patient Erlebnisse aus seiner Vergangenheit von neuem »durchlebte«. Als er im Jahre 1933 zum erstenmal auf diese »Rückblenden« aufmerksam wurde, wollte er es zunächst nicht glauben. Eine junge Mutter erklärte ihm, sie sehe plötzlich vor sich, wie sie in ihrer Küche stehe und die Stimme ihres Sohnes höre, der draußen im Hof spielt. Dabei erinnerte sie sich an jedes einzelne Element des ursprünglichen Erlebnisses: an die Geräusche aus der Nachbarschaft, die vorüberfahrenden Autos. Ein anderer Patient durchlebte eine Erfahrung in einem Konzertsaal; dabei konnte er jedes einzelne Instrument klar von den anderen unterscheiden.

Um seine Befunde zu erhärten, versuchte Penfield die Herkunft dieser Empfindungen zu erkunden. Er stimulierte die gleiche Stelle dreißigmal. Jedesmal »durchlebte« die Versuchsperson dasselbe Erlebnis. Penfield bezeichnete dieses Phänomen als »Erlebnisreaktion«. Im wirklichen Leben wird dieser Prozeß durch irgendeinen bedingenden Faktor ausgelöst. Wenn Ihnen zum Beispiel jemand erzählt, er sei einer bestimmten Person begegnet, der gegenüber Sie starke Gefühle empfinden, dann beginnt Ihr Herz zu klopfen. Sie werden feststellen, daß Sie bereits auf die bloße Erwähnung dieser Person reagieren, auch wenn sie gar nicht anwesend ist.

Intellektuelle und physische Handlungen lassen sich mit dem Willen kontrollieren, nicht jedoch die Emotionen. Man kann sich nicht vornehmen, wütend zu werden, zu hassen, zu lieben und so weiter. Umgekehrt kann man sich auch nicht vornehmen, diese Emotionen zu stoppen, wenn sie einmal in Gang gekommen sind. Auf diesem Gebiet haben Boleslawski und Madame Uspenskaja mit ihren verblüffenden Methoden den größten Beitrag zur Schauspielkunst geleistet.

Die »Inspiration«, die ich schon früh bemerkt hatte, war immer dann zustande gekommen, wenn ein großer Schauspieler unbewußt agierte und imstande war, ein aufwühlendes Erlebnis wiederzubeleben und in der Aufführung zum Ausdruck zu bringen. Ich habe von Ben–Amis Inspiration in dem Stück *John the Baptist* gesprochen. Aber diese Schauspieler waren nicht immer in der Lage, solche Erlebnisse willentlich zu reproduzieren. Die bewußte, vom Willen gesteuerte Wiederbelebung intensiver emotionaler Erfahrungen bildete das Zentrum unserer Arbeit.

Mit Hilfe von Übungen zum »emotionalen Gedächtnis« trainiert sich der Schauspieler darin, die »Inspiration« zu beherrschen. Will er ein Erlebnis wiederbeleben oder neu durchleben, so muß er sich zunächst einmal entspannen, damit es nicht zu Störungen in der Beziehung zwischen seiner geistigen Aktivität und den anderen Bereichen kommt, die zu einer Reaktion veranlaßt werden sollen. Ich habe festgestellt, daß seelische oder körperliche Anspannung oft dadurch hervorgerufen wird, daß man den Weg, auf dem die Emotion ablaufen soll, vorwegnimmt und auf diese Weise den spontanen Fluß der Empfindungen unterbricht.

Es ist nicht notwendig, noch einmal die Stunden und Tage durchzugehen, die es dauerte, bis das emotionale Ereignis sich entwickelte. Der Schauspieler setzt fünf Minuten vor dem emotionalen Ereignis ein. Der korrekte Prozeß besteht nun darin, eine Reaktion durch sinnliche Wahrnehmung auszulösen. Er versucht sich daran zu erinnern, wo er sich befand — sagen wir, in einem Hof.

Der Schauspieler darf nun aber nicht einfach in allgemeinen Vorstellungen denken. Der Hof besteht aus vielen Objekten, die er sieht, hört, berührt und so weiter, und denen er das Wort *Hof* zuweist. Nur wenn man diese Objekte in ihrer sinnlichen Konkretheit formuliert, lassen sich Emotionen stimulieren. Es genügt nicht, zu sagen: »Es ist heiß«. Der Schauspieler muß vielmehr genau bestimmen, in welchem Bereich er die spezielle Hitze, an die er sich erinnert, empfindet; der Schauspieler lokalisiert die Konzentration in diesem Bereich, nicht um eine bloße Erinnerung, sondern um die Wiederbelebung eines ganz bestimmten Augenblicks hervorzubringen. Er erinnert sich daran, wie er angezogen war: das Aussehen der Kleidung, die Art des Stoffes, wie er sich auf der Haut anfühlte. Wenn er sich das Ereignis, das die Emotion hervorbrachte, in Erinnerung zu rufen versucht, dann nicht in Form einer Geschichte mit einem Anfang und einem Ende, sondern aus den verschiedenen Sinneseindrücken heraus, die es begleiteten. Wenn eine andere Person beteiligt ist, dann muß auch sie aus dem Wahrnehmungsgedächtnis heraus neu erlebt werden.

Wenn der Schauspieler dem Augenblick der intensiven emotionalen Reaktion näher kommt, bringt sein Körper oft eine Gegenspannung hervor, um die Emotion zu stoppen; es sperrt sich etwas in uns gegen die Wiederbelebung intensiver Erlebnisse. Wenn der Schauspieler den Augenblick der höchsten Intensität erreicht, muß er imstande sein, die Konzentration seines Wahrnehmungsvermögens aufrechtzuerhalten, sonst gerät sein Wille außer Kontrolle und er wird von dem emotionalen Erlebnis fortgerissen.

Ich habe häufig erlebt, daß Leute, die zum erstenmal vor der Aufgabe stehen, die Übung zum emotionalen Gedächtnis auszuführen, große Angst empfinden — Angst, sie könnten fortgerissen werden, wie sie sich ausdrücken, und nicht imstande sein, wieder Halt zu finden. Diese Angst ist völlig natürlich, weil der Mensch hier etwas tut, woran er nicht gewöhnt ist, und alles Neue ist beängstigend. Es ist auch die Angst davor, die Kontrolle über sich selbst zu verlieren. Das eigentliche Ziel der Übung zum emotionalen Gedächtnis besteht ja darin, den emotionalen Ausdruck unter

Kontrolle zu bringen. Aus diesem Grund wird die Arbeit am emotionalen Gedächtnis von einer ausgiebigen Vorbereitungsphase eingeleitet.

Der eigentlichen Arbeit des Schauspielers — der Ausbildung seiner inneren Fertigkeiten — geht die Entwicklung seiner Entspannungs– und Konzentrationsfähigkeit voran. Das Konzentrationstraining entwickelt die Fähigkeit, die eigenen Sinne nicht nur im Umgang mit wirklichen, sondern auch mit imaginären Objekten einzusetzen. Diese Verfahrensweisen werden im nächsten Kapitel im einzelnen beschrieben.

Viele Kritiker der Methode haben Einwände dagegen erhoben, daß der Schauspieler sich das affektive Gedächtnis zunutze macht, aber diese Leute sehen und ermessen nicht, was für eine große Bedeutung das affektive Gedächtnis auch in anderen Kunstgattungen besitzt. Fast überall, wo es um künstlerisches Schaffen geht, ist das affektive Gedächtnis ein entscheidendes Element. Der einzige Unterschied besteht darin, daß andere Künstler es in der Einsamkeit ihrer häuslichen Umgebung mobilisieren, während der darstellende Künstler es vor dem Publikum zu einem bestimmten Zeitpunkt und an einem bestimmten Ort hervorbringen muß.

Dieser Beziehung zwischen affektivem Gedächtnis und Kreativität begegnet man in der Dichtung immer wieder. Die Romantik zu Beginn des 19. Jahrhunderts bezog viel von ihrer Stoßkraft aus der Erkundung und Verherrlichung der »wahren Stimme der Gefühle«. In ihrer Dichtung wie in ihren kritischen Schriften waren die englischen Romantiker bestrebt, die sinnlichen Grundlagen ihrer eigenen Kreativität aufzudecken. Wordworth schrieb in *Präludium*:

> ...denn ich hatt' ein Auge,
> Es ist die stärkste meiner Kräfte, und immerzu
> Achtete es der Abschattungen von Unterschied,
> Die versteckt liegen in allen äußeren Gestalten,
> Nah oder fern, winzig oder groß, ein Auge,
> Das vom Stein, vom Baum, vom welken Blatt,

Bis hin zum weiten Ozean und dem azurnen Himmel,
Übersät mit unzähligen, ihm verwandten Sternen,
Keine Oberfläche fand, wo seine Kraft geruht hätte.

In einem ähnlichen Gedicht preist Coleridge die Verbindung zwischen der bildlichen Vorstellungskraft und dem schöpferischen Geist:

O! Was für ein Leben ist nicht das Auge! was für ein seltsames, unergründliches Sein!
Auch für den, der gänzlich blind ist und die Flamme nicht sieht, die ihn wärmt;
Für den, der nie die schwellende Brust der Mutter erblickt;
Für den, der in seiner Freude lächelt, wie ein Kind im Schlummer lächelt;
Auch für ihn existiert es, es regt sich und rührt sich in seinem Gefängnis;
Es lebt sein eigenes Leben, »Ist es ein Geist?« so murmelt er:
»Gewiß hat es seine eigenen Gedanken, und Sehen ist nur eine Sprache.«

Sogar Byron erklärte, Wordsworth habe ihn gelehrt, wie man mit dem »geistigen Auge« einen Berg betrachten soll und die objektive Wirklichkeit dabei nicht vernachlässigt.
Die englischen Dichter der Romantik ließen sich häufig ganz direkt von sinnlichen Erfahrungen anregen: von dem, was sie sahen, was sie hörten, was sie beobachteten. Aus der Erinnerung an den schöpferischen Augenblick, als er sein berühmtes Gedicht *Die Narzissen* verfaßte, schrieb Wordworth:

Denn oft, wenn ich auf meinem Ruhbett liege,
Geistesabwesend oder nachdenklich gestimmt,
Blitzen sie auf vor meinem innren Auge ...

Wordsworth' Schilderungen sind mehr als bloße literarische Wendungen, sie sind das Ergebnis direkter Beobachtungen. Als irgend jemand seine Darstellung, daß Schafe, durch einen Nebelschleier gesehen, unnatürlich groß wirken — »seine Schafe, den Eisbären gleich« —, in Zweifel zog, da ließ sich erhärten, daß Nebel die Proportionen eines Gegenstandes tatsächlich überdehnt. Auch Wordsworth' Gespür für poetische Geräusche, das Aufbrechen des Eises, das Summen der Bienen, das Murmeln der Bäche, das Gezwitscher der Vögel — alle diese literarischen Versatzstücke entstammen einer besonders feinen akustischen Wahrnehmung.

Die beiden größten Romanschriftsteller unseres Jahrhunderts, James Joyce und Marcel Proust, verwendeten das affektive Gedächtnis auf eine besonders direkte und plastische Weise. Prousts gewaltiges Romanwerk *Auf der Suche nach der verlorenen Zeit* ist im Grunde genommen der Versuch, Erinnerungen an bestimmte Erlebnisse im Kontext sinnlicher Wahrnehmung fest-zuhalten. Der Geschmack eines Kuchens, der Geruch einer Ziga-rette, die Falte einer Pyjama–Hose, die ungewöhnliche Lage eines Körpers im Halbschlaf — alle diese in die Erinnerung zurückge-rufenen Wahrnehmungen lösten eine Flut emotionaler Erinnerun-gen aus, wie es dem Verstand an sich nie gelingen würde.

Proust beschrieb, wie schwierig es ist, die emotionale Vergangen-heit heraufzubeschwören, ein Problem, das fast jedem irgendwann einmal begegnet ist:

> Vergebens versuchen wir sie wieder heraufzubeschwören, unser Geist bemüht sich umsonst. Sie verbirgt sich außer-halb seines Machtbereichs und unerkennbar für ihn in irgendeinem stofflichen Gegenstand (oder der Empfindung, die dieser Gegenstand in uns weckt); in welchem, ahnen wir nicht.

Das folgende Zitat aus Prousts Werk schildert sehr klar und sensi-bel eine affektive Erinnerung und wie sie geweckt wird.

> Viele Jahre lang hatte von Combray ... nichts für mich exi-stiert, als meine Mutter an einem Wintertage, an dem ich durchfroren nach Hause kam, mir vorschlug, ich solle entge-

gen meiner Gewohnheit eine Tasse Tee zu mir nehmen. Ich
lehnte erst ab, besann mich dann aber, ich weiß nicht
warum, eines anderen. Sie ließ darauf eines jener dicken
ovalen Sandtörtchen holen, die man »Madeleine« nennt und
die aussehen, als habe man als Form dafür die gefächerte
Schale einer St.-Jakobs-Muschel benutzt. Gleich darauf
führte ich ... einen Löffel Tee mit dem aufgeweichten kleinen
Stück Madeleine darin an die Lippen. In der Sekunde nun,
als dieser mit dem Kuchengeschmack gemischte Schluck Tee
meinen Gaumen berührte, zuckte ich zusammen und war
wie gebannt durch etwas Ungewöhnliches, das sich in mir
vollzog...
Sobald ich den Geschmack jener Madeleine wiedererkannt
hatte, die meine Tante mir, in Lindenblütentee eingetaucht,
zu verabfolgen pflegte (obgleich ich noch immer nicht wußte
und auch erst späterhin würde ergründen können, weshalb
die Erinnerung mich so glücklich machte), trat das graue
Haus mit seiner Straßenfront, an der ihr Zimmer sich
befand, wie ein Stück Theaterdekoration zu dem kleinen
Pavillon an der Gartenseite hinzu, der für meine Eltern nach
hintenheraus angebaut worden war (also zu jenem verstüm-
melten Teilbild, das ich bislang allein vor mir gesehen hatte)
und mit dem Haus die Stadt, der Platz, auf den man mich
vor dem Mittagessen schickte, die Straßen, die ich von morgens bis abends durchmaß, die Wege, die wir gingen, wenn
schönes Wetter war.

Aber Proust gibt nicht nur eine verblüffend genaue Beschreibung
einer affektiven Erinnerung; indem er nach ihrem schöpferischen
Wert fragt und sie einer sorgfältigen Analyse unterzieht, deutet er
auch auf das Problem des Künstlers und seiner Art von Inspiration und Kreativität hin.

Und dann mit einem Male war die Erinnerung da. ... Ich
fühlte, daß sie mit dem Geschmack des Tees und des
Kuchens in Verbindung stand, aber darüber hinausging und

von ganz anderer Wesensart war. Woher kam sie mir? Was bedeutete sie? Wo konnte ich sie fassen?

Große Maler besitzen oft einen noch ausgeprägteren Sinn für sensorische und emotionale Erinnerungen. Wassily Kandinsky zum Beispiel berichtete von einer außergewöhnlichen Fähigkeit, »reale« visuelle Wahrnehmungen aus der Vergangenheit im Gedächtnis zu behalten. Schon als Knabe, so erinnerte er sich, konnte er »zu Hause aus dem Gedächtnis Bilder malen«, die er in einer Ausstellung gesehen hatte. Und bei einem Examen in Statistik war er imstande, eine ganze Seite statistischer Angaben zu zitieren, die vor seinem geistigen Auge erschien. Er konnte eine lange Straße entlanggehen und nachher die Namen aller Geschäfte aufzählen, ohne einen einzigen Fehler zu machen, denn es war so, als würde er sie noch einmal vor sich sehen.

Völlig unbewußt, nahm ich fortwährend Eindrücke auf, manchmal so intensiv und pausenlos, daß ich etwas wie einen Krampf in der Brust spürte und mir das Atmen schwer wurde. Ich war so erschöpft und vollgestopft, daß ich oft voller Neid an die Angestellten dachte, die sich nach getaner Arbeit völlig entspannen durften und konnten.

Als sich Kandinsky in seinem Schaffen immer mehr der Abstraktion zuwandte, stellte er fest, daß diese Fähigkeit abnahm.

Zuerst war ich erschreckt, aber dann begriff ich, daß die Kräfte, die dieses ständige Beobachten möglich gemacht hatten, durch meine gesteigerte Konzentrationsfähigkeit nun in eine andere Richtung gelenkt wurden und Leistungen vollbringen konnten, die mir jetzt viel nützlicher waren.

Für Kandinsky bestand der nächste Schritt darin, Bilder und Erlebnisse neu zu beleben. Er schrieb:

Alles »Tote« erbebte. Nicht nur die Sterne, der Mond, die

Wälder, die Blumen, von denen die Dichter singen, sondern auch der Zigarettenstummel im Aschenbecher, der geduldige weiße Hosenknopf, der aus einer Straßenpfütze nach oben blickt, das gefügige Stückchen Rinde, das eine Ameise mit ihren starken Kiefern zu einem unbekannten, aber wichtigen Ziel durchs Gras schleift, ein Kalenderblatt, nach dem die bewußte Hand greift, um es gewaltsam der innigen Gemeinschaft mit den übrigen Blättern des Blocks zu entreißen — alles zeigt mir sein Antlitz, sein innerstes Wesen, seine geheime Seele, die häufiger schweigsam als hörbar ist.

Kandinskys »wiederbelebte« Bilder wandelten sich in seinen Gemälden zu Bildelementen. Es ist dies ein Beispiel dafür, wie der bildende Künstler sein emotionales Erleben unter Kontrolle und dadurch auch zum Ausdruck bringen kann.
In einem Essay mit dem Titel *Hamlet* bezog sich T.S. Eliot zwar auf die Kreativität des Schriftstellers, aber was er hier sagt, gilt ebenso für die Beziehung zwischen der künstlerischen Kreativität und den praktischen Techniken des affektiven Gedächtnisses, die wir innerhalb der »Methode« verwenden:

Der einzige Weg, ein Gefühlserlebnis künstlerisch zu gestalten, besteht im Auffinden einer »gegenständlichen Entsprechung«, mit anderen Worten: einer Reihe von Gegenständen, einer Situation, einer Kette von Ereignissen, welche die Formel dieses *besonderen* Erlebnisses sein sollen, so daß, wenn die äußeren Tatsachen, die sinnlich wahrnehmbar sein müssen, gegeben sind, das Erlebnis unmittelbar hervorgerufen wird.

Der Schauspieler verwendet die »gegenständliche Entsprechung« seiner eigenen Erlebnisse als Mittel, um jene emotionalen Erlebnisse zum Ausdruck zu bringen, die er in seiner Rolle auf der Bühne zum Ausdruck bringen soll. Das affektive Gedächtnis wird auf diese Weise zum Schlüssel für den Ausdruck des Schauspielers.

Man muß sich klar machen, daß es der Künstler in allen darstellenden Künsten mit Ausnahme der Schauspielkunst mit einem Instrument zu tun hat, das außerhalb seiner selbst vorhanden ist und das er beherrschen lernt. Das Instrument, mit dem der Musiker arbeitet — das Klavier, die Geige —, bringt nicht von sich aus psychische oder emotionale Reaktionen hervor. Ungeachtet der Gefühlsverfassung, in der sich der ausführende Musiker befindet, bleibt sein Instrument stets sachlich gelassen und einsatzbereit.

Das Instrument des Schauspielers jedoch ist er selbst; er arbeitet mit denselben emotionalen Bereichen, die er auch im realen Leben einsetzt. Das Selbst, mit dem der Schauspieler der imaginären Julia gegenübertritt, ist dasselbe, dessen er sich auch in seinen persönlichsten und intimsten Erfahrungen bedient. Der Schauspieler ist Künstler und Instrument zugleich — mit anderen Worten, er ist der Geiger und die Geige. Man kann sich vorstellen, was geschähe, wenn sich die Geige oder das Klavier in das Spiel einmischen würde, wenn es sich bei dem Musiker beklagen würde, auf eine bestimmte Art und Weise wolle es nicht angeschlagen werden, auf bestimmte Noten werde es nicht mehr reagieren, und außerdem sei es ihm peinlich, mit welcher Sinnlichkeit der Instrumentalist es berühre. Aber genau solche Interaktionen zwischen dem Künstler und seinem Instrument kommen beim Auftritt eines Schauspielers zustande. Sein Körper, sein Geist, sein Denken, seine Wahrnehmungen, seine Gefühle werden von den objektiven Intentionen getrennt. Insofern ist die Methode das Verfahren, mit dem der Schauspieler die Kontrolle über sein Instrument erlangen kann, mit anderen Worten, das Verfahren, bei dem der Schauspieler sein affektives Gedächtnis einsetzen kann, um auf der Bühne eine neue Wirklichkeit zu erschaffen.

Die Früchte der Reise

Verfahren für die Schauspielerausbildung

In diesem Kapitel möchte ich die Schritte und Verfahrensweisen in der Ausbildung des Schauspielers skizzieren, die ihn an den Auftritt auf der Bühne heranführen. Es ist aber dennoch kein »Gewußt–wie«–Abschnitt. Er kann die Schulung unter geeigneter Anleitung nicht ersetzen und liefert auch keine Übungen, die der Schauspieler allein ausführen könnte.

Im allgemeinen sagt man, Schauspielen verlange Glaubwürdigkeit, Überzeugungskraft und Phantasie. Glaubwürdigkeit setzt voraus, daß man selbst an etwas glaubt; Überzeugungskraft setzt voraus, daß etwas überzeugend wirkt; Phantasie setzt voraus, daß man imstande ist, sich etwas Bestimmtes vorzustellen. Ziel der Übungen ist es, die Sensibilität des Schauspielers so zu trainieren, daß er befähigt wird, mit imaginären Objekten auf der Bühne so intensiv und lebendig umzugehen wie mit realen Objekten im Leben. Dann erlangt er die Glaubwürdigkeit, die Überzeugungskraft und die Phantasie, die notwendig sind, um auf der Bühne jene »Verlebendigung« zu erschaffen, die vom Darsteller verlangt wird. Hier liegt der Schwerpunkt meiner Arbeit.

Natürlich ist die Intensität der Verlebendigung, die Entscheidung für eine bestimmte Realität, die Vielgestaltigkeit und Intensität dieser Realität von einem Stück zum anderen unterschiedlich, je nachdem welche Forderungen der Stückeschreiber, der Regisseur oder der Schauspieler selbst erhebt.

Die Abfolge der einzelnen Schritte, die ich hier beschreiben möchte, ist nicht zufällig oder willkürlich zustande gekommen, sie ist vielmehr, auf der Grundlage von Praxis und Erfahrung, logisch aufgebaut. Sie schreitet vom Einfachen zum Komplexen fort; von Objekten, die sich in unserer unmittelbaren Umgebung befinden, zu solchen, die nur in unserer Erinnerung vorhanden sind; von äußeren, eindeutig beobachtbaren Objekten zu inneren Objekten, die sich nur mit Hilfe unserer inneren Konzentration neu erschaffen lassen. Wir gehen von einzelnen Objekten, die die Aufmerksamkeit beanspruchen, zu Verbindungen mehrerer Objekte über. So wird der Schauspieler auf die Vielfalt der Probleme vorbereitet, mit denen er es in der Szene und im Stück zu tun hat. Dann fügen wir den verschiedenen Aktionen, die der Schauspieler bisher geschaffen hat, die Worte hinzu. Würden wir uns allzu früh den Worten zuwenden, wozu man in der Schauspielerausbildung meistens tendiert, bestünde die Gefahr, daß der Vortrag des Textes zum wichtigsten Ansporn für den Schauspieler wird; und es könnte geschehen, daß das, was der Schauspieler auf der Bühne tut, zu einer bloßen Illustration des Textes gerät, statt in eine echte Beziehung zum Verhalten der Rollenfigur zu treten.[1]

Alles, womit wir uns bei diesen Übungen beschäftigen — Entspannung, Konzentration, Wahrnehmungsgedächtnis, emotionales Gedächtnis —, wurde bereits von Stanislawski definiert.

Jede Übung und jeder Trainingsabschnitt beginnt mit der Entspannung. Der Schauspieler versucht herauszufinden, welche Körperbereiche verspannt sind, und bemüht sich, einen Kontakt zu ihnen herzustellen. Diese Spannung ist nicht emotionaler Art, sie hat mit Kummer, Sorgen oder Unruhe nichts zu tun. Ein Mensch, der Kummer oder Unruhe empfindet, kann durchaus entspannt und daher auch imstande sein, mit diesen Regungen fertig zu werden. Spannung deutet auf das Vorhandensein unnötiger, überschüssiger Energie, die den Fluß der Gedanken oder Empfindungen in das angesprochene Gebiet hemmt. Es ist zwar unmöglich, den Körper von Spannung völlig frei zu machen, aber der Schauspieler muß

---

[1] Die Worte bereiten den Schauspieler darauf vor, das vom Autor verlangte Handeln auszuführen. Schon in den Tagen des Group Theatre wurden die Schauspieler am dritten Probentag ermuntert, sich aus ihren Sesseln zu erheben und ohne Rücksicht auf die Inszenierungsarbeit herumzugehen und den Körper expressiv funktionieren zu lassen, auch wenn sie das Rollenbuch dabei noch in der Hand hielten. Es wurde ihnen nicht gestattet, den Text des Stücks auswendig zu lernen. Damit hatte die Improvisation im Hinblick auf die Gefühle des Schauspielers und der Rollengestalt schon begonnen.

lernen, sie so weit zu beherrschen, daß sie die von seinem Willen ausgehenden Kommandos an den eigenen Körper nicht behindert. Die Entspannung hat eine ähnliche Funktion wie das Stimmen einer Violine oder eines Klaviers. Der Musiker mag lauter richtige Kommandos geben — wenn sein Instrument nicht richtig gestimmt ist, wird das Ergebnis unbefriedigend bleiben.

Die Tatsache, daß der Schauspieler auftritt, erzeugt an sich schon eine Spannung in ihm. Die Bühnenumgebung, die vom Auftretenden Kenntnis seines Textes, Konzentration, Bewegung und Kommunikation verlangt, setzt ihn einem spezifischen äußeren und inneren Druck aus. Sich zu entspannen lernt der Schauspieler nicht nur als Vorbereitung für einen Auftritt, sondern auch um eine Aufführung durchzustehen. Er hat es mit einem Instrument — sich selbst — zu tun, dessen Subjektivität auch dann weiter funktioniert, wenn es seinen objektiven Kommandos gehorcht. Die richtige Beherrschung der eigenen Energie ist eine Grundvoraussetzung für alles weitere.

Man kann diese Spannung mit Hilfe eines einfachen Experiments leicht wahrnehmbar machen. Versuchen Sie einen schweren Gegenstand, ein Klavier oder einen schweren Tisch anzuheben und gleichzeitig eine einfache Denkaufgabe zu lösen — etwa 75 mit 6 multiplizieren —, was normalerweise keinerlei Schwierigkeiten bereiten würde. Sie werden feststellen, daß Ihnen dies fast unmöglich ist, während Sie den schweren Gegenstand heben. Die dabei aufgewendete Energie macht es dem Gehirn schwer, die intellektuelle Aufgabe zu erfüllen. Andere Körperbereiche, die mit dem Hochheben gar nichts zu tun haben, etwa die Stimmbänder, verspannen sich ungewöhnlich stark und können nicht richtig funktionieren. Wenn Sie versuchen, ein Gedicht aufzusagen, ein Lied zu singen oder sich an etwas Bestimmtes zu erinnern, so werden sie feststellen, daß dies eine unüberwindliche Schwierigkeit ist. Man erkennt, wie Spannung den Schauspieler an der kontrollierten Betätigung seiner expressiven Fähigkeiten hindern kann.

Wenn Nerven und Muskeln angespannt sind, wird es schwierig, Gedanken, Empfindungen und Gefühle zu übermitteln und angemessen zu erleben. Oft empfindet ein Schauspieler das Gefühl, um das er sich bemüht, tatsächlich, ist aber wegen der Spannung nicht in der Lage, es zum Ausdruck zu bringen. Ich erinnere mich an einen Schauspieler, der einen Monolog aus einem Shakespeare-Stück vortrug und dessen Spiel dabei ganz äußerlich und mechanisch wirkte. Als er nachher erläuterte, was er hatte tun wollen, erschien uns das ganz unwahrscheinlich, weil wir nichts davon in seinem Auftritt wahrgenommen hatten. Wir sorgten dafür, daß er sich richtig entspannte, und ließen ihn dann, in entspanntem Zustand, den gleichen Monolog noch einmal vortragen, und plötzlich wirkte er lebendig und überzeugend. Dies ist viele Male bestätigt worden. In letzter Zeit hat man angefangen zu begreifen, welche Rolle Spannung und Entspannung beim Menschen spielen, aber ihre Bedeutung für den Schauspieler wird noch immer nicht ausreichend gewürdigt.

Um Entspannung zu erreichen, tut der Schauspieler einige einfache Schritte. Zuerst sucht er auf einem Stuhl eine Haltung, die ihm eine gewisse Bequemlichkeit bietet und seinen Körper stützt. Da sich der Schauspieler unter sehr unterschiedlichen Bedingungen entspannen können muß, wählen wir hierzu lieber einen Stuhl aus, der nicht allzu bequem ist, auf dem er aber doch einschlafen könnte, wie im Bus, im Zug oder im Flugzeug. Viele Menschen wissen buchstäblich nicht, was sie mit ihrem Körper anfangen sollen. Sie rekeln sich einfach in einem Stuhl und haben nur den *Wunsch*, sich zu entspannen. Der Schauspieler muß sich zunächst klar machen, wie er die verschiedenen Partien seines Körpers dem Stuhl anpaßt, um nicht bloß Bequemlichkeit, sondern Entspannung zu erreichen. Man kann in einer bequemen Haltung entspannt sein, man kann aber auch in einer unbequemen Haltung entspannt sein. Bequemlichkeit ist nur das, woran wir gewöhnt sind, aber man neigt dazu, sie mit Entspannung zu verwechseln.

In einem zweiten Schritt macht sich der Schauspieler daran, die verschiedenen Bereiche seines Körpers auf das Vorhandensein von Spannung zu überprüfen. Normalerweise wird er unbewegt dasitzen und annehmen, daß das Nachdenken über die Entspannung das gewünschte Resultat hervorbringt. Wir ermuntern den

Schauspieler, jeden Körperteil zu überprüfen, indem er ihn bewegt und den Muskel oder Nerv dann dazu bringt, sich zu entspannen. Ohne die tatsächliche Bewegung führt das innere Kommando des Schauspielers zu nichts. Die Muskelbewegung zielt darauf, eine Verbindung zwischen dem Gehirn und den verschiedenen Bereichen des Körpers zu knüpfen, denn später auf der Bühne muß der Körper diesem Kommando auch ohne wirkliche Bewegung gehorchen. (Ich möchte hervorheben, daß die Bewegungen, die ich beschreibe, für sich genommen nichts bewirken. Sonst würde es Tänzern und anderen, die sich körperlich viel bewegen, besonders leicht fallen, sich zu entspannen, was jedoch selten der Fall ist.)

Körperentspannung ist im allgemeinen verhältnismäßig leicht zu erreichen. Als schwieriger erweist sich die psychische Entspannung. Und in bestimmten Bereichen läßt sich die körperliche Spannung nur durch Verminderung der psychischen Spannung beseitigen. Ganz unwissenschaftlich, aber durch praktische Anwendbarkeit bestätigt, gehen wir davon aus, daß bestimmte psychische Spannungsfelder in ganz bestimmten Körperbereichen angesiedelt sind. Der erste Bereich sind die blauen Adern an den Schläfen. Das läßt sich leicht beobachten. Viele Menschen massieren sich, wenn sie Spannung empfinden, instinktiv das Gebiet der Augenbrauen und der Schläfen. Auf der Bühne kann der Schauspieler eine solche Massage nicht ausführen. Hier muß alles durch sein Gehirn gesteuert werden. Um hier Entspannung zu erreichen, braucht man nur die Energie freizugeben, man muß spüren, wie sie aus diesem Gebiet abfließt. Das klingt vielleicht schwierig, ist aber leicht zu bewerkstelligen.

Das zweite Spannungsgebiet ist die Nasenwurzel, die zu den Augenlidern führt. Dieses Gebiet ist angespannt, weil es ständig aktiv ist, auch dann, wenn es für die Augen keinen besonderen Anlaß gibt, sich umzusehen. Die Augenlider entspannen sich durch Blinzeln in regelmäßigen Abständen von selbst. Nur in Augenblicken der Verlegenheit oder der Besorgnis tritt dieser Reflex deutlicher zutage. Starke überflüssige Spannungen sammeln sich im Bereich der Augen in einem solchen Maße, daß viele

Menschen, wenn sie sich schlafen legen und die Augen schließen, das Gefühl haben, sie würden fallen, so als würde eine Last von ihrem Körper gewälzt. Um hier Entspannung zu erreichen, braucht man die Augen nur ein wenig zu schließen, genau wie beim Einschlafen, und die Energie abfließen zu lassen.

Das dritte Gebiet beginnt bei den wulstigen Muskeln zu beiden Seiten der Nase, die hinab zum Mund und zum Kinn führen. Dieser Bereich ist bei jedem Menschen ganz besonders geübt und deshalb auch ganz besonders anfällig für die Ansammlung von Spannung. Diese Muskeln sind direkt und aktiv mit dem Gehirn verbunden, vor allem mit jenem Mechanismus, durch den geistige Energie in verbalen Ausdruck übertragen wird. Der verbale Ausdruck (das Sprechen) wird beim Menschen mit der Zeit so automatisch, daß uns gar nicht bewußt ist, was wir denken, solange wir es nicht aussprechen. Spannung tritt in diesem Gebiet deshalb so häufig auf, weil es ständig bereit ist, zu reagieren, auch wenn dies gar nicht notwendig ist. Um diese Spannung zu beseitigen, verziehen wir die Muskeln absichtlich in ganz ungewohnter Weise oder lassen Muskeln und Nerven einfach absacken, so als wenn wir schlafen würden oder betrunken wären.

Das Kinn ist in besonderer Weise Spannungen ausgesetzt. Wenn wir dieses Gebiet auf Spannung hin überprüfen, erweist es sich manchmal als unmöglich, das Kinn der betreffenden Person zu entspannen. Auch wenn sie den Mund öffnet und verzieht, bleibt das Kinn doch genauso verspannt wie vorher. Oft widersetzt sich dieser Bezirk allen Versuchen, die Spannung im Gesichtsbereich freizusetzen. Eine Region, die für das Kinn oft zusätzliche Probleme schafft, ist die Zunge. Sie vollführt rasche, automatische Bewegungen, die uns überhaupt nicht bewußt werden. Hier ist es oft schwierig, mit der Spannung fertigzuwerden, aber irgendwie hilft es, wenn man mit dem Daumen von unten gegen das Kinn drückt.

Das vierte und wichtigste Gebiet psychischer und körperlicher Spannungen ist der Nacken. Die vielen Muskeln und Nerven, die durch die wulstige Partie der Schultern zum Nacken und von dort zum Schädel laufen, können einen erheblichen Spannungsstau erzeugen, der sehr schwer zu beseitigen ist. Viele Menschen klagen über diese Spannung. Wenn sie sich dann von einem Freund helfen lassen, der diese Region massiert, dann empfinden sie dabei oft einen stechenden Schmerz. Diese Muskeln sind stark genug, schwere Gewichte zu balancieren, und doch erzeugt die vergleichsweise leichte Berührung durch die Finger eines Menschen, der die Spannung ausloten und abbauen will, in ihnen einen heftigen Schmerz. Wir versuchen, dem Schauspieler zu helfen, indem wir ihn bitten, Kopf und Hals kreisen zu lassen und hin und her zu bewegen, um die verspannten Gebiete auszumachen und eine Verbindung zu ihnen herzustellen. Sobald der Betroffene die Spannungsregionen einmal lokalisiert hat, erweist es sich als ziemlich leicht, sie zur Entspannung zu bringen.

Ein weiteres für Spannung anfälliges Gebiet, das uns zuweilen begegnet und das wir im Laufe der vergangenen zwanzig Jahre verstehen gelernt haben, sind die Muskeln und Nerven im Rücken bis hinab zur Hüfte. Einigen Psychologen zufolge bewahren diese Muskeln Eindrücke von starken emotionalen, häufig dramatischen Erlebnissen. Solange diese Muskeln nicht entspannt sind, können sich die Emotionen nicht freimachen, um zum Ausdruck zu gelangen.

Während der Entspannungsübungen begegnet dem Schüler häufig eine Emotion, die aus seinem Inneren heraufgespült wird, die ihn ängstigt und seine Entspannungsbemühungen behindert. Der erste Impuls des Schauspielers geht dahin, die Emotion zu unterdrücken oder abzuwürgen. Das geschieht meist automatisch, denn es gehört zu der gesellschaftlichen Konditionierung, der wir alle unterliegen. Wir müssen uns jedoch bemühen, die Emotion zum Ausdruck kommen zu lassen. Das gelingt mittels eines einfachen Verfahrens: der Schauspieler erzeugt einen leicht und gleichmäßig schwingenden Ton in der Brust: »Ahhhhhhhhhhhhhhhh«. Durch diesen Ton wird der Emotion der Weg zum Ausdruck gebahnt. Der Schauspieler muß jedoch daran denken, währenddessen die auf Entspannung zielenden Bewegungen fortzusetzen, sonst würde der Ton nicht zur Freisetzung von Energie führen, sondern bloß zur Entlastung, und die Gewohnheit, den Gefühlsausdruck zu stören und abzuwürgen, würde noch verstärkt, statt beseitigt. Falls die oben beschriebene Prozedur die emotionale Erfahrung nicht freisetzt, sondern die Entspannung hemmt, sollte der Schauspieler einen heftigen, explosiven Laut ausstoßen, in den er alles hineinlegt: »Hah!« Das gestattet den Ausdruck dieser stärkeren Emotion.

Wer diese Übung selbst ausprobiert, wird meist feststellen, daß er den Unterschied zwischen Spannung und Entspannung eigentlich gar nicht erkennen kann. Dies gelingt nur mit Hilfe eines Lehrers, der den Schauspieler überprüft. Im Laufe der Zeit kann dann auch der Schauspieler selbst immer besser zwischen dem, was er für Entspannung hält, und wirklicher Entspannung unterscheiden. Wenn sich seine Entspannungsfähigkeit entwickelt, wird es ihm oft so vorkommen, als sei er verspannter als vorher, weil er die Spannung nun genauer wahrzunehmen imstande ist.

Keiner der Schritte in den oben beschriebenen Übungen kann funktionieren, wenn man ihn nur mechanisch ausführt. Der Schauspieler muß sich seiner gewohnten Körperhaltung wirklich bewußt werden; er muß die verschiedenen Regionen seines Körpers wirklich auf Spannung hin überprüfen; er muß die verschiedenen Körperteile wirklich getrennt und willentlich bewegen; er muß wirklich überprüfen, ob seine Entspannungsbemühungen das gewünschte Ergebnis erbringen; er muß wirklich eine Verbindung zwischen seinem Gehirn und den verschiedenen Bereichen seines Körpers knüpfen; und er muß sich zur Förderung der Entspannung auf eine der Übungen zur Lauterzeugung wirklich einlassen.

Die Spannung, die etwas ganz anderes ist als der gründlich untersuchte psychische Stress, ist oft der entscheidende Faktor, der den Schauspieler an der Ausführung seiner schauspielerischen Absichten hindert. Der Schauspieler behauptet zwar, er würde die gewünschte Realität hervorbringen, aber nichts davon ist für die Zuschauer sichtbar. Wenn man die Entspannung des Schauspielers überprüft und dabei entdeckte physische und psychische Spannungen behebt, bestätigt sich sehr oft die Ansicht des Schauspielers. Er tut tatsächlich, was er zu tun glaubt, aber die Spannung stört die Erschaffung der Realität und verhindert, daß sie anders als in den gewohnten Formen der Ausdrucksvermeidung zum Ausdruck gebracht wird.

Die Entspannung ist nur ein Vorspiel zu dem, worauf es dem Schauspieler in erster Linie ankommen muß: auf die Konzentration. Alles, was der Schauspieler tut, hat diese beiden Seiten. Entspannung steht in einem engen Zusammenhang mit der Konzentration.

Eine der wichtigsten Anforderungen an den Schauspieler betrifft seine Fähigkeit, etwas, das er schon viele Male getan hat, so zu wiederholen, daß es spontan wirkt. Etwas, das sorgfältig geprobt wurde, soll aussehen, als sei es improvisiert. Entgegen der landläufigen Ansicht, der Schauspieler tue auf der Bühne eins nach dem anderen, hat er es in Wirklichkeit mit einer ganzen Anzahl von Problemen gleichzeitig zu tun. Er muß jederzeit klar vor Augen haben, worauf sich sein Hauptaugenmerk richten muß, und außerdem muß er wissen, wie alle anderen Objekte, mit denen er sich gleichzeitig abzugeben hat, ihrer Bedeutung nach gestaffelt sind. All dies hängt von der Fähigkeit des Schauspielers ab, die eigene Konzentration zu kontrollieren, zu teilen und anzupassen. Das Talent des Schauspielers kommt nur in dem Maße zum Zuge, wie seine Konzentrationsfähigkeit trainiert ist. Die Konzentration gestattet es dem Schauspieler, sich auf die vom Stück geforderte imaginäre Realität einzulassen; deshalb ist die Konzentration der Schlüssel zu dem, was man meist ungenau als Phantasie oder Vorstellungskraft bezeichnet.

Mit Hilfe der Konzentrationsübungen soll der Schauspieler trainieren, irgendein Objekt oder eine Gruppe von Objekten zu erschaffen oder wiederzuerschaffen, die sich zu einem Ereignis zusammenfügen, welches das gewünschte, in der Aufführung benötigte Gefühl hervorruft. So wird der Schauspieler motiviert, sich in das für seine Rolle notwendige und logische Verhalten hineinzufinden.

Wenn man sich konzentrieren will, braucht man einen Gegenstand, auf den man sich konzentriert; man kann sich nicht abstrakt konzentrieren. Das bloße Vorhandensein eines Objektes regt die Konzentration nicht an. Wenn man einen Stuhl ansieht und sich zu konzentrieren versucht, geschieht gar nichts. Wenn man sich jedoch einfache Fragen stellt — Wie breit ist der Stuhl? Wie hoch ist er? Woraus ist er gemacht? und so weiter —, dann kommt auch schon eine einfache Konzentration zustande. Aber dies ist im Grunde genommen immer noch eine Art von Beobachtung. Die für das Spiel auf der Bühne notwendige Konzentration setzt die Fähigkeit voraus, etwas wiederzuerschaffen, das nicht da ist. Sie setzt nicht nur die Phantasie in Gang, sie mündet auch in jene Art von Glaubwürdigkeit oder Wahrhaftigkeit, die man oft als das wesentliche Element aller Schauspielkunst bezeichnet hat.

Wie schon gesagt, wenn wir im wirklichen Leben glauben, etwas sei wahr, dann verhalten wir uns auch so, als wäre es tatsächlich wahr. Die Aufgabe des Schauspielers besteht darin, diese Glaubwürdigkeit auf der Bühne zu erzeugen, das heißt, er muß imstande sein, die imaginären Ereignisse und Objekte des Stückes mit all den automatischen psychologischen Reaktionen zu erleben, die auch zu einem wirklichen Erlebnis gehören würden.

Das Konzentrationstraining beschäftigt sich zunächst mit der Fähigkeit des Schauspielers, Dinge wiederzuerschaffen, die ihm im täglichen Leben begegnen. Dazu prüft er einfach, in welchem Maße seine Sinne auf das jeweilige Objekt reagieren. Zuerst lernt der Schauspieler also, wie seine Sinne reagieren, wenn das Objekt vorhanden ist; dann lernt er, diese Reaktionen auch hervorzubringen, wenn das Objekt nicht vorhanden ist. Der Weg zur Konzentration führt in diesen ersten Übungen über das Wahrnehmungsgedächtnis. Die Übungen befassen sich mit imaginären Objekten. Die verschiedenen Sinne sind im Leben ungleichmäßig gut entwickelt. Manche Leute sehen besser, als sie hören; andere schmekken genauer, als sie riechen. Von diesen Gegebenheiten müssen wir auch bei unseren Übungen ausgehen. Durch diese Übungen schulen und stärken wir also auch die Sinne selbst.

Die erste Übung befaßt sich mit dem, was der Schauspieler zum Frühstück trinkt: Kaffee, Tee, Milch, Orangensaft. Zuerst übt der Schauspieler mit dem wirklichen Objekt und versucht herauszuarbeiten, auf welche Elemente er sich bezieht, wenn er sagt: »Dies ist wirklich«. Er erkundet Gewicht und äußere Beschaffenheit der Tasse oder des Glases, wie sich die Flüssigkeit im Gefäß erspüren läßt, wie ihre Temperatur durch die Wandung des Gefäßes fühlbar wird, usw. Wenn der Schauspieler die Tasse an den Mund führt, verändert sich ihr Gewicht, und das wiederum wirkt sich auf andere Bereiche des Armes aus. Er erkundet den Duft und die Temperatur des Getränks und schließlich seinen Geschmack. Dann absolviert der Schauspieler die Übung ohne das Objekt.

Die meisten, die aufgefordert werden, diese Übung auszuführen, erheben beim ersten Mal den Einwand, daß sie an so etwas gar nicht denken, wenn sie etwas trinken. Sie sind nicht in der Lage, die Übung auszuführen, außer indem sie rein physisch nachahmen, wie sie mit dem Objekt umzugehen pflegen. Damit geben wir uns natürlich nicht zufrieden. In Wirklichkeit stimmt es auch gar nicht, daß wir nicht nachdenken, wenn wir eine solche leichte Aufgabe ausführen. Es dauert drei oder vier Jahre, bis ein Kind seine Muskeln so trainiert hat, daß es die Tasse an die Lippen bringt, ohne etwas zu verschütten. An kleinen Kindern kann man beobachten, wie die Tasse fast überallhin gelangt, bloß nicht zum Mund. Wenn diese Aufgabe jedoch einmal bewältigt ist, wird sie zur Gewohnheit. Vorgänge, die zunächst große Aufmerksamkeit und Bewußtheit verlangten, werden später automatisiert, und der Mensch glaubt, die frühere Bewußtheit würde sich verlieren. Aber die Veränderung irgendeines Moments innerhalb des Erlebnisses — eine plötzliche Temperaturveränderung zum Beispiel — mobilisiert sofort die Aufmerksamkeit des Betreffenden.

Wie gesagt, der Schauspieler neigt zu Beginn dieser Übung dazu, die eigenen Körperaktionen zu imitieren. Wenn er zum Beispiel beginnt, die Tasse an den Mund zu führen, tut er dies in derselben Zeitspanne, in der es auch normalerweise geschieht. Wenn der Schauspieler jedoch die sinnliche Gegenwart des Objekts erzeugen will, dann muß er für den Vorgang des Tasse–an–den–Mund-Führens eine ganz andere Zeitspanne wählen. Sie hängt davon ab, wie seine Sinne funktionieren. Auch andere Lernvorgänge folgen der gleichen Logik. Wenn jemand einen Text liest, dann liest er sehr rasch, aber wenn er ihn auswendig lernt, hält er inne und beginnt von neuem, verlangsamt und versucht, sich zu erinnern, je nachdem, wie gut sein Gedächtnis tatsächlich funktioniert. Die Fähigkeit, das automatische Funktionieren von Nerven und Muskeln zu unterbrechen, um die Gegenwart eines Objektes im eigenen Inneren hervorzubringen, statt sie dem Zuschauer nur vorzuspielen, ist ein wichtiges Moment, wenn es darum geht, Realität zu erschaffen, statt bloß zu imitieren.

Interessanterweise betrifft diese allererste Übung alle Sinne — Tastsinn, Geschmack, Sehvermögen, Gehör und Riechvermögen —, und keineswegs bloß einen. Aber sie bleibt die einfachste Übung, weil sich die Konzentration hier nur auf einen einzigen Gegenstand richtet. Der eine Sinn mag stärker, der andere weniger stark mitangesprochen sein. Aber erst wenn die Sinne von verschiedenen Objekten, die nichts miteinander zu tun haben, stimuliert werden, wird die Übung komplexer und stellt höhere Anforderungen an die Konzentration des Schauspielers.

Die zweite Konzentrationsübung besteht darin, daß der Schauspieler in den Spiegel sieht — die Frauen, während sie sich kämmen und Make-up auflegen, die Männer, während sie sich rasieren. Zuerst probt der Schauspieler diese Übung zu Hause, während er die Aufgabe selbst ausführt. Danach versucht er, die Wirklichkeit ohne die dazugehörigen Objekte zu wiederholen. Es kommt hier nicht so sehr darauf an, die Art nachzuahmen, in der er diese alltäglichen Verrichtungen ausführt, sondern darauf, daß er die Fähigkeit entwickelt, die Objekte, die an der Bewältigung der Aufgabe beteiligt sind, mit Hilfe des Wahrnehmungsgedächtnisses neu zu erschaffen.

Der Grund dafür, diese Übung als zweite auszuwählen, besteht darin, daß sie nicht nur die Sinne schult, sondern uns auch etwas über den Schauspieler oder die Schauspielerin sagt. Man stellt fest, daß manche Menschen kein Gefühl für sich selbst haben. Einige sind gar nicht imstande, sich im Spiegel zu betrachten; andere reagieren sehr subjektiv und auf eine sehr ungewöhnliche Weise, wenn sie sich im Spiegel erblicken. Diese Übung vermittelt uns einen gewissen Einblick in den Menschen, mit dem wir es zu tun haben, und erlaubt uns, die Reihenfolge der Übungen entsprechend abzuwandeln. Einen subjektiven Schauspieler werden wir nun nicht zu noch mehr Subjektivität ermuntern; andererseits kann man bei dem Schauspieler, dem es schwer fällt, eine Beziehung zu sich selbst herzustellen, das Bewußtsein für die eigene Ausstrahlung fördern.

Wir üben und wiederholen diese beiden Übungen nicht so lange, bis sie vollkommen beherrscht werden. Man sollte den Schauspieler nicht dazu ermuntern, sich ständig herauszufordern. Im Laufe seiner Ausbildung wird er zu diesen Übungen zurückkehren, aber in der Zwischenzeit ist es nötig, daß er sich mit all seinen Sinnen beschäftigt, statt bei einem einzigen zu verweilen. Der gleiche Gedanke liegt auch dem Training im Sport zugrunde. Kein Werfer im Baseball beginnt sein Training damit, daß er Bälle wirft, um zu sehen, wie kräftig sein Wurf ist. Kein Fußballspieler geht gleich daran, die Talente zu testen, die seine Spezialität ausmachen. Im Gegenteil, sie machen Lockerungs- und Bewegungsübungen, laufen, treiben Gymnastik, und dann erst beginnen sie mit ihrer Spezialität. Leider drängen zu viele Lehrer den Schauspieler, unmittelbare Ergebnisse zu erbringen, statt ihm Zeit zu lassen, seine verschiedenen Fähigkeiten zu trainieren und in Form zu kommen.

Wenn der Schauspieler auf die ersten beiden Übungen nicht zufriedenstellend reagiert und behauptet, er habe keinerlei Empfindungen, ist es nach meinen Erfahrungen nützlich, Übungen einzusetzen, bei denen er zwischen Muskel- und Wahrnehmungsrealität differenzieren lernt. Der Schauspieler wird aufgefordert, etwas ganz Einfaches zu tun, etwa Schuhe und Strümpfe an- und auszuziehen. Das ist eine alltägliche Verrichtung. Wir wissen, daß der Schauspieler imstande ist, sie auch dann auszuführen, wenn er über etwas anderes spricht oder nachdenkt. Diese Übung ist auch deshalb so nützlich, weil er täglich an ihr arbeiten kann. Manchmal bitten wir den Schauspieler auch, an der sinnlichen Wahrnehmung beim Aus- und Anziehen von Unterwäsche zu arbeiten, weil diese Objekte Bereichen nahe sind, die bei Männern wie bei Frauen sehr sensibel sind. Diese Übungen sind geeignet, intensive sensorische Reaktionen anzuregen.

Wenn der Schauspieler auch dann noch Schwierigkeiten hat, schlage ich vor, mit drei Objekten aus Materialien von unterschiedlicher Oberflächenbeschaffenheit zu arbeiten, etwa Seide, Pelz und Wolle. Der Schauspieler beschäftigt sich dabei nicht mit dem ganzen Objekt, sondern nur mit dessen Oberflächenbeschaffenheit. Er berührt es, wirft es in die Luft, um ein Gefühl für sein Gewicht zu bekommen, berührt damit verschiedene Partien seines Körpers — Gesicht, Hals, Arm usw. —, also Körperteile, die für gewöhnlich nicht mit diesen Objekten in Kontakt kommen. Er entdeckt dann meist, daß sein Muskelverhalten gegenüber den drei Objekten gleich bleibt, während das sinnliche Erlebnis jedes Mal ein ganz anderes ist. Das hilft ihm, zwischen der Abfolge der Muskelbewegungen, die meist imitativ und gewohnheitsbestimmt ist, und der sensorischen Reaktion zu unterscheiden, die wir zu wecken versuchen.

Wenn immer noch Schwierigkeiten vorhanden sind, schlage ich oft vor, der Schüler solle in der Schauspielklasse mit einem wirklichen Objekt, zum Beispiel mit einem Hut oder einem Kissen, arbeiten; er soll es dabei in ein völlig anderes Objekt verwandeln, zum Beispiel in ein Kind, einen Hund oder eine Puppe. Das Vorhandensein eines realen Objekts hilft dem Schauspieler, seine Konzentration auf einen bestimmten Punkt zu richten, und das Vorhandensein einer realen Empfindung hilft ihm, die gewünschte imaginäre Empfindung zu stimulieren oder anzudeuten. (Diese Übung wurde bereits von Wachtangow empfohlen.)

Falls der Schauspieler dann immer noch Schwierigkeiten hat, was auf dieser Stufe ziemlich selten der Fall ist, befassen wir uns mit dem, was wir als persönliches Objekt bezeichnen. Im Grunde genommen unterscheidet es sich nicht von irgendeinem anderen Objekt, aber es muß für den Schauspieler irgendeine persönliche Bedeutung haben. Um den Schauspieler zu ermuntern, eine persönliche Beziehung zu dem Objekt herzustellen, liefern wir ihm eine völlig übertriebene Schilderung dieses Objekts: es stamme von jemandem, der ihm nahestand und nun gestorben ist; von jemandem, den er liebte und mit dem er gebrochen hat; von jemandem, der sich das Leben genommen hat. Natürlich besitzen nur wenige Menschen Gegenstände mit so starken Bindungskräften, aber es vermittelt dem Schauspieler jenes Gefühl für die Besonderheit des Objekts, das wir anstreben. Wenn der Schauspieler versucht, dieses Objekt neu zu erschaffen, geht er mit ihm nicht anders um als mit irgendeinem anderen Objekt. Er bemüht sich nicht, seine besondere Bedeutung oder die mit ihm verbundene emotionale Reaktion zu erfassen. Da das Objekt jedoch über eine »eingebaute« persönliche Erfahrung verfügt, wird es unweigerlich auch eine Reaktion auslösen — vielleicht nicht beim ersten Mal, oft aber beim zweiten oder dritten Mal.

Nach der zweiten Übung (in den Spiegel sehen) wenden wir uns einer Übung zu, in der Muskelbewegungen keine Rolle spielen. Der Schauspieler arbeitet mit dem Sonnenschein. Er darf dabei nicht die Haltung oder die Verhaltensweisen imitieren, die er einnehmen würde, wenn er sich wirklich in der Sonne aufhielte; er darf sich zum Beispiel nicht recken oder auf dem Boden ausstrekken. Statt dessen sitzt er auf einem Stuhl, stellt sich vor, wo sich die Sonne befand, als er diese Übung unter der realen Sonne ausführte, und versucht nun, wiederzubeleben, was er dabei in seinem Körper spürte. Außerdem wird er dazu ermuntert, speziell den Körperbereich, mit dem er sich auf die Sonne konzentriert, zu bewegen. Die Bewegung stimuliert diesen Bereich des Körpers, auf den Befehl aus dem Gehirn zu reagieren. Gleichzeitig entspannt der Schauspieler die anderen Körperbereiche, die im Augenblick an der Konzentration nicht beteiligt sind. Auf diese Weise bereitet er sich darauf vor, die Empfindung von Sonnenschein wirklich hervorzubringen. Aber indem er seinen Körper unter Kontrolle hält, ist er imstande, auch Dinge zu tun, die mit der Entspannung nichts zu tun haben; er trainiert, eine Kontrolle auszuüben, wie sie dann von der Handlung eines Stücks verlangt werden könnte.

Die nun folgenden Übungen prüfen nicht bloß das Vorhandensein, sondern auch die Intensität des Wahrnehmungsgedächtnisses. Wir überprüfen die Intensität der Reaktion des Schauspielers mit Hilfe von Übungen, in denen es um heftigen Schmerz geht. Hier hat es der Schauspieler erstmals mit einem Objekt zu tun, mit dem er nicht direkt umgehen kann; er muß sich vielmehr auf die Erinnerung an eine bestimmte Empfindung stützen. Der Schmerz, den sich der Schauspieler für seine Arbeit aussucht, sollte keine allgemeine, den gesamten Körper betreffende Empfindung sein, er sollte vielmehr in einem ganz bestimmten Bereich angesiedelt sein, so daß die Konzentration weiß, wohin sie sich richten soll.

Die ursprüngliche Reaktion des Schauspielers auf die Empfindung sollte heftig gewesen sein. Wenn er imstande ist, sie neu hervorzubringen, dann können wir davon ausgehen, daß seine Reaktion die gleiche Intensität besitzt. Viele Schauspieler sind anfangs geradezu erschrocken über die Intensität der von ihnen imaginierten Realität. Eigentlich haben sie im Hinterkopf immer noch die Vorstellung, die imaginäre Realität sei nicht existent und nur von einem Abbild der Wirklichkeit hervorgebracht. Jetzt aber wird ihnen klar, welche Kraft die Phantasie in Wirklichkeit besitzt. Der neuerschaffene Schmerz bricht mit einer Stärke durch, wie sie es nie für möglich gehalten hätten. Zum erstenmal kommt ihnen zu Bewußtsein, daß Schauspielen kein bloßes So–tun–als–ob ist; die Vorstellungskraft des Schauspielers kann nicht nur eine Vorstellung von einem Erlebnis vermitteln, sie kann das Erlebnis als solches neu hervorbringen, was den Schauspieler wiederum von seiner eigenen Präsenz und Realität überzeugt und ihn dadurch nötigt, an das, was er tut, auch zu glauben.

In anderen Übungen versuchen wir, die Intensität des Wahrnehmungsgedächtnisses noch tiefer zu erkunden. Bei der Übung mit dem scharfen Geschmack bitten wir den Schauspieler, mit einem wirklichen Objekt, zum Beispiel mit einer Zitrone oder mit etwas Essig zu arbeiten. Wenn er zu Hause mit dem wirklichen Objekt arbeitet, kann er überprüfen, in welchem Maße das Wahrnehmungsgedächtnis funktioniert. Später beschäftigt er sich dann mit einem beißenden Geruch, einem lauten Knall usw.

Dann wendet sich der Schauspieler einer Übung zu, in der es um Gesamtempfindungen geht. Gesamtempfindungen werden nicht lokal, sondern mit dem gesamten Körper wahrgenommen. Meistens beginnen wir mit Übungen, in denen es darum geht, ein Bad zu nehmen, dann folgt die Dusche, ein Dampfbad oder eine Sauna (und bei Leuten, die dieses letztere nicht kennen, ein kalter Wind). Im Regen zu stehen oder durch den Regen zu gehen ist für viele Menschen eine ganz eigentümliche Empfindung. Diese Übungen können anscheinend ganz erheblich dazu beitragen, die volle Reaktionsfähigkeit des Schauspielers zu mobilisieren.

Diese Übungen zur Gesamtempfindung haben einen doppelten Wert. Zum einen schulen sie die Sinne und die mit ihnen verbundenen spezifischen Empfindungsweisen. Zum anderen tragen sie, wie ich festgestellt habe, dazu bei, beim Einzelnen Blockierungen in bestimmten Bereichen aufzulösen, die womöglich unzugänglich oder gehemmt sind. Man muß dabei gar nicht wissen, wo die Blockierung angesiedelt ist, und nicht einmal, daß sie wirklich vorhanden ist. Wir haben festgestellt, daß fast alle Menschen gewisse Bereiche von Hemmung, Befangenheit oder Verlegenheit aufweisen, die es ihnen schwer machen, auf der Bühne etwas so rund und vollständig zum Ausdruck zu bringen, wie sie es innerlich erleben.

Den meisten Schauspielern, die die Übung zur Gesamtempfindung ausführen, fällt es schwer, das Erlebnis vollständig wiedererstehen zu lassen. Da stehen sie unter einer Dusche und denken nach; oder sie nehmen ein Bad, liegen einfach da und versuchen, das Bild und die Vorstellung von einem Bad in sich wachzurufen. Unter diesen Bedingungen erreicht der Schauspieler vielleicht die innere Konzentration und mobilisiert auch die Erinnerung an das wirkliche Erlebnis; aber er gelangt nicht zu der Empfindung, die er erarbeiten will. Um das Erlebnis selbst wiedererstehen zu lassen, darf man es nicht als eine blockhafte Erfahrungseinheit auffassen; vielmehr muß jeder Körperbereich versuchen, die spezifische Empfindung hervorzubringen, mit der er beispielsweise auf Wasser reagiert.

Eine Dusche wird von den verschiedenen Teilen des Körpers jeweils gesondert und unterschiedlich wahrgenommen. Jeder Körperbereich vermag eigenständige Reaktionen hervorzubringen. Wenn man sich einer Frau nähert, die man nicht kennt, und sie an der Schulter berührt, wird sie sich wahrscheinlich umdrehen und sagen: »Ja bitte?« Wenn man jedoch ihren Hintern berührt, wird sie völlig anders reagieren. Es ist derselbe Körper und dieselbe Person, aber die Reaktionen sind unterschiedlich.

Obgleich Teil einer Ganzheit, ist jeder Körperbereich zu eigenständigen Reaktionen imstande — das gilt im Alltag und deshalb auch für die Übung zur Gesamtempfindung. Oft stellt der Schauspieler hier eine Beziehung zu einem Bereich her, der blockiert ist, ohne daß ihm dies bewußt war. Dies ist kein Grund zur Beunruhigung. Es deutet nur darauf hin, daß etwas zurückgehalten wird, und das, was in einem Bereich zurückgehalten wird, blockiert auch alle anderen. Ohne daß es notwendig wäre, zu analysieren und zu theoretisieren, vermag der Schauspieler, indem er die Empfindungsfähigkeit in diesem Bereich mobilisiert, bestimmte unbewußte Hemmungen zu überwinden und unzugängliche Empfindungen zu erschließen. Deshalb stoßen wir bei dieser Übung oft auf starke Emotionen.

Wenn wir ihre Blockierung aufheben, geraten eine ganze Menge Empfindungen in Bewegung und münden nach und nach in eine volle, lebendige Expressivität. Alle Schauspieler wünschen sich das, aber für die meisten ist es, außer auf einer eher äußerlichen Ebene, schwer zu erreichen.

Die Gesamtempfindungen, die ich beschrieben habe, führen oft zu einem starken Gefühl von Entblößung. Der Grund hierfür mag darin liegen, daß beim Duscherlebnis das Element der Nacktheit ins Spiel kommt. Bei den meisten Menschen löst dies starke Hemmungsreaktionen aus. Am Ende dieser Übung überprüfe ich meist, wie weit der Schauspieler selbst an das glaubt, was er hervorbringt. Ich sage dann: »Also gut, jetzt steh bitte langsam auf, die Übung ist noch nicht zu Ende, mach noch weiter; dreh dich um und sieh mich an.« Unweigerlich wendet sich der Schauspieler zu mir um und kann mir nicht ins Gesicht sehen, obwohl die Übung in Kleidern ausgeführt wird. Er lacht oder errötet oder wird verlegen, oft, ohne mir den Grund hierfür nennen zu können. Wenn ich nachfrage, räumt er meist ein, es liege daran, daß er sich nackt vorkomme. Auch dies ist ein Beweis dafür, wie groß die Reichweite der Vorstellungskraft ist. Schließlich weiß er ja, daß er angezogen ist; aber die imaginäre Realität, die er hervorgebracht hat, besitzt die gleiche Kraft oder Intensität, als wenn sie faktische Realität wäre.

In einigen Fällen kommt es zu einer anderen Reaktion. Wenn der Schauspieler sich mir zuwendet und mich ansieht, geschieht nicht viel. Ein bißchen Verlegenheit, aber eigentlich scheint es ihm nicht viel auszumachen, meinem Blick ausgesetzt zu sein. Manche Schauspieler mögen das sehr. Es gefällt ihnen, sich vor anderen Menschen nackt zu fühlen; darin kommt ihr Verlangen nach dem, was wir »Liebe« nennen, zum Ausdruck — nicht im buchstäblichen Sinne, sondern als der Wunsch, eine Hand auszustrecken, Teil von etwas anderem zu sein. Das ist nicht bloß sexuell; sie wollen Kontakt zu anderen Menschen, und es fällt ihnen schwer, solchen Kontakt herzustellen. Deshalb sind sie scheu. Wenn ich sie auf diesen Wunsch nach Kontakt aufmerksam mache und andeute, daß ihnen die mit dieser Übung verbundene Selbstpreisgabe irgendwie zu gefallen scheint, antworten sie: »Oh, ja.« Es ist, als würde in ihnen etwas freigesetzt, als würde hier die Äußerung einer Empfindung zugelassen, die bei vielen Menschen sehr stark ist, zumeist aber verschlossen bleibt und jetzt mitgeteilt werden kann.

Der therapeutische Wert der Kunst im allgemeinen und der Schauspielkunst im besonderen beruht zum Teil auch darauf, daß es hier möglich ist, Erlebnisse und Emotionen mitzuteilen, die sonst verschlossen und blockiert sind und nicht ausgedrückt werden könnten, außer eben unter den kontrollierten Bedingungen der Kunst. Man darf dies nicht mit Exhibitionismus verwechseln.

Bis zu diesem Punkt hatte der Schauspieler Gelegenheit, seine sensorische Grundausstattung, eingeschlossen die kinetischen Sinne, zu schulen. Im weiteren Verlauf seines Lebens kann er sich immer wieder mit den unterschiedlichsten Objekten außereinandersetzen, die in einer Beziehung zum Funktionieren der Sinnesorgane stehen. Der Schauspieler hat es auf der Bühne aber niemals nur mit *einem* Problem zu tun. Er muß stets eine ganze Anzahl von Problemen gleichzeitig im Auge behalten und in der Lage sein, mit ihnen umzugehen.

Einige Kritiker der »Methode« bezweifeln, daß der Schauspieler tatsächlich imstande ist, eine Rolle wahrhaft und vollständig zu »durchleben«. Sie fragen, wie es ihm möglich sein soll, die Rollengestalt zu sein und an das, was sie tut, zu glauben, und *gleichzeitig* allen anderen Anforderungen des Stücks gerecht zu werden — den Text im Gedächtnis zu behalten, die Anweisungen des Regisseurs zu befolgen usw. Aber genau dazu ist der Schauspieler imstande, und damit gelangen wir in die zweite Phase der Schulung des Schauspielers, wo es darum geht, mehrere Übungen gleichzeitig zu bewältigen.

Bisher hat der Schauspieler daran gearbeitet, die oben beschriebene Gesamtempfindung hervorzubringen. Jetzt fügen wir ein Objekt hinzu. Hier verwende ich im allgemeinen das persönliche Objekt. Man könnte auch jedes andere verwenden, aber da das persönliche Objekt stärkere Gefühlsreaktionen auslöst, ist es an dieser Stelle besonders geeignet. Der Schauspieler bringt die Gesamtempfindung hervor und erhält sie aufrecht; gleichzeitig erschafft er ein imaginäres persönliches Objekt. An diesem Punkt ist es dem Schauspieler gestattet, Laute von sich zu geben (»Ahhh« oder »Hah!«), lang oder kurz, gleichmäßig und gelassen oder laut und explosiv, je nachdem, wie intensiv die Reaktion ist, die nach Ausdruck sucht.

Nun fügen wir bewußt gesteuerte stimmliche Äußerungen hinzu, meist ein Lied, das mit oder ohne Worte gesungen oder gesummt werden kann. Die Worte können auch unabhängig von der Melodie verwendet werden. Das Ziel besteht nicht darin, den Klang im gewohnten Rhythmus und in der gewohnten Tonalität hervorzubringen, sondern darin, ihm durch die Realität, die der Schauspieler hervorbringt, eine bestimmte Färbung zu verleihen. Auch wenn er es sich nicht bewußt macht, neigt der Schauspieler dazu, das Lied so zu singen, wie man es gewohntermaßen erwartet. Wir versuchen an diesem Punkt nun, genau das Gegenteil zu tun. Dabei kann sich der Schauspieler erstmals auf ein Problem vorbereiten, das bei tatsächlichen Inszenierungen dann noch wichtiger wird.

Nehmen wir an, der Schauspieler spielt den Hamlet in einer Inszenierung, die auf einer neuen, originellen Interpretation des Stücks beruht. Der Regisseur besteht darauf, daß Hamlet, während er den Monolog »Sein oder Nichtsein« spricht, betrunken ist und dabei hysterisch lacht, als hielte er das alles für einen Witz. Der Schauspieler muß nun gegen die unbewußte Neigung ankämpfen, den Monolog in jenem leisen, bedächtigen, durchgeistigten Ton zu halten, den man im allgemeinen mit ihm assoziiert. Auch wenn er die Trunkenheit und das Gelächter hervorzubringen vermag, wird ihn der »Zungenmuskel« (um Stanislawskis Ausdruck zu verwenden) jedes Mal in die Bahnen des gewohnten Vortrags zurückziehen. Schon in dieser frühen Ausbildungsphase bereiten wir den Schauspieler darauf vor, gegen konventionelle Sprechmuster anzukämpfen. Ziel ist, den Schauspieler darin zu schulen, seine unwillkürlichen Vortragsgewohnheiten unter Kontrolle zu bringen und den Worten jede beliebige Bedeutung zu verleihen, die sich aus dem Erleben oder Verhalten des Schauspielers ergibt. So kann der Schauspieler zu Ergebnissen gelangen, die er selbst vielleicht gar nicht vorhergesehen hat und mit denen er vielleicht auch gar nicht einverstanden ist.

Die Übungen gewinnen an Komplexität, wenn noch weitere Probleme hinzugefügt werden. Über die Gesamtempfindung, das persönliche Objekt und die Betätigung der Stimme hinaus, wird der Schauspieler nun etwa aufgefordert, körperliche Verrichtungen zu erschaffen, die Teil eines alltäglichen Geschehens sind: Anziehen, Gesichtwaschen, Zähneputzen, Kämmen, Frühstückzubereiten und so weiter. Hier gilt es, die logische Reihenfolge dieser Verrichtungen zu beachten. Der Schauspieler hat es weiterhin mit den Anforderungen seiner eigenen Kreativität zu tun und beachtet gleichzeitig eine notwendige körperliche Logik. Alle diese zusätzlichen Elemente verlangen natürlich eine volle sensorische Realität und nicht bloß muskuläre Imitation.

An diesem Punkt des Trainings fügen wir meist einen Monolog hinzu, etwa den schon erwähnten aus *Hamlet*. Der Schauspieler trägt diesen Monolog nun nicht mit der Bedeutung vor, die er im unmittelbaren Kontext des Stückes vielleicht besäße; er läßt statt dessen zu, daß der Monolog von den Empfindungen, an denen er gerade arbeitet, geprägt und gefärbt wird. Vielleicht wird er in einer Sauna von jemandem vorgetragen, der sich gerade mit irgendeinem persönlichen Objekt auseinandersetzt, von jemandem, der gleichzeitig schläfrig ist oder gerade aufsteht usw. Die Worte gewinnen dann völlig neue Bedeutungen und Dimensionen, wie sie auch von der Interpretation eines eigenwilligen Regisseurs verlangt werden könnten.

Nachdem der Schauspieler diese Übung zufriedenstellend ausgeführt hat, prüfen wir seine Fähigkeit, auf Anweisungen einzugehen. Wir bitten ihn, das, was er bisher getan hat, fortzuführen, aber eine völlig neue Anpassung (zum Beispiel Schmerz) hinzuzufügen und die gleiche Sequenz noch einmal zu spielen. Er muß nun dafür sorgen, daß sich die Worte diesem zusätzlichen Element anpassen. Hier stehen wir nun nicht mehr allein vor dem Problem, überhaupt Realität zu erschaffen, es kommt nun das Problem hinzu, diese Realität auf unterschiedliche Weisen zum Ausdruck zu bringen. Das bereitet den Schauspieler auf alle möglichen Anforderungen vor, die bei Proben und Inszenierungen an ihn gestellt werden können. Oft wird er mit diesen Anforderungen nicht einverstanden sein, und trotzdem muß er imstande sein, ihnen vollkommen gerecht zu werden.

An diesem Punkt fange ich an, den Schauspieler zu ermuntern, über sein alltägliches, zwangloses Verhalten hinauszugehen und seiner Expressivität eine Tiefe und Lebendigkeit zu gestatten, auf die er sich selten einläßt, außer in dem Augenblick, den ich als den privaten Moment bezeichne.

Nachdem mir klar geworden war, daß das Verhalten des Schauspielers auf der Bühne oft durch die Ausdrucksgewohnheiten eingeengt ist, die er im Leben entwickelt hat, suchte ich nach anderen Möglichkeiten, um die Expressivität des Schauspielers zu stärken. Auf den Gedanken zu einer Reihe von Übungen brachte mich eine Formulierung, mit der Stanislawski beschrieb, daß der Schauspieler in der Lage sein müsse, auf der Bühne die notwendige Privatheit zu erzeugen, um seine Konzentration zu stimulieren — »öffentliche Einsamkeit« lautet das Stichwort. Es war mir schon des öfteren begegnet, aber ich hatte ihm über die Notwendigkeit

der Konzentration hinaus keine weitere Bedeutung beigemessen.
Als ich jedoch irgendwann wieder einmal darauf stieß, fiel mir ein,
daß die meisten Menschen Verhaltensweisen besitzen, die sie nur
einsetzen, wenn sie in ihrer privaten Sphäre für sich sind, denen
sie jedoch in der Öffentlichkeit nicht freien Lauf lassen würden.
Mitte der fünfziger Jahre begann ich, die Übung »Der private
Moment« zu entwickeln.[2]

Vielen Menschen, vor allem Frauen, fällt es schwer, eine Melodie
vorzutragen. Sie singen nie, außer wenn sie für sich sind, und sie
hören damit auf, sobald jemand ihre Privatheit stört, ganz gleichgültig, wie nahe ihnen dieser Jemand steht. Auf die Frage, was sie
gerade tun, antworten sie dann meist: »Nichts.« Dies ist ein Beispiel für einen einfachen, aber sehr realen privaten Augenblick.
Menschen reden mit sich selbst, wenn sie für sich sind; sie reden
auch mit anderen, wenn sie für sich sind. Sie sind nicht verrückt,
aber in ihnen steckt etwas, das sie nicht zu äußern vermocht
haben, und das tun sie nun in der Privatheit. Viele Menschen
tanzen und bewegen sich sehr lebhaft, aber nur, wenn sie für sich
sind.

Man darf dieses private Für–sich–sein nicht mit Alleinsein verwechseln. Man kann allein sein und doch nicht für sich. Man
kann sogar für sich sein, wenn man gar nicht allein ist. Aber unter
solchen Bedingungen wäre die Expressivität doch gehemmt, und
deshalb hat dies als Übung keinen Wert für uns. Ein privater
Moment wird nicht durch das charakterisiert, was geschieht, sondern durch das spezifische Gefühl von Privatheit, das er für den
Schauspieler besitzt, der ihm Ausdruck verleiht. Für den Beobachter scheint der private Moment daher oft gar nichts Privates
an sich zu haben. Nicht das Handeln als solches ist privat; es ist
vielmehr seine Bedeutung für den einzelnen, die es zu etwas Priva-

---

[2] Diese Bezeichnung wird leider oft mißverstanden, weil das Wort *privat* für manche
Leute irgendwie anzüglich klingt. Eines Tages rief ein Psychologe in meinem Büro an
und fragte, ob er sich einmal »einen dieser privaten, obszönen Augenblicke« ansehen
könne. *Privat* bedeutete für ihn etwas Verwerfliches, Sexuelles. Gewiß gehören auch
solche Dinge zum privaten Verhalten, aber die Übung selbst hat damit überhaupt
nichts zu tun.

tem macht. Die Aufgabe, einen privaten Moment vor einem Publikum darzustellen — wenn der Schauspieler genau weiß, daß er beobachtet wird —, wird daher zu einem wertvollen Trainingsinstrument.

Der private Moment läßt sich auf eine sehr einfache Weise hervorbringen. Der Schauspieler wählt eine bestimmte Verhaltensweise aus seinem Alltag, die er nur einsetzt, wenn er für sich ist, und sonst nie. Dieses Verhalten kommt ihm selbst so eigenartig vor, daß er sofort innehält, wenn er durch das Erscheinen eines anderen gestört wird. Wenn man ihn danach fragt, bestreitet er, daß sich irgend etwas Besonderes zugetragen hat. Der Schauspieler, der an dieser Übung arbeitet, soll, wie bei den anderen Übungen auch, nicht versuchen, den privaten Moment zu wiederholen oder zu imitieren. Sobald er mit Hilfe von Wiederholung oder Imitation auf ein im voraus festgelegtes Resultat zusteuert, wird die Aufmerksamkeit, die er dem Publikum zuwendet, nur größer. Eine Funktion dieser Übung besteht aber auch darin, daß sie den Schauspieler in die Lage versetzen soll, diese Rücksicht auf das Publikum hintanzustellen und sich voll und ohne Verlegenheit auf das Erlebnis einzulassen, das er gerade hervorbringt.

Der Schauspieler beginnt damit, den Ort, die Umgebung, den Raum zu schaffen, in dem sich das private Verhalten normalerweise abspielt. Dann fügt er die Bedingungen hinzu, die dieses Verhalten motivieren; zum Beispiel, er ist gezwungen, sich die Frage zu stellen, ob er als Schauspieler weiterarbeiten soll; oder seine äußere Erscheinung macht ihm infolge irgendeiner Beleidigung Kummer. Der Schauspieler imitiert jetzt nicht, was er zuvor gedacht oder getan hat. Er versucht, die Übung wirklich zu vollziehen, indem er auf die ursprüngliche Motivation zurückgreift. Wenn ihm das schwerfällt, versucht er noch einmal, den Ort zu schaffen, wo sich das Verhalten abspielte. Wenn er sich nicht motiviert fühlt, sich so zu verhalten, wie er es ursprünglich getan hat, dann kommt nichts dabei heraus. Wäre er privat für sich, dann wäre das anders. Er ist also offenbar nicht privat genug. Deshalb verstärkt er seine Aufmerksamkeit durch Konzentration auf den Ort der Privatheit und die zugehörigen Elemente. Seine

Konzentration und der Grad, in dem er sich auf das Erlebnis einläßt, müssen zunehmen. Es fällt ihm dann zusehends leichter, in der Öffentlichkeit einsam zu sein.

Bei der Entwicklung dieser Übung gelangte ich zu ganz unerwarteten Erkenntnissen. Ich hatte Selbstgespräche, ohne ihren Realitätsgehalt zu berücksichtigen, immer nur für einen theatralischen Kunstgriff gehalten, was sie ja unter technischem Gesichtspunkt auch sind. Ich war jedoch sehr verblüfft, als ich erkannte, wie viele Menschen im wirklichen Leben Selbstgespräche führen; wie oft sie sich auf imaginäre Konfrontationen mit anderen Menschen einlassen, und zwar mit einer Hingabe und Lebhaftigkeit, die sie »in Wirklichkeit«, in der Anwesenheit anderer, nicht aufbringen könnten. Zu dem Wert, den diese Übung ohnehin für den Schauspieler besitzt, kommt also noch hinzu, daß sie ihm überaus nützlich sein kann, wo es darum geht, Szenen zu spielen, in denen Selbstgespräche vorkommen — nicht nur bei Shakespeare und den Klassikern, sondern auch etwa bei Tschechow. In *Onkel Wanja* zum Beispiel kehrt Sonja, nachdem Astrow gegangen ist, in das Zimmer zurück. Und jetzt schildert sie nicht nur ihre überschwengliche Freude, sondern auch die Besorgnis über ihr Aussehen und darüber, was die Leute von ihr denken.

Als ebenso hilfreich erweist sich die Übung »Der private Moment« bei der Arbeit an bestimmten Opernszenen, die ja im Grunde genommen oft auch nichts anderes als Selbstgespräche sind — zum Beispiel die berühmte Szene in *Der Rosenkavalier*, in der sich die Gräfin im Spiegel betrachtet und über die Verheerungen der Zeit nachgrübelt; oder die letzte Szene in *La Traviata*, als Violetta sich im Spiegel prüfend anblickt und ihre ganze Verzweiflung, ihre Hoffnungslosigkeit und ihr Verlangen zum Ausdruck bringt. In solchen Szenen sieht man meist dramatische Kunstgriffe. In Wirklichkeit aber sind sie wahrhafte Offenbarungen menschlicher Ereignisse, die sich im Privaten abspielen. Der private Moment hat uns gelehrt, daß das Verhalten der Menschen in der privaten Sphäre nicht nur expressiver und lebhafter, sondern auch viel dramatischer ist, als man es sich je hätte vorstellen können.

Der private Moment ist für mich kein Schlußpunkt. Er wird vielmehr zum Ausgangspunkt für andere Übungen, an denen der Schauspieler bereits gearbeitet hat. Der Schauspieler schafft den privaten Moment und erhält ihn aufrecht, während er nun andere Elemente, die mit ihm nichts zu tun haben, hinzufügt: die Gesamtempfindung, ein persönliches Objekt, Alltagsverrichtungen, einen Monolog, ein Lied und so weiter. Ich lasse den Schauspieler dies jedoch erst tun, wenn er imstande ist, den privaten Moment mit ausreichender Überzeugungskraft und Hingabe zu schaffen. Dies ist eine Übung, an der der Schauspieler so lange arbeitet, bis er sie beherrscht. Die Übung selbst dauert meist eine Stunde, so daß der Schauspieler in die Lage versetzt wird, sie so lange durchzustehen, wie ein langer Akt auf der Bühne oder eine normale Einstellung bei Filmdreharbeiten dauert.

Zu diesem Zeitpunkt nehme ich dann meist die Tierübung hinzu. Sie hilft dem Schauspieler bei der Annäherung an eine Rolle den Unterschied zwischen sich und der von ihm verkörperten Gestalt zu erkennen. Diese Übung trainiert den Schauspieler, indem sie ihn zwingt, sich mit dem Verhalten der von ihm verkörperten Gestalt zu befassen, statt sich auf die eigenen Gefühle zu verlassen. Bei Personen, die eine starke subjektive Ader haben und deren Emotionen zu einem statischen Verhalten führen, benutzen wir diese Übung schon früher, um sie von ihren eigenen subjektiven Gefühlen abzubringen und ihre psychischen und körperlichen Fähigkeiten zu stärken.

Der besondere Wert der Tierübung besteht darin, daß sie zu einer physischen Rollencharakterisierung führt. Die Übung verlangt außer der reinen Beobachtung kein sinnliches Erleben. Sie verlangt keine innere Konzentration auf das eigene Selbst. Der Schauspieler beobachtet ein bestimmtes Tier, um herauszufinden und sich genau einzuprägen, wie dieses Tier sich bewegt. Dann versucht er, diese Bewegungen ganz objektiv nachzuahmen. Bald bemerkt er, daß diese Nachahmung in den verschiedenen Körperbereichen eine ganz andere Art von Energie erfordert, als er selbst besitzt. Der Mensch kann bestimmte Körperpartien bewegen, die das Tier nicht bewegen kann. Um beispielsweise die Pfote nachzu-

ahmen, bewegt der Schauspieler einfach seinen Arm; das Tier
jedoch verfügt in diesem Bereich nicht über unabhängige Energie.
Es kann nicht einmal seine Pfoten erheben und stehen, wie es ein
Mensch ohne Schwierigkeit zu tun vermag, wenn er das Tier
nachahmt.

Zunächst bemerkt der Schauspieler die rein physischen Unterschiede zwischen sich und dem Tier, dann erschafft er diese
Unterschiede durch die Beherrschung der eigenen physischen
Energien. Anfangs also keinerlei Emotion und keinerlei Empfindung. Deshalb hält sich der Schauspieler zunächst an die objektive Beobachtung und wird nach und nach fähig, die entsprechenden Körperpartien zu beherrschen, einzugrenzen und sie zu veranlassen, das zu tun, was das Tier tut. Er lernt, mit dem eigenen
Körper die physischen Energien des Tiers zu wiederholen und ein
Gefühl für das physische Leben des Tieres aufzubauen — Kraft
und Stärke des Löwen, die Schläfrigkeit der Katze, die merkwürdige Art, in der der Affe beobachtet, was der Mensch treibt usw.
So lernt der Schauspieler auf der physischen Ebene, wie das Tier
zu handeln und es nachzuahmen, wobei die physische Aktivität
auch ein sinnliches Element enthält. An diesem Punkt nun richtet
der Schauspieler das Tier auf, er stellt es auf zwei Beine, wobei er
die Energien, die das Tier besitzt, beibehält. Auch wenn der
Schauspieler nie beobachtet hat, wie sich das Tier aufrichtet, versucht er zu erschaffen, wie es dies tun würde. Der Schauspieler
verwendet die Laute des Tieres und fügt den Tierlauten oft auch
gesprochene Worte hinzu. Dieser Prozeß wird fortgesetzt, bis wir
einen Menschen mit Tiereigenschaften vor uns haben. So wird er
zu einem Rollencharakter. Wenn man zum Beispiel einen Schim-
pansen nimmt, ihn auf zwei Beine stellt und eine Rollenfigur aus
ihm macht, ist er kein Schimpanse mehr. Er wird zu einer Figur,
die mit menschlicher Stimme und menschlicher Intonation
spricht, aber die Merkmale des Tieres besitzt. Das hilft dem
Schauspieler, einen bestimmten Menschentypus — einen Charakter — hervorzubringen, der nicht er selbst ist. Die Übung führt
zur physischen Charakterdarstellung bei der Aufführung.

Manche Schauspieler scheuen die Tierübung. Es scheint, als hätten sie Angst davor, ein Tier zu werden. Wie sich zeigt, ist dies aber nichts anderes als ein Kampf mit den eigenen Verhaltensgewohnheiten. Die Forderung, Tierverhalten darzustellen, den Körper Dinge tun zu lassen, an die er nicht gewöhnt ist, ruft einen Konflikt mit den Gewohnheiten des Schauspielers hervor, der tatsächlich in eine Angst vor der Reaktion mündet.

Eine Übung, die der Schauspieler schon in einer frühen Phase seiner Ausbildung kennenlernt, ist die Übung zum emotionalen Gedächtnis. Zunächst ermuntern wird ihn, sie spielerisch einzusetzen, ohne direkte und intensive Resultate zu verlangen. Diese Übung ist von zentraler Bedeutung für viele der großartigsten Augenblicke in einer Theateraufführung. An diesem Punkt innerhalb der Arbeit, falls ich es vorher noch nicht getan habe, überprüfe ich nun diese Übung, um sicherzustellen, daß sie richtig ausgeführt wird.

Bei der Übung zum emotionalen Gedächtnis wird der Schauspieler gebeten, ein Erlebnis aus seiner Vergangenheit wiedererstehen zu lassen, das ihn tief bewegt hat. Das Erlebnis soll wenigstens sieben Jahre zurückliegen. Ich bitte den Schüler, das Eindringlichste zu wählen, was ihm je widerfahren ist, gleichgültig, ob es Wut, Angst oder Erregung in ihm auslöste. Der Schüler versucht nun, die Empfindungen und Emotionen der Situation in ihrer ganzen Wahrnehmungsbreite neu zu erschaffen. Er muß die Umstände schaffen, die zu dem Erlebnis führten: wo er sich aufhielt, wer bei ihm war, wie er gekleidet war, was er gerade tat, und so weiter.

Ich sage dem Schauspieler: »Such dir kein Erlebnis aus, das noch frisch ist; auch das würde funktionieren. Aber je älter das Erlebnis, desto besser. Wenn es funktioniert, dann bleibt es dir für den Rest deines Lebens erhalten. Etwas Neueres würde jetzt vielleicht funktionieren, aber in zwei Jahren nicht mehr. Die Tatsache, daß etwas schon einmal funktioniert hat, daß es sich so lange gehalten hat und dann wieder aufgegriffen werden kann, bedeutet, daß es für immer da ist.«

Der Schauspieler beginnt mit der Übung. Er erzählt mir nicht die Geschichte. Um Gefühle und Emotionen soll er sich nicht kümmern, sondern nur um die Objekte in seiner Wahrnehmung — das, was er sieht, hört, berührt, schmeckt, riecht und was er kinetisch wahrnimmt. Der Schüler soll mir nicht sagen: »Ich bin in einem Zimmer.« Er soll mir seine Empfindungen schildern, wenn er mit Hilfe des Wahrnehmungsgedächtnisses versucht, sie noch einmal heraufzuholen, genauso als würde er eine Konzentrationsübung machen.

Manche Schauspiellehrer mißbrauchen diese Übung. Sie wollen die Geschichten erfahren. Das will ich nicht. Je weniger der Schauspieler mir erzählt, desto besser. Ich spreche mit dem Schüler nur, wenn ich das Gefühl habe, daß er auf Schwierigkeiten stößt, oder wenn ich prüfen will, wo seine Konzentration ist.

Hier folgt ein Beispiel, wie wir bei der Übung zum emotionalen Gedächtnis vorgehen. Es geht auf eine Tonbandaufzeichnung zurück, die während einer Sitzung in einem meiner Kurs angefertigt wurde. Am Anfang sagt die Schauspielerin: »Es ist kalt.« Wir gehen nun weiter und sehen zu, ob sie diese Empfindung in verschiedenen Körperteilen lokalisieren kann — am Haaransatz usw. Dann erklärt die Schauspielerin, sie spüre an bestimmten Stellen eine bestimmte Art von Kälte.

»Nun gut«, sage ich zu ihr, »nimm jede Stelle für sich und sieh zu, ob du dich an die Art von Kälte erinnern kannst, die dort war. Und sieh zu, ob du, mit dem Gedächtnis, etwas von dieser Kälte zurückholen kannst. Und mach dir nichts daraus, wenn nichts passiert; versuche es einfach. Mach dir keine Sorgen, wenn du nicht schwimmen kannst. Bewege einfach die Arme; du wirst nicht untergehen.«

Im weiteren Verlauf der Übung bitte ich die Schauspielerin, sich zu erinnern, welche Kleider sie trug, an den Stoff usw., um noch mehr Details heraufzuholen. Die Schauspielerin erinnert sich daran, daß sich der Stoff in den Händen kalt anfühlte.

Nach und nach läßt die Schauspielerin immer mehr Details wiedererstehen: das knirschende Geräusch auf dem Boden; später dann ein vager Duft in der Luft; noch später eine Stimme, »leise wie ein Echo«. Während der Klang der Stimme lauter wird, beginnt sie zu schluchzen.

»Einen Moment! Einen Moment!« wimmert sie, während die Emotion aufbricht.

Indem sie die Einzelheiten der ursprünglichen emotionalen Erinnerung wiedererstehen ließ, brachte die Schauspielerin die ursprüngliche Emotion selbst wieder hervor. (Man beachte, daß wir nicht nach der Geschichte der ursprünglichen Erinnerung gefragt haben — nur nach den Einzelheiten, die dazu beitrugen, sie hervorzubringen.) Es macht nichts aus, daß der Schauspielerin die Worte verloren gegangen sind, um zu beschreiben, was sie empfindet: auf der Bühne gibt der Stückeschreiber ihr die Worte. Aber die Schauspielerin hat an eine Emotion gerührt, die sie nun willentlich immer wieder erschaffen kann.

An diesem Punkt breche ich die Übung ab:

»Gut. Haben wir den Höhepunkt der Szene berührt? Das haben wir. Okay, das genügt. So weit. Sieh mich an. Mach die Augen auf. Möchtest du ein Taschentuch?«

Ich vergesse immer wieder, daß wir bei diesen Übungen Kleenextücher brauchen.

Die Schauspielerin erlebte hier die vollständige Wiedererschaffung eines intensiven emotionalen Erlebnisses. In dem Maße, wie sie fähig ist, dieses Erlebnis neu zu schaffen und zum Ausdruck zu bringen, entwickelt sie auch die Fähigkeit, den Ausdruck ihrer Emotionen auf der Bühne zu kontrollieren.

In seiner letzten Schaffensphase bemühte sich Stanislawski verstärkt, die Realität und die Emotion des Schauspielers durch eine einfache, zwanglose Methode zu stimulieren. Stanislawskis zutreffende Feststellung, Emotion lasse sich nicht unmittelbar erzwingen, führte bedauerlicherweise zu der irrigen Schlußfolgerung, sie lasse sich deshalb auch nicht stimulieren. Stanislawski ist nie von der Forderung abgerückt, daß der Schauspieler imstande sein müsse, eine Rolle zu »durchleben«. Wegen der Schwierigkeiten, auf die er stieß, hoffte er jedoch, den Schauspieler, der in emotionaler Reaktion bereits trainiert war, mit Hilfe psychophysischer Handlungen zu stimulieren.

Ich bin bei der Anwendung der Übung zum emotionalen Gedächtnis nicht auf Schwierigkeiten gestoßen und habe für ihren

Einsatz einige spezifische Verfahrensweisen entwickelt. Wie sie verwendet werden kann, habe ich auf internationalen Seminaren vorgeführt, die in Paris, in Deutschland am Schauspielhaus Bochum und in Argentinien veranstaltet wurden. Jedesmal waren die Beobachter verblüfft, wie rasch und leicht sich die Übung ausführen ließ und mit welcher Leichtigkeit der Schauspieler von einer Emotion zur anderen übergehen konnte. Sie schien den Schauspieler erstmals in die Lage zu versetzen, jenen Forderungen nach innerer Präzision und Bestimmtheit gerecht zu werden, die Gordon Craig aufstellte, als er erklärte, der Schauspieler müsse eine »Übermarionette« werden. Durch richtige Anwendung des emotionalen Gedächtnisses erwirbt der Schauspieler eine außerordentliche Geschicklichkeit und Flexibilität für die Bühne.

Großen Wert für die Herstellung der Verbindung zwischen Impuls und Ausdruck, die dann zu voller, intensiver Expressivität führt, besitzt eine Übung, die ich »Gesang und Tanz« nenne. Ich entdeckte sie Mitte der fünfziger Jahre. Neben meiner Arbeit als Regisseur und am Actors Studio leitete ich private Kurse in einem Studio an der Carnegie Hall. Unter den Teilnehmern waren einige Sänger und Tänzer, die schauspielen lernen wollten. Das Musical war in den vierziger Jahren mit *Oklahoma!* von Richard Rogers und Oscar Hammerstein II. zu einer eigenständigen Gattung geworden. (Vorangegangen war die Produktion des Group Theatre von *Johnny Johnson* mit Texten von Paul Green und der Musik von Kurt Weill.) Jetzt wollten sich die Sänger und Tänzer auf neue dramatische Aufgaben vorbereiten, die ihnen von Musicals wie *West Side Story* und *Fiddler on the Roof* gestellt wurden.

Da Sänger und Tänzer ganz bestimmten rhythmischen und körperlichen Mustern folgen müssen, die sie in ihrem schauspielerischen Tun beengen können, suchte ich nach ein paar einfachen Übungen, die ihnen helfen sollten, die gewohnten Sprech– und Bewegungsmuster zu durchbrechen. Der Tänzer beispielsweise muß sich an die vorgeschriebene Tanzform halten, der Schauspieler hingegen muß in der Lage sein, sich innerhalb dieser Form so zu bewegen, wie es die Rolle und die Situation erfordern. Um den

Schauspieler dorthin zu bringen, entwickelte ich die Übung »Gesang und Tanz«.

Bei dieser Übung wird der Schauspieler aufgefordert, etwas zu tun, was scheinbar ganz einfach ist und dennoch seiner Ausbildung und seinen Gewohnheiten zuwiderläuft. Zunächst bitte ich den Schauspieler, sich einfach vor uns auf die Bühne zu stellen und die Leute anzusehen — nichts spielen, einfach nur entspannt dastehen. Bei den ersten Versuchen stellte ich fest, daß die Schauspieler sofort eine bestimmte Pose einnahmen. Sie stellten die Füße weiter auseinander, als nötig war, um sich ein Gefühl von Sicherheit zu verschaffen. Ich nannte das die »Atlas–Stellung«. Mir kam es so vor, als würde der Schauspieler alle Kümmernisse dieser Welt und nicht nur die eigenen tragen. Wenn ich danach fragte, räumten die Schauspieler meist ein, daß sie unbewußt mit Schwierigkeiten rechneten. Daraufhin veränderten sie ihre Stellung, rückten die Füße eng zusammen. Aber auch das ist keine normale, entspannte Haltung. Ich nannte sie die »Militär–Stellung«. Sie besagt: »Ich werde tun, was du willst, nicht das, was ich will. Ich habe keinen eigenen Willen. Ich gehorche dir.«

Ich sage zu dem Schauspieler: »Nein, so auch nicht. Es soll nicht ›militärisch‹ sein, und als ›Atlas‹ möchte ich dich auch nicht sehen. Ich möchte, daß du du selbst bist, daß du dich aufrechthältst, daß du gerade und ungezwungen dastehst und ohne allzu viel Mühe, ohne überflüssige Kraftanstrengung das findest, was man die eigene Mitte nennen könnte, und daß deine Beine einfach aus dem Körper herauskommen, um dich zu stützen, einfach um dich zu halten, ohne unnötigen Kraftaufwand — stelle dich nicht auf bevorstehende Schwierigkeiten ein, du brauchst die Füße nicht in den Boden zu rammen, wie es ein Fußballspieler tut, damit ihn nichts umwerfen kann.«

In der zweiten Übung bitte ich den Schauspieler, er möge sich ein Lied aussuchen und versuchen, es anders zu singen, als er gewohnt ist. Statt das Lied kontinuierlich zu singen, soll er zum Zweck der Übung jede Silbe in jedem Wort für sich singen und dabei jeder Silbe mit einem kräftig schwingenden Ton, der gleichwohl die Melodie beibehält, gleichen Wert geben. Dies soll zeigen, daß er — bloß als Übung der eigenen Willenskraft — das Lied auf eine völlig ungewohnte Weise singen kann. Nehmen wir an, der Schauspieler sucht sich ein einfaches Lied wie *Happy Birthday* aus. Statt es nun auf die übliche Weise zu singen, beginnt er: »Hap—py—birth—day...«

»Nein«, sage ich, »so nicht, nimm jede Silbe und gib ihr eine volle Betonung — ›Haaaaaaaaaaaaaaaaaaaaaaap‹. Laß dir Zeit: überprüfe, ohne dich zu bewegen, daß du entspannt bist; prüfe das mit dem Gehirn. Hole tief Luft, und dann das gleiche mit ›py‹: ›pyyyyyyyyyyyyyyyyy‹. Laß dich darauf ein, bring den Ton hervor. Dann: ›Birrrrrrrrrrrrrrrrrth‹. Es gibt keinen besonderen Grund dafür, daß jeder Ton gleich ist, es soll einfach zeigen, daß dich die Abfolge der Melodie nicht ermüdet, daß du sie vielmehr unter Kontrolle hast.«

Nun geschieht folgendes: der Schauspieler beginnt — »Haaaaaaaaaaaaaaaap–py« — und macht weiter, bis ihm die Luft ausgeht. Er kann nicht mehr aufhören. Ich sage: »Nein, nein. Zunächst einmal sollst du dich nicht bewegen. Bringe jeden Ton voll und für sich allein; hole zwischendurch tief Luft und zeige damit, daß du deine Fähigkeiten unter Kontrolle hast.«

Jetzt bemerkt der Schauspieler, daß er, ohne daß es ihm bewußt gewesen wäre, dem Sog der Gewohnheit nachgegeben hat. Die Übung zur Willenskraft kann dem Schauspieler helfen, seine Aufgabe zu erfüllen. Diese Einsicht ist ihm sehr nützlich.

Als ich diese Übung zuerst ausführen ließ, stellte ich fest, daß dabei seltsame Dinge geschahen, die mit der Übung scheinbar nichts zu tun hatten. Der Schauspieler stand da, bereit, anzufangen; ich sagte: »Fang an.« Und nun begannen manche Leute zu weinen, andere begannen zu lachen. Ich verstand nicht, warum. Ich hatte sie nicht gebeten, zu agieren. Es war nichts Besonderes zu tun, nur diese einfache Übung der Willenskraft. Wenn aber diese Verhaltensweisen nicht zustande kamen und der Schauspieler sich anschickte, die Übung zu absolvieren, stellte ich fest, daß er unwillkürliche nervöse Bewegungen machte — plötzlich regten sich zum Beispiel die Finger seiner Hand. Das war nicht besonders falsch, aber ich sagte dem Schauspieler: »Deine Finger bewegen sich.« Darauf er: »Nein.« — »Du merkst nicht, daß sich deine Finger bewegen?« — »Nein.« Es geschah, ohne daß es ihm bewußt war.

Das brachte mich auf den Gedanken, daß ich hier eine Entdeckung von zusätzlichem Wert gemacht hatte: sie betraf die Grundeinstellung des Schauspielers, wenn er dem Publikum gegenübersteht. Gleichgültig, was der Schauspieler auf der Bühne zu tun beabsichtigt — das Publikum beschäftigt ihn stets mehr als das, was er dort tun soll. In dieser speziellen Übung nun gab es, wie ich feststellte, für den Schauspieler keinerlei imaginäre Wirklichkeit, hinter der er sich hätte verstecken können; nichts konnte seine Aufmerksamkeit vom Publikum ablenken. Die Stellung, die er einnahm, umfaßte alle heimlichen Ängste gegenüber dem Publikum. Zum erstenmal wurde mir klar, daß der Schauspieler auch dann Lampenfieber empfinden kann, wenn er gar nicht agieren soll. Die bloße Tatsache, vor einem Publikum zu stehen, bringt im Schauspieler viele Dinge in Gang, auch wenn er nur eine scheinbar ganz einfache Aufgabe erfüllen soll.

Es mußte eine Möglichkeit geben, wie der Schauspieler in dieser Situation seinen Willen beherrschen konnte. Ich sagte ihm, er möge darauf achten, was in ihm vor sich gehe. Oft schien er zu zittern, obgleich ich es nicht sehen konnte. Zuweilen erkannte ich, daß irgendeine Emotion vorhanden war, die sich schwer bestimmen ließ und die dem Schauspieler nicht bewußt zu sein schien. Ich bat ihn dann, herauszufinden, um was für eine Emotion es sich handelte. Wenn ihm dies schwerfalle, solle er sich fragen: Ist es Angst? Ist es Verlegenheit? Ist es Wut? Ist es Enttäuschung? Ist es Liebe? (nicht im wörtlichen Sinne, sondern im Sinne Freuds: nicht der Wunsch, zu umarmen, sondern umarmt zu werden). Und dann sagte ich dem Schauspieler, er solle die Emotion einfach in den Klang des Liedes einfließen lassen.

Anschließend fügte ich eine einfache Übung hinzu, ein Seitenstück zu der »Gesangsübung«. Wieder nimmt der Schauspieler eine zwanglose Stellung ein; dann gibt er sich selbst das Kommando, sich irgendwie zu bewegen, ohne im voraus zu wissen, was er tun wird. Die meisten Schauspieler, vor allem die Tänzer, setzen regelmäßig zu Tanzbewegungen an. Unbewußt stützen sie sich auf ihre Gewohnheiten; es fällt ihnen schwer, sich auf etwas anderes einzulassen als das, woran sie gewöhnt sind. Ich ermuntere den Schauspieler dann, sich ein Kommando zu irgendeiner Bewegung zu geben. Der Schauspieler beginnt nun mit einer Beuge — er beugt sich zum Boden herab und kommt wieder hoch. Dann fällt er in irgendeine körperliche Geste, ohne im voraus eine Vorstellung davon zu haben, was daraus werden soll. Dann bitte ich ihn, diese beliebige Geste zu wiederholen. Die zeitliche Unterbrechung, die sich aus der Wiederholung ergibt, erzeugt einen Rhythmus. Der Schauspieler soll nun sowohl die Bewegung als auch den Rhythmus wiederholen, um zu beweisen, daß er spontan sein kann, wie es der Schauspieler auf der Bühne sein muß, und gleichzeitig das zu wiederholen vermag, was er spontan hervorgebracht hat.

Tänzer scheinen ganz besondere Probleme mit der Stimme zu haben. Die Anspannung der Körpermuskeln scheint die Stimmbänder oft zu hemmen und zu verspannen. Ich bitte den Schauspieler dann, während er die Bewegungen der soeben beschriebenen Übung ausführt, die Melodie des Liedes einzusetzen. Aber die Melodie soll jetzt anders sein als bei den früheren Übungen; sie soll jetzt hart und explosiv sein. Dies geschieht, um die Stimme von den durch die physische Anstrengung im übrigen Körper verursachten unnötigen Spannungen zu befreien. Für den Schauspieler ist die Hauptsache, daß er sich auf den körperlichen Rhythmus einläßt und sich nicht darum kümmert, was er als nächstes tun wird. Der Schauspieler braucht gar nicht zu wissen, was er tun wird. Er sagt zu sich: »Bewege dich« — und jede beliebige Bewegung ist willkommen. Je weniger sie mit Tanzbewegungen zu tun hat, desto besser. Dann bewegt er sich noch einmal. So erzeugt der Schauspieler einen Rhythmus.

Wenn der Schauspieler das Gefühl hat, daß er sich auf die physische Energie eingelassen hat, stößt er den Laut hervor, die erste Silbe des Wortes *happy*: »hap«, nicht »haaaaaaaaaaaaaaap«. Letzteres würde bedeuten, daß er sich zwar eingelassen hat, daß sich aber die Energie seiner Stimme mit dem Rhythmus seines Körpers verbunden hat und daß der Schauspieler seine stimmlichen Mittel nicht unter Kontrolle hat. Er tut einfach das, was der körperliche Rhythmus vorschreibt. Auf der Bühne muß sich der Schauspieler oft rasch bewegen und doch langsam sprechen, oder, was noch wichtiger ist, sich langsam bewegen und rasch sprechen. Obwohl ich diese »Gesang und Tanz«–Übungen für die Sänger und Tänzer in meinen Kursen entwickelt hatte, verwendete ich sie bald auch mit Schauspielern. Sie bilden eine Serie einfacher Übungen, die den Schauspieler schulen, seine Sprechgewohnheit zu durchbrechen, und seine Fähigkeit erweitern, die eigene Expressivität zu beherrschen.

Eine junge Dame, die mit Unterbrechungen eine Zeitlang an meinen Kursen teilgenommen hatte und wirklich bei der Sache war, machte gleichwohl keine rechten Fortschritte. Ich konnte sehen, daß sie alles richtig machte — bei der Konzentration usw. —, aber irgendwie zeigte sich nichts, es gab keine Reaktion. Sie gehörte zu den Ersten, die die Übung »Gesang und Tanz« ausführten. Sie war eine kühle, nicht leicht aus der Fassung zu bringende Person, die nie viel von ihren Gefühlen zeigte und nie heftig reagierte. Daher war anzunehmen, daß sie diese Übung recht gut würde absolvieren können.

Als sie begann, zeigten sich bei ihr keinerlei Gefühlsreaktionen oder unwillkürliche Reaktionen, wie es bei einigen anderen Schauspielern der Fall gewesen war. Dennoch machte ihr der erste Teil der Übung — das Lied — Schwierigkeiten, und auch der rhythmische Abschnitt, wenn die Stimme hinzukommt, schien ihr nicht leicht zu fallen. Das erschien mir merkwürdig und unerklärlich. Nur eine Schlußfolgerung war möglich. Obwohl ich es nicht wahrnehmen konnte, mußte in dieser jungen Dame irgend etwas vor sich gehen, das ihr Ausdrucksvermögen störte und unterbrach. Irgend etwas spielte sich in ihr ab, das ihr den Einsatz der Stimme schwer machte.

Ich erkannte, daß im Menschen etwas vor sich gehen kann, ohne daß man es sieht. Wenn ein Schauspieler das, was er tun sollte, richtig ausführte und dennoch nichts davon sichtbar zum Ausdruck kam, dann hatte man daraus immer den Schluß gezogen, er habe kein Talent. Nun stand ich plötzlich vor der Möglichkeit, daß ein Schauspieler Talent besaß — sogar ungewöhnlich großes Talent — und dennoch nichts davon sichtbar wurde. Diese junge Schauspielerin erlebte innerlich offensichtlich eine ganze Menge. Was konnte ich tun? Gab es Mittel, mit denen ich menschliches Erleben aus den Gewohnheiten und den vorgestanzten Mustern des Nicht–Ausdrucks befreien konnte, um den Anforderungen der Bühnenkunst zu genügen?

Wie sich herausstellte, hatte ich Glück.

Die einfache Übung »Gesang und Tanz«, die mir zunächst gestattete, herauszufinden, was in einem Menschen vor sich ging, war zugleich auch die Lösung für das Problem. Als die Schauspielerin an dieser Übung arbeitete und sich bemühte, zu singen und das zu tun, wozu ich sie in dem Bewegungsabschnitt aufforderte, wurden ihre Gefühlsreaktionen und ihr Ausdruck schon bald sehr viel deutlicher.

Ich versuchte dies auch mit anderen Schauspielern, und allein schon die Tatsache, daß sie bewegungslos dastanden und alle unwillkürlichen nervösen Äußerungen unterbanden, brachte ihnen zu Bewußtsein, was sich in ihrem Inneren abspielte. Der Schauspieler beseitigte auch die gewohnten Spannungen im Stimm– und Sprechbereich, die den Ausdrucksprozeß behindern. Er war nun imstande, sich wirklicher und intensiver auszudrükken. Im zweiten Teil der Übung — der Arbeit mit spontanen, statt vorgegebenen Rhythmen — entwickelte der Schauspieler eine neue persönliche Dynamik, die ihn befähigte, seine Reaktionen mit einer Intensität zum Ausdruck zu bringen, die vorher unterdrückt war. Ich fand heraus, daß Schwierigkeiten im dritten Teil der Übung — wenn die explosiven Silben eines Liedes hinzukommen, während die Rhythmen beibehalten werden — auf eine Hemmung in den expressiven Manifestationen des Schauspielers hindeuten. Was ließ sich dagegen tun? Einfach die Übung absolvieren. Wenn der Schauspieler diese Expressivität in der Übung zu erreichen vermochte, dann machte er, wie ich feststellte, entsprechende Fortschritte auch in der szenischen Arbeit. Ich erkannte auch in seinem Spiel eine vollere Expressivität. So stieß ich durch meine Beobachtungen, aber ohne den Grund hierfür recht zu verstehen, auf eine ganze bestimmte Wechselbeziehung zwischen dem, was man den Schauspieler in der Übung »Gesang und Tanz« zu tun aufforderte, und den Ergebnissen, zu denen dies in der Auseinandersetzung mit dem Ausdrucksproblem führte.

Es hat mich lange erstaunt, daß ein so schwieriges Ausdrucksproblem mittels einer so einfachen Übung behoben werden konnte. Ich suchte nach dem Grund hierfür. Die Geschichte von der Ferse des Achilles deutet die Lösung an. Achilles soll bekanntlich unverwundbar gewesen sein, da ihn seine Mutter bei seiner Geburt in einem magischen Elixier badete. Weil sie ihn dazu aber an der Ferse festhalten mußte, war dies die einzige Stelle, wohin das Elixier nicht gelangte und wo er verwundbar blieb. Im Kampf um Troja wurde Achilles an der Ferse von einem vergifteten Pfeil getroffen und getötet. Dadurch daß wir dem Schauspieler eine so einfache Aufgabe gestellt hatten, hatten wir eine Achillesferse geschaffen, eine verwundbare Stelle, an der das Problem enträtselt werden konnte. Hätten wir eine schwierigere Aufgabe gewählt, so wäre die Auflösung des Problems zu schwierig geworden.

Der Kernpunkt der Übung besteht darin, daß alles, was geschieht, herauskommen muß; und wenn nichts geschieht, kommt eben dies zum Ausdruck. Man beachte, damit keine Mißverständnisse entstehen, daß in dieser Übung nichts zu geschehen braucht. Wenn nichts geschieht, ist das völlig in Ordnung. Wenn nichts geschieht und man sich durch die Gegenwart des Publikums nicht gedrängt fühlt, mehr zu tun, so bedeutet dies, daß das eigene Werkzeug, der Körper, vollkommen richtig reagiert. Wenn jedoch im Laufe der Übung Empfindungen und Impulse ausgelöst werden, muß der Schauspieler Verbindung zu ihnen aufnehmen. Man muß zulassen, daß er sich durch die willkürlichen Anforderungen der Übung ausdrückt und nicht durch die unwillkürlichen nervösen Bewegungen, Gesten und Reaktionen, die den Ausdruck dessen, was vor sich geht, nur abwürgen.

Die Übungen, die ich gerade beschrieben habe, bilden die erste Stufe in der Ausbildung des Schauspielers. Diese Ausbildung beginnt mit der Arbeit des Schauspielers an sich selbst. Zunächst muß er die Fähigkeit entwickeln, sich zu entspannen, sich zu konzentrieren, er muß intensiv wahrnehmen und fühlen können. Gleichzeitig entfaltet er die äußeren Facetten seines Wesens. Er muß Stimme und Körper entwickeln und kräftigen, indem er sich dem lähmenden Griff der Gewohnheit entzieht und die hemmenden Faktoren des Nicht–Ausdrucks, die durch gesellschaftliche Konditionierung unterstützt werden, ausschaltet.

Auf der zweiten Stufe seiner Ausbildung soll der Schauspieler die Fähigkeit entwickeln, Handlungen wahrhaftig und auf eine einleuchtende Weise auszuführen. Gleichzeitig lernt er, auf einen Partner einzugehen und sich auf ihn einzustellen — nicht bloß mechanisch, sondern indem er tatsächlich versucht, diesen Partner zu überzeugen und ihm klar zu machen, was er mitzuteilen hat. Dies wird durch ausgiebige Improvisationsarbeit erreicht.[3] Dann beginnt der Schauspieler mit den Tierübungen, um dem Problem der physischen Rollencharakterisierung näherzukommen. So lernt er, ein Körperverhalten herauszuarbeiten und zu begreifen, das sich von seinem eigenen unterscheidet. Dann lernt er, jene Erlebnismomente zu entdecken, die bei ihm besonders lebhafte emotionale Reaktionen stimulieren, und sie mit Hilfe des emotionalen Gedächtnisses hervorzubringen. Der Schauspieler arbeitet weiter an diesen Übungen, auch wenn er in die nächste Phase seiner Ausbildung eintritt.

Nun beginnt der er, an Szenen aus Stücken zu arbeiten. Wenn man sich eine Szene vornimmt, legt man zumeist besonderes Gewicht auf die Deutung, die der Schauspieler einer Rolle gibt, auf die Grundidee der Rolle und das Thema des Stücks. Alle diese Momente sind für die Auseinandersetzung des Schauspielers mit seiner Aufgabe gewiß bedeutsam, aber es besteht die Gefahr, daß es hier bei intellektuellen Konzepten bleibt, die dem Schauspieler im Grunde gar nicht dabei helfen, seine Rolle wirklich auszufül-

---

[3] Wir verwenden hier zum Beispiel eine Form von Improvisation, die wir »Faseln« nennen. Dabei drückt man das, was man mitteilen möchte, in einer Nonsens–Sprache aus. Das zwingt den Schauspieler, sich klar zu machen, was er sagen will; und es zwingt seinen Partner, sich um ein wirkliches Verständnis zu bemühen, statt nur auf das Stichwort zu achten.

len. Man kann über glänzende theoretische, literarische, kritische oder philosophische Deutungen eines Stückes verfügen und dennoch unfähig sein, auf der Bühne eine Realität zu erschaffen. Auf dieser Stufe der Ausbildung sind die Szenen daher nicht in ihrer Beziehung zum Stück wichtig; sie bieten dem Schauspieler vielmehr Gelegenheit, die Fertigkeiten, die er im Training erworben hat, in einer vorgegebenen dramatischen Sequenz zu erproben. Der Schauspieler braucht sich an diesem Punkt nicht um die Interpretation des Stückes oder einer bestimmten Rolle zu kümmern, gleichgültig, ob es sich um Hamlet, Stanley Kowalski, Othello, Blanche DuBois, Lady Macbeth oder Willy Loman handelt. Er ist noch nicht Künstler, sondern Handwerker und lernt, mit seinem Handwerk umzugehen.

Stanislawski versuchte einen Ansatz zu entwickeln, der den Schauspieler zu konkreten Prozeduren führte und dazu anleitete, das eigene Talent einzusetzen, um das gewünschte glaubwürdige und einleuchtende Verhalten zu erreichen. Stanislawskis Ansatz ist in den bekannten Fragen enthalten, die sich der Schauspieler stellen soll: Wer bist du? Wo bist du? Was tust du hier? Wann oder unter welchen Bedingungen und Umständen spielt sich dies ab? Und wie? — oder anders formuliert: Welche Anpassungen prägen dein Verhalten? Diese Gesichtspunkte werden oft intellektuell gedeutet und führen dann zu theoretischen Schlußfolgerungen, die den Schauspieler bei seinem Spiel gar nicht motivieren. Um diesen intellektuellen Ansatz zu korrigieren, muß man verstehen, was in jeder einzelnen Szene geschieht. Die Frage »Was geschieht?« wird häufig mit der nach der Handlung oder dem Plot verwechselt, aber oft sind der Plot und das, was in einer Szene geschieht, zwei völlig verschiedene Dinge.

Wenn ich mit Schauspielern das Geschehen einer Szene herauszuarbeiten versuche, verwenden wir oft Kurzgeschichten von Ernest Hemingway, Irwin Shaw, Dorothy Parker, Colette oder Maupassant, weil sie in sich geschlossen und meistens gut geschrieben sind. An ihnen kann der Schauspieler sein Bewußtsein und Verständnis für eine Situation schulen. Der Dialog in einem Stück umfaßt oft Dinge, die wirkliche Gestalten nie sagen würden, die jedoch notwendige Informationen für das Publikum enthalten. Der Romancier oder der Kurzgeschichtenschreiber kann so etwas in die beschreibenden Passagen seines Textes verlegen. Deshalb entspricht der Dialog in einer Kurzgeschichte eher dem, was Menschen wirklich sagen würden. Außerdem zwingen die Kurzgeschichten den Schauspieler meiner Ansicht nach dazu, über den bloßen Wortlaut des Textes hinaus wirklich herauszufinden, worüber er spricht und in welcher Beziehung dies zum Kern der Szene steht.

Ich möchte an einem Beispiel veranschaulichen, wie dieses Verfahren funktioniert. Es gibt eine Erzählung von Ernest Hemingway mit dem Titel *Hügel wie weiße Elefanten*. Zwei Amerikaner, ein Mann und eine Frau, sitzen vor einer spanischen Bar in der Nähe eines Bahnhofs. Es ist nicht klar — und auch nicht wichtig —, ob die beiden verheiratet sind oder nicht. Finanzielle Probleme haben sie nicht, und wie es scheint, sind sie im Leben nur auf Lust und Vergnügen aus. Sie ist auf dem Weg, eine Abtreibung vornehmen zu lassen, aber offenbar würde sie es lieber nicht tun. Er scheint nicht willens, irgendeine Veränderung in ihrer derzeitigen Beziehung hinzunehmen. Am Ende der Geschichte scheint sie eher bereit, der Abtreibung zuzustimmen. Das ist der Plot. Aber warum heißt diese Erzählung *Hügel wie weiße Elefanten*? Zu Beginn der Szene macht sie die harmlose Bemerkung, die Hügel zwischen den Bäumen sähen aus wie weiße Elefanten, und er erwidert, er habe noch nie einen weißen Elefanten gesehen. Darauf sie: »Nein, natürlich nicht.« Und er entgegnet: »Wäre doch möglich gewesen.« Sie bestellen etwas zu trinken, und die Auseinandersetzung geht weiter. Nachdem sie sich mit seinen Wünschen einverstanden erklärt hat und er aufgestanden ist, um das Gepäck in den nahegelegenen Bahnhof zu bringen, bleibt sie allein in der Bar zurück. Sie hat ihm gesagt, er solle zurückkommen, dann würden sie ihre Drinks austrinken, bevor sie zur letzten Etappe auf ihrer Reise zum Doktor aufbrechen.

Schauspieler spielen diese Szene meistens als eine Auseinandersetzung um die Frage, ob sie die Abtreibung machen lassen soll oder nicht. Darauf deutet die Handlung hin. Wenn wir jedoch fragen:

Wer? Was? Wann? und so weiter, dann gelangen wir zu einem umfassenderen Verständnis dessen, was sich da abspielt, und wir begreifen auch, warum die Erzählung den Titel *Hügel wie weiße Elefanten* trägt. Die Frau ist offenbar sensibler und besitzt mehr Phantasie als der Mann. Sie hatte gehofft, ihre Beziehung werde durch die Geburt des Kindes gefestigt und abgerundet. Er jedoch hat keinerlei Gespür für das, was sie sich wünscht, und ist nur daran interessiert, das angenehme, sorglose Leben fortzusetzen: herumreisen, trinken, sich vergnügen. Damit ist er zufrieden, während aus ihren Bemerkungen deutlich wird, daß sie es nicht ist. Der Titel deutet also auf ihre Einsicht hin, daß zwischen ihnen eine Kluft liegt, die nie überbrückt werden wird.

Am Ende der Szene, wenn die Frau allein auf der Bühne zurückbleibt, braucht die Schauspielerin nicht einfach nur dazusitzen und auf seine Rückkehr zu warten; sie kann den Augenblick mit einer »Star–Pause« füllen. In einem solchen Augenblick kann der allein auf der Bühne zurückgebliebene Schauspieler den Zuschauern zu erkennen geben, was wirklich vor sich geht. Dieser Augenblick entspricht der Kadenz bei einem Konzert, in der der Solist bei der Improvisation über ein musikalisches Thema sein Können unter Beweis stellt.

Wenn die Schauspieler in dieser Szene nur das verstehen, was gesagt wird, und nicht, was tatsächlich vor sich geht, dann können sie das Stück nicht realistisch spielen. Sie können die Auseinandersetzung entwickeln, aber letztlich kommt es nicht zu einem tieferen Verständnis, das mehr begreift, als daß hier ein Streit zwischen zwei Menschen ausgetragen wird.

Wenn die Schauspieler über den Ablauf der Handlung hinaus die Situation erkunden, können sie nach und nach auch die Eigenschaften der beiden Gestalten genauer bestimmen: die Sensibilität der Frau gegenüber der Gefühllosigkeit und dem Hedonismus des Mannes; ihre Hoffnungen gegenüber seiner Selbstzufriedenheit. Auch wenn dies hilfreich ist, geht es noch nicht weit genug, um bestimmte Charakterelemente zu umreißen, die von Schauspielern leicht übersehen werden. Sie ist schwanger, es ist ein heißer Tag. Es scheint, sie würde gern neue Getränke ausprobieren, aber in Wirklichkeit trinkt sie dann keines von ihnen aus. Es ist notwendig, daß die Schauspielerin den Eindruck von Hitze erschafft, und gleichzeitig muß sie motivieren, warum sie, wenn sie trinkt, negativ auf das Getränk reagiert.[4]

Man muß betonen, daß jeder gute Schauspieler, ob er es weiß oder nicht, intuitiv genauso verfährt. Manche Schauspieler, die sich nur auf ihre Technik verlassen, spielen uns die Wahrnehmungswirklichkeit, die auf das Trinken und den Widerwillen dagegen verweist, nur vor. Schauspieler, die in der oben beschriebenen Weise ausgebildet wurden, sind imstande, die Hitze- und Geschmacksempfindung ebenso zu erschaffen wie die Gefühle einer von Unruhe erfaßten Frau angesichts einer Situation, die ihr Gefühlsleben tief erschüttern muß. Vollends offenbar wird dies erst, wenn die Frau allein ist; sie verbirgt ihre Gefühle, wenn er zurückkehrt und ihr die Frage stellt, ob es ihr besser gehe, worauf sie antwortet: »Ich fühl mich glänzend.« Die wörtliche Bedeutung, die die Schauspieler diesen Zeilen geben, nimmt nun einen ganz anderen Charakter an, man könnte sagen, es kommt ein »Subtext« zum Vorschein. Der Subtext ist die wirkliche Bedeutung der Zeilen — eine Verbindung aus Wahrnehmung und Emotion. Um in der richtigen Einstellung auftreten zu können, müssen die Schauspieler die »Umstände« kennen, die sich aus dem dramatischen Geschehen und dem eigentlichen physischen Geschehen ergeben, das ihrem Auftritt vorangeht

Wenn sich der Schauspieler das Geschehen innerhalb einer Szene im Unterschied zu ihrem Plot klargemacht hat, kann er darangehen, die Szene in Handlungseinheiten zu unterteilen. Diese Handlungen beziehen sich auf die dramatische Situation und zugleich auf die verschiedenen Sphären der Wahrnehmungswirklichkeit. Die Handlungen beziehen sich auf den Ort, die alltäglichen Dinge, die er für gewöhnlich an diesem Ort tun würde, usw. Der Schauspieler muß imstande sein, nicht nur das Verhalten der

---

[4] Allzu oft erarbeiten Schauspieler Analysen zum Hintergrund der von ihnen verkörperten Gestalt — woher sie kommt, was sie vorher getan hat, usw. —, ohne dabei etwas in Erfahrung zu bringen, das sie veranlassen würde, sich tatsächlich anders zu verhalten, als der Text es ihnen nahelegt.

verkörperten Gestalt zu erschaffen, sondern auch ihre Gemütsverfassung und ihr emotionales Erleben. Das körperliche Handeln
wird durch die Gefühlslage der Gestalt bestimmt. Als Stanislawski
Othello inszenierte, entwarf er für den Schauspieler Leonidow, der
den Othello spielen sollte, eine sehr klare und präzise Abfolge von
physischen Handlungen. Leonidow war mit dieser Abfolge nicht
einverstanden und stellte sie in Frage. Da entgegnete ihm Stanislawski: »Aber begreifen Sie doch die Gemütsverfassung der Rollenfigur«, und fuhr fort, zu beschreiben, in welchem Zustand sich
Othello in diesem speziellen Moment befand.

Ein wirkliches Problem für den Schauspieler ergibt sich aus der
Frage: Wie soll er diese Gemütsverfassung bei der Probenarbeit
hervorbringen? Hier müssen die Etüden, die Improvisationen, die
Wahrnehmungserinnerungen und die emotionalen Erinnerungen
hinzukommen, damit der Schauspieler Nutzen aus seinem Wissen
ziehen oder die Vorschläge des Regisseurs aufnehmen kann.

Während der fünfzig Jahre, in denen ich als Schauspieler, Regisseur und Lehrer gearbeitet habe, konnte ich immer wieder feststellen, daß ein Schauspieler, der intellektuell an eine Szene heran-
geht, auf der Bühne selten zu einem befriedigenden Ergebnis
kommt. Immerzu denkt er sich etwas, tut aber etwas ganz anderes. Wenn sich der Schauspieler jedoch bemüht, die verschiedenen
Handlungen innerhalb einer solchen Szene herauszufinden — auf
welche »gegebenen Umstände« muß er sich vorbereiten, bevor er
auf die Bühne kommt? was würde er angesichts dieser Umstände
dort tun, wenn die Szene, so wie sie geschrieben ist, gar nicht
stattfände? usw. —, dann wird er in seiner Rolle zu logischen
Aktionen, zu einem einleuchtenden Verhalten und einer einleuchtenden Einstellung auf seine Rolle geradezu genötigt. Wenn er
weiß, wie er die richtigen Wahrnehmungs– und Gefühlserfahrun-
gen hervorbringen kann, die das Verhalten der verkörperten
Gestalt motivieren und begleiten, erfüllt er die eigentliche Aufgabe, die dem Schauspieler gestellt ist: zu handeln, zu agieren —
das heißt, etwas zu tun, sei es psychologisch oder physiologisch.
Er muß alle seine Fähigkeiten und sein gesamtes Vermögen einsetzen, um innerhalb der vom Stückeschreiber vorgegebenen

Bedingungen auf der Bühne ein menschliches Wesen zu erschaffen.

Vielleicht können einige weitere Beispiele zeigen, worauf der Schauspieler achten muß, was er sich klarmachen muß, was er erschaffen muß, um den Anforderungen einer Szene gerecht zu werden.

Wenn Schauspieler sich mit den komischen Einaktern Tschechows beschäftigen und ich sie frage, was sie erreichen wollen, dann äußern sie nach meiner Erfahrung immer wieder die Absicht, sie wollten diese Stücke witzig machen. Ich frage sie: »Als ihr die Szene gelesen habt, war sie da witzig?« Stets lautet die Antwort: »Ja.« Nun erkläre ich ihnen, daß der Autor schon dafür gesorgt hat, daß die Situation witzig ist. Dem Schauspieler bleibt nur noch übrig, die Realität dieser Situation so greifbar wie irgend möglich zu erschaffen. Er braucht nicht witzig zu sein — aber das Resultat wird es sein.

Es gibt eine Kurzgeschichte von Dorothy Parker mit dem Titel *You were perfectly fine*. Sie bietet ein glänzendes Beispiel dafür, daß sich der Schauspieler nur um die Wahrnehmungsrealität zu kümmern braucht und die komische Entwicklung dem Autor überlassen kann. Im Mittelpunkt der Szene steht ein Mann, der nach einem nächtlichen Bummel durch die Stadt an einem späten Nachmittag erwacht, immer noch verkatert und ohne sich zu erinnern, was in der vorigen Nacht gewesen ist. Da kommt das Mädchen, mit dem er in dieser Nacht zusammen war, herein. Es wird nicht beschrieben, wie der Mann auf sie reagiert, aber er fragt sie, ob in der Nacht irgend etwas vorgefallen sei. Sie antwortet, er sei ganz toll gewesen, es sei nichts vorgefallen — außer daß er fast in eine Schlägerei geraten wäre, daß er jemandem Muschelsoße über den Rücken gegossen und den Kellner für seinen Bruder gehalten habe, daß er, nachdem er das Lokal schließlich verlassen habe, auf dem vereisten Boden gestürzt sei und daß er sie dann in einem Taxi nach Hause gebracht und den Fahrer gebeten habe, noch eine ganze Weile um den Park herumzufahren. Sie ist überzeugt, daß er sich an die letzte, schönste Episode noch erinnern kann. Er jedoch weiß nicht, was kommt, mag aber nicht zugeben, daß er sich nicht erinnert, und tut deshalb so, als würde er sich erinnern. Und nun stellt sich heraus, daß er ihr ewige Liebe geschworen und sie gebeten hat, ihn zu heiraten. Bei dieser Offenbarung sagt er einfach: »Ich brauche was zu trinken.«

Wenn diese Szene mit Andeutungen einfach vorgespielt wird, erleben wir einen Mann beim Aufstehen oder die Anspielung auf seinen Kater. Das Mädchen kommt herein und muß sich irgendwie beschäftigen, ohne daß sie wirklich etwas zu tun hätte. Die Szene ist manchmal amüsant, aber kaum witzig. Wenn jedoch der Schauspieler die Realität der Situation erschaffen kann — die Art, wie jemand mit einem Kater aus tiefem Schlaf erwacht, dazu auch den physischen Schmerz, der, wie sich später herausstellt, von seinem Sturz auf dem Eis herrührt, den völligen Verlust jeder Erinnerung; wenn er jede Peinlichkeit, von der die Frau berichtet, sinnvoll auf sich beziehen kann, indem er sich auf die Identität dessen konzentriert, der der Leidtragende dieser Posse ist; und wenn er schließlich den Überraschungsschock hervorzubringen vermag, als er feststellt, daß er da in etwas hineingeraten ist, aus dem er keinen Ausweg mehr findet —, dann werden die Resultate außerordentlich witzig sein. All dies sollte im Gegensatz zu der Fröhlichkeit stehen, mit der die Frau von diesen Vorfällen erzählt; denn für sie sind sie ja die Glieder einer Kette, die zu der ebenso verblüffenden wie erfreulichen Schlußfolgerung führt, daß sie nun heiraten werden. Je mehr sie sich so verhält, als wäre das Zimmer ihr eigenes und als hätte sie einen Grund und das Recht, ihm zu helfen, desto zügiger treibt die Szene ihrem überraschenden Abschluß entgegen.

Ein Regisseur könnte hier natürlich noch mit irgendeiner besonderen sozialen Deutung oder sonst einer dramatischen Idee aufwarten; aber die fundamentalen Realitäten, die wir geschildert haben, müßten auch in diesem Fall erzeugt werden, wenn die Vorstellung oder die Deutung des Regisseurs auf der Bühne sichtbar werden soll.

Es herrscht allgemein die Meinung, unser Ansatz bewähre sich vor allem bei zeitgenössischen Stücken, weil er ein erhöhtes Maß an Realität und Intensität erzeugt, das dem Schauspieler, der nicht in der »Methode« ausgebildet ist, unzugänglich bleibt. Umgekehrt sind viele Leute der Ansicht, bei komischen Stücken oder bei klassischen Dramen sei ein anderer Ansatz erforderlich. Wie man mit unseren Verfahrensweisen an eine Komödie herangehen kann, möchte ich an der Farce *Der Bär* von Tschechow veranschaulichen.

Die Geschichte ist einfach. Zu Beginn sieht man eine Frau ganz in Schwarz andächtig vor einer Ikone sitzen. Sie trauert über den Tod ihres Mannes, der sie zu seinen Lebzeiten oft betrogen hat; aber sie betrauert ihn dennoch und hat sich von der Welt ganz abgewandt, um zu zeigen, was echte Hingabe sein kann. Plötzlich entsteht Unruhe auf dem Korridor. Der alte Diener versucht einen Fremdling am Eintreten zu hindern, der aber läßt sich nicht aufhalten und dringt in die Einsamkeit der Witwe vor. Er erklärt ihr, daß ihr Mann ihm Geld schulde, welches er jetzt benötige, um eine auf seinem Grundbesitz lastende Schuld zu tilgen. Er habe schon versucht, anderswo Geld aufzutreiben, doch ohne Erfolg. Die ganze Nacht sei er geritten, und es tue ihm leid, daß er das Geld zurückfordern müsse. Sie erklärt sich bereit, ihm das Geld zu geben, allerdings müsse sie auf ihren Verwalter warten, der erst am nächsten Morgen eintreffen werde. Der Mann erhebt Einspruch: noch heute müsse er das Geld bekommen. Er wird grob, wie ein Bär, was sie zum Verlassen des Zimmers nötigt. Der Mann bleibt allein zurück. Er äußert seine Enttäuschung, zugleich aber hat ihn die Schönheit der Frau und ihre bemerkenswerte Hingabe an einen unwürdigen Ehemann beeindruckt. Dennoch faßt er den Vorsatz, sich nicht von der List einer Frau übers Ohr hauen zu lassen. Die Witwe kehrt zurück und findet ihn unnachgiebig: er werde dableiben, bis er sein Geld bekommen habe, er werde sich nicht abwimmeln lassen. Der Streit wird heftiger, und schließlich fordert sie ihn zum Duell heraus. Er ist wütend, zugleich aber beeindruckt ihn ihr Schwung. Dann gesteht sie, daß sie sich noch nie duelliert habe, und er muß ihr nun zeigen, wie man eine Duellpistole hält. Ihr Mut und ihre Schönheit überwältigen ihn, und er erklärt, daß er seine Pistole nicht abfeuern werde. Sie könne ja schießen, aber er werde sich nicht von der Stelle rühren. Seine Hartnäckigkeit empört sie, aber er wirft sich ihr zu Füßen und erklärt ihr seine Liebe.

Wenn Schauspieler an diese Szene herangehen — ich habe das viele Male erlebt —, dann haben sie sich immer auf die Auseinandersetzung vorbereitet. Die Szene gerät sehr turbulent; schließlich, so haben sie sich überlegt, soll der Mann ein »Bär« sein, und die Situation entwickelt sich auf eine amüsante Weise, fast wie ein Vaudeville. Wenn man jedoch bei der Arbeit an der Szene das Augenmerk auf die physischen und wahrnehmungsbestimmten Realitäten legt, wird sie witziger und zugleich auch interessanter. Ich ermuntere die Schauspieler, sich mit dem zu beschäftigen, was sich zugetragen hat, bevor die Szene losgeht. Mit der Schauspielerin versuche ich die Realität dessen zu erschaffen, wie sich jemand verhalten würde, der den vom Autor angedeuteten Prozeß der Trauer durchlebt hat. Um eine Empfindung davon zu erzeugen, wie es ist, wenn man stundenlang reglos dasitzt, tue ich etwas ganz Einfaches: ich fordere die Schauspielerin auf, fünfzehn Minuten lang bewegungslos dazusitzen und sich dabei auf das Photo ihres Mannes und auf ein Wahrnehmungs– oder Gefühlserlebnis zu konzentrieren, das der Realität, die sie gegenüber dem Mann empfindet, vergleichbar ist.

Die Schauspielerin entwickelt dann den notwendigen Sprech–, Bewegungs– und Ausdrucksrhythmus, der sich aus den vom Autor beschriebenen Umständen ergeben soll. Ich sage der Schauspielerin, sie solle diese Einstellung beibehalten und den Streit nicht vorwegnehmen. Auf diese Weise erscheint sie dem Fremden als das Idealbild der vom Tod beraubten, hingebungsvollen Frau, die erst nach und nach ihre schwelenden Gefühle gegenüber dem skandalösen Betragen ihres Mannes preisgibt.

Ganz ähnliche Vorbereitungen treffe ich auch mit dem Schauspieler. Es heißt, er sei den größten Teil der Nacht über gereist und habe versucht, neben einem Schnapsfaß in einem Gasthof etwas Schlaf zu finden. Wir helfen ihm die sinnliche Realität zu erschaffen, die dazu führt, daß er nun körperlich erschöpft und zugleich rasend vor innerer Unruhe ist. Er muß ein Gefühl von Verzweiflung schaffen. In seinem Gebaren ist er zwar grob, aber er ist auch

Soldat und Offizier gewesen. Ich rate ihm, den Plot des Stücks nicht vorwegzunehmen. Nachdem der Schauspieler das Zimmer betreten hat, besteht eine natürliche Tendenz, gleich etwas zu sagen. Er hat sich zurechtgelegt, was er der Witwe sagen will, und ist bereit, seine Rede zu halten. Aber gerade eben hat er draußen einen Aufruhr erzeugt; das Zimmer ist dunkel, nur von der Kerze vor der Ikone beleuchtet. Die Frau ist in Schwarz gekleidet; ihr Gesicht ist verschleiert. Um dem Schauspieler ein Gefühl für die Realität der Situation zu geben, verberge ich die Schauspielerin oft, oder ich bitte sie, die Bühne ganz zu verlassen, wenn der Schauspieler eintritt. Auf diese Weise muß er sich von dem Raum und seiner seltsamen Atmosphäre beeindrucken lassen und kann sich nicht ganz sicher sein, welches Objekt sich auf dem Stuhl befindet. Dies führt zu einem Verhalten, das unerwarteter und bestürzender ausfällt, als wenn er einfach hereinplatzte. Der Ikone begegnet er mit Respekt, und zugleich ist er unsicher, an wen er sich wendet. Die Frau zeigt kein Anzeichen von Verwirrung. Bereitwillig und freundlich verspricht sie, ihm das Geld zu zahlen. Er reagiert froh, ist dann aber völlig niedergeschmettert, als sich erweist, daß sie es ihm nicht sofort geben kann. Einzig und allein auf ihre innere Konzentration bedacht und ohne den geringsten Wunsch, eine Szene zu machen, betont sie logischerweise noch einmal, daß sie das Geld heute nicht habe; morgen stehe es zur Verfügung. Unter Tränen äußert sie einige der Gefühle, die sie für ihren Mann hegt. Einmal, bei einer ganz bestimmten Probe, konnte der Schauspieler, der den Mann spielte, den Anblick einer Frau in einer solchen Notlage nicht ertragen, und so kam es, daß sich in seinem Spiel eine eigentümliche Sentimentalität zeigte. Gleichzeitig trieb ihn seine Verzweiflung dazu, sich mit der notwendigen Grobheit und Unhöflichkeit aufzuführen. Aber in der Szene ist schon eine ziemlich komische Situation angelegt, die alle Möglichkeiten für den überraschenden Schluß in sich birgt.

Diese Berücksichtigung der einfachen physischen Logik und der sinnlichen Realität erstreckt sich auf die ganze Szene. Wenn die Frau aus dem Zimmer geht, bleibt der Mann enttäuscht und verzweifelt zurück. Er ist außerdem völlig erschöpft und sinkt in den Stuhl, versucht aber, sich wachzuhalten. Wenn die Frau zurückkehrt, kommt er nur mit Mühe auf die Beine. Noch immer hat er die Manieren eines ehemaligen Kavallerieoffiziers, aber seine Verzweiflung treibt ihn zu dem grobschlächtigen Betragen, das von der Situation verlangt wird.

In der Szene, in der er ihr zeigt, wie man mit einer Duellpistole umgeht, entzündet die durch ihre körperliche Nähe diktierte physische Logik bei ihm eine wachsende Leidenschaft. Der humorvolle Charakter der Szene wird noch gesteigert, wenn er ihre Arme in die richtige Duellhaltung zu bringen versucht, ohne gewisse andere Partien ihres Körpers zu berühren. Die vom Autor geschaffene Struktur kann sich hier entfalten, indem der Schauspieler sie mit den erforderlichen physischen, sinnlichen und emotionalen Elementen erfüllt, die der Konstruktion des Verfassers zum Leben verhelfen. Diesem Verfasser ist nicht daran gelegen, daß die Schauspieler bloß den Streit und das bärenhafte Betragen des Mannes ausspielen; sie müssen von Augenblick zu Augenblick eine authentische Realität erschaffen, die den Text motiviert. Die Schauspieler erzeugen den Dialog des Autors nicht von der Struktur des Plots her, sondern aus dem unmittelbaren Verhalten der von ihnen verkörperten Gestalten. Diese Realität verhilft der Komödie zu wirklichem Ausdruck.

Ein Beispiel für eine klassische Szene, die durch das beschriebene Vorgehen ungeheuer gewinnt, ist Julias »Trank–Szene« in *Romeo und Julia*. Bei allen Schauspielerinnen ist diese Szene sehr beliebt, aber es ist erstaunlich, mit wie wenig Logik und Verstand sie oft aufgebaut wird.

Diese »Trank–Szene« wird fast immer so gespielt, als sei die Schauspielerin im Begriff, Selbstmord zu begehen. Auf diese Weise erleidet der letzte Teil des Stücks einen Spannungsabfall: Julia stirbt schon lange vor der Gruft–Szene, oder sie scheint zumindest zu sterben. Aber bei genauerem Hinsehen stellen wir fest, daß es in dieser Szene zwar Elemente gibt, die von der zunehmenden Verwirrung und Bestürzung eines jungen Mädchens zeugen, welches gezwungen ist, diese düstere Tat allein zu vollbringen, aber diese konventionelle Deutung bringt die anderen Elemente der Situation nicht ausreichend zur Geltung. Julia hat ganz gewiß nicht die Absicht, Selbstmord zu begehen; sie läßt sich auf eine gefährliche und erregende Tat ein, durch die sie zu ihrem Geliebten gelangen wird. Insofern ähnelt sie eher einem Mädchen, das im Begriff ist davonzulaufen, als einem Mädchen, das gerade Gift nimmt. Das Gefühl, das Julia motiviert, wird geprägt durch Erregung und Gefahr.

Julia kann ihre Erregung der Amme nicht zu erkennen geben, die nichts von ihrem Plan weiß; deshalb kann sie ihren Abgang kaum erwarten. Als die Amme endlich geht, ist Julia erleichtert und zugleich voller Erwartung. Jetzt kann sie ihr aufregendes Abenteuer ins Werk setzen — ein junges Mädchen, das zu ihrem Liebhaber unterwegs ist. Als sie allein ist, weiß sie nicht, ob sie die Amme je wiedersehen wird. Julia denkt nur an die Trennung von ihrer Familie und an die Verbannung ihres Geliebten, als sie erklärt, daß ein matter Schauer kalt durch ihre Adern rieselt. Das ist noch nicht die Angst vor dem Tod, sondern die natürliche Furcht vor irgendeiner gefahrvollen, aufregenden Tat.

Wenn Julia sich entschließt, die Amme zurückzurufen, tut sie dies gewöhnlich in einem Ton, der deutlich zu erkennen gibt, daß die Schauspielerin den weiteren Verlauf des Dramas kennt und weiß, daß die Amme nicht zurückkehren wird. Wenn die Schauspielerin aber laut genug ruft und fürchtet, sie könnte von der Amme nicht gehört werden, dann erzeugt dies beim Publikum einen ganz besonderen Eindruck von Realität. Es scheint, als könnte die Amme tatsächlich noch einmal zurückkehren.

Julia holt das Fläschchen — das Mittel, mit dem sie ihr Abenteuer vollbringen wird — aus seinem Versteck. Als sie im Begriff ist, zu trinken, und sich die möglichen Folgen ausmalt, da denkt sie nicht ans Sterben, sondern daran, daß sie in der Gruft zwischen den Gebeinen ihrer Vorfahren erwachen wird. Es ist dieser Gedanke, der sie ängstigt. Auf dem Höhepunkt ihrer Phantasien glaubt sie plötzlich, Tybalt zu sehen. An dieser Stelle steht oder kniet die Schauspielerin meist auf der Bühne und muß ins Leere starren. Irgendeine logische Motivierung — die Beleuchtung, die Bewegung eines Vorhangs — sollte hier eingesetzt werden, damit es möglich erscheint, daß das Mädchen diese Erscheinung vor sich sieht. Sie kämpft mit dieser Vorstellung und ruft: »Halt, halt, Tybalt!« Da bemerkt Julia, daß keine Geistererscheinung vorhanden ist und daß ihre Angst grundlos ist; sie nimmt nun den Trank auf eine Weise, die sehr viel einleuchtender ist. Sie erkennt, daß sie ihrer Phantasie freien Lauf gelassen hat, kehrt zu ihrem anfänglichen Entschluß zurück und trinkt. Soll diese Szene in angemessener Weise gespielt werden, so muß man auf das emotionale Gedächtnis zurückgreifen.

Verdi, der ein wirklicher Dramatiker der Musik war, hätte an einer solchen Stelle ein Ave Maria eingefügt. Es gibt keinen Grund, warum die Schauspielerin zu Beginn der Szene nicht das normale Verhalten eines Mädchen bekunden sollte, das zu Bett geht und ihr Gebet spricht. Vielleicht hilft ihr dies sogar, den Übergang zu den Ängsten zu schaffen, die sie schließlich überwältigen und erst am Ende einer neuen Zuversicht in ihre Tat weichen.

Was ich hier beschrieben habe, ist nicht unbedingt das einzig mögliche Verhalten in dieser Szene. Aber es vermag doch zu zeigen, daß die Suche nach der Realität der Situation und des Verhaltens der verkörperten Gestalt sowohl für die Szene als auch für das ganze Stück zu einer interessanteren Lösung führt als in der konventionellen Deutung.

Meine Schilderungen der verschiedenen Szenen sollen nur veranschaulichen und verdeutlichen, wie alles das, was sich der Schauspieler im Laufe seiner Ausbildung angeeignet hat, für den Prozeß des Schauspielens selbst von direktem Nutzen ist.

Der analytische Teil der Arbeit des Schauspielers ist gewiß von großer Bedeutung für seine Entwicklung als Künstler. Aber auch Stanislawski war immer bestrebt, den verstandesbetonten, intellektuellen, theoretischen Umgang des Schauspielers mit dem Stück durch Wahrhaftigkeit, Erleben und Verhalten zu ersetzen. Er wollte damit verhindern, daß der Schauspieler auf der Bühne nur ein sprach- und verstandesorientiertes oder formalisiertes Verhalten hervorbringt, das mehr an die Ideen des Regisseurs anknüpft als an die Ausführung des Schauspielers.

Manche Regisseure sprechen dunkel und philosophisch von der Wahrheit des Stücks oder der Wahrheit des Autors, während sie eigentlich nur ihre eigene Deutung des Stückes meinen. Die Wahrheit des Schauspielers ist zuerst und zuletzt die Wahrheit von Erleben, Verhalten und Ausdruck! Die Entscheidung für eine bestimmte Wahrheit, die erzeugt werden soll, ergibt sich aus der Interpretation eines Stücks. Aber die richtige Interpretation eines Stückes garantiert keineswegs die Wahrhaftigkeit seiner Darbietung, sofern der Schauspieler nicht imstande ist, die notwendige Realität überzeugend herzustellen, die die Idee des Stücks darstellen und offenbaren soll.

Viele Theaterleute, die Schauspieler ausbilden, beschäftigen sich so ausschließlich mit ihrer eigenen Deutung eines Stückes, daß sie die Schauspieler gar nicht wirklich ausbilden — sie geben ihnen bloß Anweisungen. Nie lernen die Schauspieler, kreativ zu sein. Schauspieler, die in den oben beschriebenen Verfahren ausgebildet wurden, können eine Realität auf der Bühne erzeugen und dennoch den Anforderungen des Stücks gerecht werden. Sie können auch Anpassungen vornehmen, die der Regisseur verlangt, und gleichwohl Wahrhaftigkeit bewahren. Deshalb hat sich Peter Brook, ein Regisseur, der ständig nach einem überhöhten Inszenierungsstil strebt, sehr zufrieden über die Zusammenarbeit mit sogenannten »Methode«–Schauspielern geäußert, denn er kann die notwendigen Forderungen an sie stellen, und sie sind aufgrund ihrer Ausbildung imstande, sie selbständig zu erfüllen.

Die »Methode«
und nicht–realistische Stile

Fortführung und Konsolidierung von Stanislawskis und Wachtangows Entdeckungen bildeten die Grundlage für die Methode. Weitere Entdeckungen auf dem Gebiet der Expressivität des Schauspielers fügten wir hinzu. Einer der wichtigsten Aspekte der Methode ist sicherlich ihre umfassende Auseinandersetzung mit dem Problem des Schauspielers und gleichzeitig ihre Flexibilität. Eine oft geäußerte Kritik an der Methode — und indirekt auch an Stanislawskis Ideen zur Schauspielerausbildung — besagt, sie sei auf realistische Texte und realistische Inszenierungsstile angewiesen. Oder anders formuliert, ein von Strasberg ausgebildeter Schauspieler könne zwar Tschechow, Clifford Odets und Arthur Miller spielen, nicht aber Shakespeare, Tennessee Williams oder Edward Albee. Diese These mag aus einem Blick auf die Stückauswahl beim Group Theatre herrühren, von einem tieferen Verständnis für die dort betriebene Schauspielerausbildung zeugt sie nicht. Diese Kritik verkennt auch den mächtigen Einfluß Wachtangows auf die Entwicklung der Methode.

Stanislawskis Werk, im Lichte seiner praktischen Arbeit betrachtet, mag auf einen realistischen Stil beschränkt erscheinen. Und seine gelegentlichen Bemühungen um eine Überhöhung der Wirklichkeit auf dem Gebiet des Phantastischen bekräftigen diese Ansicht noch. Andererseits aber ließ sich Wachtangow, der dieselben Verfahrensweisen ebenso glanzvoll und kühn einsetzte, von einer Theatervision anregen, die er als »phantastischen Realismus« bezeichnete. In zwei epischen Inszenierungen stellte Wachtangow ein breites Spektrum von Stilen vor: *Der Dibbuk* war gekennzeichnet durch einen grotesken

Mystizismus, und *Turandot* zeichnete sich durch eine phantasievolle Theatralität aus.

Die Arbeit des Group Theatre war gerade deshalb so wichtig, weil sie bewies, daß die Gruppe imstande war, die Verfahren ihrer Schauspielerausbildung praktisch umzusetzen und mit ihnen ganz unterschiedliche Ergebnisse auf der Bühne zu erzielen — in unserem Fall reichten sie von Stücken, die im neuen Realismus der dreißiger Jahre geschrieben waren, bis zu beißender musikalischer Satire, wie in *Johnny Johnson*.

Aus der Weiterentwicklung der Arbeit des Group Theatre zur Methode entstand, wie mir scheint, die erste konkrete Grundlage für die Schulung dessen, was man früher schauspielerische Phantasie genannt hat.

In den sechziger Jahren sind verschiedene experimentelle Theorien entwickelt und Versuche gestartet worden, deren »spektakuläre Ergebnisse«, so drückte es ein begeisterter Beobachter einmal aus, »einen Naturalismus zu zerschlagen drohten, den Regisseure von Stanislawski bis hin zu Lee Strasberg ihren Schauspielern jahrelang eingeschärft hatten«.

In einem Artikel mit der Überschrift *Am Grabe Stanislawskis*, den das *Show Magazine* abdruckte, erklärte Paul Scofield, ein ausgezeichneter Schauspieler, der eine Hauptrolle in *A Man for All Seasons* spielte, im Gegensatz zu den »Methoden–Leuten« ziehe er Technik der spontanen Emotion vor. »Wenn sie Glück haben, treffen sie ohne Technik ins Schwarze. Aber was ist, wenn es an einem Abend nicht so gut läuft? ... Sie haben nichts, womit sie das Vakuum füllen könnten.« Anscheinend bezog sich Mr. Scofield hier auf eigene Erfahrungen, denn gerade bei ihm führten spontane Emotionen zuweilen zu großartigen Ergebnissen, während seine darstellerische Leistung zu anderen Zeiten auf das angewiesen blieb, was er als Technik zu bezeichnen beliebt. Es sollte inzwischen allerdings klar geworden sein, daß das eigentliche Problem des Schauspielerhandwerks gerade aus der Unzuverlässigkeit der spontanen Emotion erwächst.

Kürzlich hat Laurence Olivier erklärt, das Schauspielen erfordere ein hohes Maß an Disziplin.

Ich bin kein Methoden–Schauspieler, obwohl ich festgestellt habe, daß Stanislawski nützlich sein kann. Aber das ist nicht die vollständige Antwort. Ich glaube, für Filmschauspieler ist diese Ausbildung großartig, wenn sich die Kamera auf zwei Menschen konzentriert, die zwischen sich eine Realität erzeugen. Aber im Theater besteht das Problem darin, daß man auf eine Distanz von fünfzig Metern real sein soll. Und dazu sind Technik und Geschick vonnöten — Begriffe, die heute etwas aus der Mode gekommen sind. Kunst ist nie einfach eine Frage des Talents.

Aber eine Technik, die ohne Talent daherkommt und sich nur aufs Vorführen und auf Geschick stützt, ist natürlich auch keine Kunst, sondern eben bloß Technik und Geschick. In Laurence Oliviers hervorragendsten Auftritten ist mehr enthalten als bloß Technik und Geschick. Und genau dieses Mehr versucht die Methode zu bestimmen, bewußt zu machen, zu stärken und zu trainieren.

Es waren jedoch vor allem die Regisseure Artaud, Grotowski und Brecht, deren nicht–realistische Arbeit die Leistungen von Stanislawski und denen, die für die Intentionen der Methode einstanden, zu verdrängen schienen. Zur Zeit sieht es allerdings so aus, als hätte sich das Blatt wieder gewendet; die Hoffnungen und Erwartungen, die man an diese avantgardistischen Ansätze knüpfte, haben sich nicht erfüllt.

Der Einfluß von Antonin Artaud als Theoretiker ist allgemein anerkannt, aber auch seine Anhänger sind sich darüber im klaren, daß seine praktische Theaterarbeit an keinem Punkt die Wirksamkeit seiner Ideen bewiesen hat. Viele seiner Inszenierungspläne sind nicht zu verwirklichen.

Die Schauspielerausbildung, die ich in diesem Buch zu skizzieren versucht habe, befaßt sich mit der Expressivität des Schauspielers innerhalb eines Spektrums unterschiedlicher Stile. Sie schließt an die konkreten und realen Probleme an, mit denen es der Schauspieler zu tun hat. Antonin Artaud skizziert in seinem *Ersten Manifest des Theaters der Grausamkeit* einen anderen Zugang zur Expressivität:

Jedes Schauspiel wird ein körperliches, objektives Element enthalten, das für alle wahrnehmbar ist. Schreie, Klagen, Erscheinungen, Überraschungen, allerlei Knalleffekte, nach bestimmten rituellen Modellen zugeschnittene magische Schönheit der Kostüme, Glanz des Lichtes, zauberhafte Schönheit der Stimmen, Charme der Harmonie, seltene Musiknoten, Farben der Gegenstände, körperlicher Rhythmus der Bewegungen, dessen Crescendo und Decrescendo das Pulsieren von Bewegungen annehmen wird, die allen vertraut sind, konkrete Erscheinungen neuer, überraschender Gegenstände, mehrere Meter hohe Puppen, unvorhergesehene Lichtwechsel, körperliche Wirkung des Lichtes, das einen heiß und kalt überläuft usw.

Mit der Aufzählung all dieser Mittel wirkt Artaud nicht sehr originell. Viele von ihnen hatte auch schon Edward Gordon Craig vorgeschlagen.

Ich teile Artauds Ansichten über die Farbe, das Visuelle und den Laut im orientalischen Theater. Aber ich erkenne auch, daß diese Aspekte historisch auf gesellschaftlichen — häufig feudalen — und religiösen Bedingungen beruhen, die heute verschwunden sind und nicht wiederbelebt werden können. Tatsache ist doch, daß dieses orientalische Theater sich heute hilfesuchend bei unserem abendländischen Theater umsieht, ohne das es zu einer angemessen Darstellung des eigenen modernen Lebens gar nicht finden könnte. Es ist sehr schön, daß man in der Kunst die Meisterwerke der Vergangenheit bewahren kann, aber das Leben geht weiter. Wenn jemand den Wunsch hat, in einen mystischen Mutterleib zurückzukehren, dann habe ich Verständnis für dieses zeitlose Verlangen nach Geborgenheit. Aber auch dem Leben, das wir heute führen, seinem Kampf und seiner Realität, kann ich mich nicht entziehen und muß mich auch weiterhin mit ihm auseinandersetzen.

Jerzy Grotowski, der zeitgenössische polnische Regisseur und Theoretiker, unterscheidet sich natürlich von Artaud. Während andere der Ansicht waren, er sei von Artaud beeinflußt, scheint

Grotowski selbst dies zu bestreiten und hat die Ergebnisse Artauds kritisiert. Seiner Meinung nach führt Artauds Suche nach einer Sprache des Körpers nur zu mechanischen Klischees.

Grotowski ist nicht bloß Theoretiker, er ist auch imstande, seine Theorien in die Praxis umzusetzen. Für ihn ist das Theater nicht künstlerisches Medium, es scheint vielmehr eine Art Substitut für das Leben selbst zu sein. In letzter Zeit hat er gewisse Züge eines mystischen Sehers angenommen und scheint nun ein Art von Anti–Theater zu propagieren. Bei einem seiner letzten Vorträge in New York riet er jungen Schauspielern, sie sollten nicht schauspielen lernen, sondern leben lernen.

Am Beginn von Grotowskis Arbeit stand die »Verehrung für Stanislawski«. Seiner Ansicht nach stellte Stanislawski die richtigen Fragen, gab aber die falschen Antworten. Kritisch jedoch äußert sich Grotowski über das emotionale Gedächtnis und meint, es habe zu »Heuchelei und Hysterie« geführt.

Man muß darauf hinweisen, daß Grotowski nie die Stanislawski-Inszenierungen gesehen hat, die uns in den zwanziger Jahren so erregten. Ich begreife nicht, wo ihm die »Heuchelei und die Hysterie«, von denen er spricht, begegnet sind. In den Inszenierungen, die die ganze Welt beeindruckten, konnte von Hysterie jedenfalls keine Rede sein. Immer wieder stößt man in Stanislawskis Schriften auf eine Tendenz zu idealistischen und daher sehr allgemeinen Erklärungen. Aber dies bleibt gewiß weit hinter dem mystischen Intellektualismus von Grotowski zurück. Wie ich zu zeigen versucht habe, ist Stanislawskis Technik der Rückbesinnung gerade wegen ihrer Präzision wertvoll und nützlich; sie stützt sich nicht, wie die von Grotowski, auf irgendein hypothetisches »kollektives Unbewußtes«.

Der enormen Disziplin, die sich in Grotowskis Schauspielerausbildung zeigt, kann man Achtung und Anerkennung nicht versagen. Der Schauspieler wird dabei in eine Art von religiösem Orden oder Kult initiiert. Geprägt durch den polnischen Katholizismus, denkt sich Grotowski den Werdegang des Schauspielers gleichsam in »sakralen« Kategorien.

Seine Übungen teilen sich in zwei Grundkategorien. Die »Körper-

übungen« bestehen aus einer Reihe abrupter, akrobatischer Kopf-
stände, Handstände, Schulterstände und hoher Sprünge, die
in rasendem Tempo hintereinander ausgeführt werden. Die
»Katze«, die elementare Körperübung, soll vor allem der Kraft
und der Geschmeidigkeit der Wirbelsäule zugute kommen. Auf
allen vieren recken und strecken die Schauspieler den Körper, um
einer Katze in ihren verschiedenen Haltungen und Stellungen
ähnlich zu werden. Bei den »Plastiken« werden die verschiedenen
Gelenke in schnelle vorwärts- und rückwärtsgerichtete Kreisbe-
wegungen versetzt: Hals, Schultern, Ellbogen, Handgelenke,
Hände, Finger, Hüften, Oberkörper; bei anderen Übungen sollen
die Gelenke in entgegengesetzte Richtungen auseinanderstreben
— der Kopf zum Beispiel strebt in eine Richtung, die Schultern in
ein andere.

Solche Übungen sind nicht falsch; sie tragen sicherlich dazu bei,
das Instrument des Schauspielers zu schulen, aber es gibt gewiß
viele andere Formen von Körpertraining, die dasselbe leisten.
Doch Grotowski zielt mit diesen Übungen nicht auf die Entwicklung des Körpers. Sie sollen den Schauspieler vielmehr dazu bringen, den eigenen »biologischen Impuls« zu finden. Im Laufe des
Prozesses entdeckt er angeblich seine physischen Impulse und mit
ihnen auch seine unbewußten, mythischen oder archetypischen
Wurzeln, die nach Grotowskis Anschauungen die Grundlage wah-
rer Kreativität sind. Dies hilft dem Schauspieler, eine persönliche
»psycho-analytische Sprache aus Lauten und Gesten« aufzubauen, die so unverwechselbar und ausdruckskräftig für den
jeweiligen Schauspieler stehen wie die in sich geschlossene Wort-
Sprache, die ein großer Dichter erschafft. Der Schauspieler muß,
Grotowski zufolge, den »Reflex der Hand während eines psychischen Prozesses und seine ganze Entwicklung von der Schulter,
über Ellbogen und Handgelenk bis zu den Fingern analysieren,
um zu entscheiden, wie jede Bewegungsphase durch ein Zeichen,
ein Ideogramm ausgedrückt werden kann«.

Ich war einer der wenigen Glücklichen, die die Aufführungen von
Grotowskis Polnischem Theaterlaboratorium miterleben durften,
als es 1969 zum erstenmal in den Vereinigten Staaten gastierte.

Mit Interesse und wachsender Erwartung hatte ich die Reaktionen im Ausland und die begeisterten Berichte einiger junger Theaterleute wie André Gregory verfolgt. Ein gewisses Unbehagen bereitete mir das mystische Element in Grotowskis Theorien und die Tatsache, daß er sich auf ein kollektives, mythisches Unbewußtes stützte. Aber ich war gespannt auf die tatsächlichen Resultate, von denen ich mir nach den Aufführungskritiken und den Schilderungen der Übungen keine rechte Vorstellung zu machen vermochte. Als ich dann eine Aufführung besuchte, hatte ich das Gefühl, an einem ganz besonderen Ereignis teilzunehmen. Statt sogleich Platz zu nehmen, nachdem man eingetroffen war, mußte man im Foyer warten. Es hieß, die Schauspieler seien dabei, sich vorzubereiten. (Einige Male sind Vorstellungen abgesagt worden, weil sich die Schauspieler ungenügend vorbereitet fühlten.) Dann wurden die Türen geöffnet, und das Publikum, das draußen gewartet hatte, strömte mit einem Mal herein. Die Hingabe und die Schulung der Schauspieler beeindruckten mich sofort, aber die Ergebnisse fand ich enttäuschend. Ich hatte mythische, transzendente Erfahrungen und Ausdrucksformen erwartet. Statt dessen schien mir, daß die Gesten und Bewegungen kein tiefes persönliches Engagement zum Ausdruck brachten, daß sie Bilder oder eine Sprache, die neuartig, spontan, individuell wirkten, gar nicht erreichten; sie wirkten konventionell. Ich war überrascht und ein wenig bestürzt darüber, daß ich im voraus erraten konnte, welcher Schauspieler sich bewegen würde und wie.

In unserer Arbeit bezeichnen wir dies als »generelle Emotion«, im Unterschied zur wirklichen Emotion; Emotion wird hier unter großem Aufwand an Kraftanstrengung mit Stimme und Körper angedeutet. Dabei verwechselt der Schauspieler die Energie, die er aufwendet, oft mit der eigentlichen Emotion. Eine wirkliche Emotion ist etwas Leichtes, Spontanes und erfordert wenig Kraftanstrengung, auch wenn der biochemische Antrieb sehr stark ist.

Der Einsatz der Stimme war ein herausragendes Element des Polnischen Theaterlaboratoriums: die Schauspieler schienen in der Lage zu sein, ihre Stimme in einer Weise zu nutzen, die viele andere Schauspieler überfordert hätte. Die Methode, die Grotowski bei der Stimmschulung benutzt, verdient besondere Beachtung, aber das Ausdrucksergebnis schien doch auf eine konventionelle Theaterintonation hinauszulaufen. Die Stimme verfolgt eine stetige Aufwärtsbewegung bis zu einem besonders markanten Punkt. Sie entwarf ein allgemeines Klangbild, besaß aber nichts von der Spontaneität und Vielfalt, in denen sich die Möglichkeiten menschlicher Expressivität spiegeln. Nichts schien jener bemerkenswerten Leichtigkeit und Einfachheit der psychologischen Gestik einer Duse zu entsprechen, der emotionalen Lebhaftigkeit und der Ausstrahlung eines Giovanni Grasso, der außergewöhnlichen rhythmischen Lebendigkeit eines Michail Tschechow, der Schönheit und Stimme eines Wassily Katschalow oder der reinen, stimmlichen Musikalität eines Alexander Moissi. Sie alle sind natürlich große Vorbilder, aber sie verkörpern doch das, wonach jeder Schauspieler streben soll, worauf die Schauspielerausbildung abzielen sollte und was jeder Schauspieler zu erreichen durchaus in der Lage ist.

Man hat gesagt, »der wichtigste Schlüssel zu Grotowskis schauspielerischer Technik ist der Impuls«. Und Grotowski selbst hat methodisch und sehr sorgfältig nach der Quelle des Impulses gesucht. Dort ansetzend, wo Stanislawski aufgehört hat, stellt Grotowski eine Reihe von Fragen: Was ist der Impuls? Was führt zu einer bestimmten Geste? Was treibt die Schauspieler, zu weinen oder zu schreien, laut oder leise zu sprechen, sich zu bewegen, zu gehen oder zu rennen? Wie kann man Impulse anreichern, festhalten und wiederholen? Mit solchen Fragen muß sich jede Art der Schauspielerausbildung auseinandersetzen, aber Grotowskis Grundannahme, daß nur körperliche Stimuli diese Probleme lösen könnten, verdeckt das mystische Element in seinem Ansatz. Der Weg, den Grotowski von seinem sogenannten »armen Theater«, das die Kreativität des Schauspielers in den Vordergrund stellte, hin zu seiner derzeitigen Auffassung von »Anti–Theater« gegangen ist, spiegelt seine wirklichen Intentionen.

Als ich Grotowski dann kennenlernte, versuchte ich herauszufinden, was ich hier eigentlich vermißte, und ich fragte ihn: »Wohin gehen Sie?« Er antwortete: »Ich weiß es nicht.« Die Antwort erwies sich als eine überraschend genaue Spiegelung seiner geistigen Haltung. Für mich bleibt das, was wir im Theater auszudrükken bestrebt sind, immer eine individuelle Suche.

Nachdem ich die Vorstellungen von Grotowskis Polnischem Theaterlaboratorium miterlebt hatte, mußte ich leider den Schlußfolgerungen zustimmen, zu denen der Kritiker Walter Kerr gelangt war: »Wenn es ein Mimus ist, dann war der Mimus nicht gut genug, wenn es Tanz ist, dann war es kein besonders glänzender Tanz, und wenn es Schauspiel ist, dann war es auch als Schauspiel nicht gut genug.«

Diese Kritik bestreitet nicht, daß Grotowskis Überlegungen zum Theater wertvoll sind und daß von ihnen ein Anreiz zur Suche nach neuen Inszenierungsformen ausgeht. Sie bezieht sich vielmehr auf das Grundproblem der Kreativität und der Ausbildung des Schauspielers. Ich möchte die historische und innovative Bedeutung von Grotowskis Arbeit innerhalb des modernen Theaters keineswegs herabmindern. Ich kann seine Beiträge nur im Hinblick auf die spezifischen Probleme bewerten, mit denen auch wir es zu tun haben.

Der eigentliche Widerstand gegen die »Methode«, der in diesen »externen« oder »objektiven« Schauspielschulen zum Ausdruck kommt, geht von den wissenschaftlichen Untersuchungen der beiden Psychologen William James und C.G. Lange aus. Meyerhold war 1921 einer der ersten, die der von Stanislawski betriebenen Schulung des affektiven Gedächtnisses eine als »Biomechanik« bezeichnete externe Technik entgegensetzten, die durch die Theorie von James und Lange angeregt worden war. Andere Regisseure folgten diesem Beispiel, und heute gilt Grotowski innerhalb des Theaters als der führende Vertreter dieses externen oder objektiven psychologischen Ansatzes. In ihrem Kern verknüpft die Theorie von James und Lange die Muskelreaktion mit der Gefühlswahrnehmung. Daher James' Grundformel: »Ich erblickte einen Bär. Ich lief. Ich bekam Angst.« Wie Diderots grundsätzliche Überlegungen scheint mir auch die Theorie von James und Lange einer genaueren Untersuchung zu bedürfen.

Zum erstenmal lernte ich die Theorie der Emotion von James und Lange aus sekundären Darstellungen in Lehrbüchern kennen. Entgegen der herkömmlichen Auffassung, derzufolge »jemand einen Bär sieht (Wahrnehmung), Angst bekommt (Emotion) und wegläuft (Handlung)«, hatten James und Lange diesen Quellen zufolge eine andere Abfolge entdeckt. Sie seien der Meinung, so hieß es, der Mensch nehme eine Emotionen weckende Situation zunächst war, handle dann und deute seine Verhaltens- und Gefühlsreaktionen erst danach als eine spezifische Emotion. »Der Mensch, der den Bär erblickt, läuft weg, nimmt sich im Laufen wahr und wird sich nun der Tatsache bewußt, daß er Angst hat.« Dies ist die Grundlage für die meisten körperlichen oder externen Ansätze der Schauspielkunst geworden. Diese Ansätze bestreiten das Vorhandensein eines eigenständigen emotionalen Erlebens und behaupten statt dessen, körperliches Handeln deute emotionales Erleben an oder ziehe es nach sich. Dies hat auch zu der Behauptung Grotowskis geführt: »Zuerst kommt die körperliche Aktivität, dann der stimmliche Ausdruck ... Zuerst haut man auf den Tisch, und nachher schreit man.«

Ich hatte keinen Grund, die Korrektheit dieser Darstellung der Theorie von James und Lange in Frage zu stellen. Aber im Zuge der Überprüfung einiger grundsätzlicher Thesen, beschloß ich, einen Blick in James' eigene Version seiner Theorie zu werfen. Ich war völlig verblüfft, als ich feststellte, daß in seiner eigenen Darstellung die Akzente ganz anders gesetzt sind. Außerdem bekräftigte sie klar und eindeutig den »emotionalen« Gesichtspunkt. James wandte sich gegen einen spirituellen und, wie er meinte, unscharfen und unbrauchbaren Begriff von Emotion. Deshalb hob er hervor, daß eine Emotion aus deutlich wahrnehmbaren körperlichen Handlungen bestehe. Das Bild vom »Weglaufen« hatte man unglücklicherweise aus seiner sehr viel genaueren Darstellung herausgegriffen und isoliert. James sagt in seinen *Principles of Psychology* ganz deutlich:

Objekte der Wut, der Liebe, der Angst usw. veranlassen den Menschen nicht nur zu äußeren Handlungen, sie rufen auch charakteristische Veränderungen in seiner Haltung und seinem Gesichtsausdruck hervor und wirken sich in spezifischer Weise auf Atmung, Blutkreislauf und andere organische Funktionen aus. Wenn die äußeren Handlungen unterbunden werden, bleiben diese zuletzt genannten emotionalen Äußerungen dennoch erhalten, und wir erkennen den Zorn im Gesicht, auch wenn der Schlag nicht erfolgt, und die Angst verrät sich in Stimme und Gesichtsfarbe, auch wenn wenn man alle anderen Anzeichen unterdrückt.

James selbst war nahe daran, seine Hypothese zu verfälschen, als er erklärte: »Einleuchtender ist die Feststellung, daß wir traurig sind, weil wir weinen, zornig, weil wir schlagen, ängstlich, weil wir zittern, statt daß wir weinen, schlagen, zittern, weil wir traurig, zornig oder ängstlich sind.« Diese Körperzustände sind uns jedoch bloß behilflich, unsere Emotionen zu begreifen. James erläutert dann, wie komplex das emotionale Erleben ist und wie individuell sich der Ausdruck einer Emotion gestaltet.
Ich habe dies nie klarer dargestellt gefunden als von James. Die körperlichen Veränderungen, die durch einen Reiz ausgelöst werden, schreibt er,

sind so zahlreich und subtil, daß man den gesamten Organismus als einen Klangkörper bezeichnen könnte, in dem jede Veränderung des Bewußtseins, so flüchtig sie sein mag, nachhallt. Die verschiedenen Abwandlungen und Kombinationen, die in diesen organischen Veränderungen sichtbar werden, lassen es theoretisch möglich erscheinen, daß auch die geringste Emotion, so flüchtig sie sein mag, nicht ohne *körperlichen* Nachhall bleibt, der, in seiner Gesamtheit betrachtet, genauso unverwechselbar ist, wie die Gemütsstimmung selbst. *Weil bei jeder Emotion eine ungeheure Anzahl von Elementen modifiziert wird, fällt es uns so schwer, im Zustand der Besonnenheit den Ausdruck einer solchen Emotion vollständig und wirklich zu reproduzieren. Vielleicht gelingt es uns mit den vom Willen gesteuerten Muskeln, aber wir scheitern bei der Haut, den Drüsen, dem*

Herzen und anderen inneren Organen. Wie es einem künstlichen
Hüsteln an Realität fehlt, so wirkt auch der Versuch, eine
Emotion zu imitieren, wenn die auslösende Ursache nicht
vorhanden ist, »hohl«. (*Hervorhebungen von Strasberg*)

Eine bessere Bestimmung, Beschreibung oder Erläuterung des
Unterschiedes zwischen dem »emotionalen« und dem »anti–emotionalen« Gesichtspunkt in der Schauspielkunst ist mir nie begegnet. Die Übungen zum emotionalen Gedächtnis sind gerade so
angelegt, daß sie eine Gefühlslage erzeugen, die zu wirklicher
Expressivität führen kann. Als wäre dies noch nicht genug, um
meine These zu belegen, fährt James fort:

Was für eine Art von Angstgefühl übrig bliebe, wenn mit ihm
weder Herzklopfen noch hastiges Luftholen verbunden
wären, weder ein Zittern der Lippen noch weiche Knie,
weder Gänsehaut noch krampfartige Empfindungen im
Inneren, kann ich mir nicht vorstellen. Kann man sich den
Zustand der Wut vorstellen ohne Anschwellen des Brust-
korbs, ohne Erröten des Gesichts, ohne Erweiterung der
Nasenlöcher, ohne Zusammenpressen der Zähne, ohne den
Drang zu impulsivem Handeln, statt dessen schlaffe Muskeln, gleichmäßiger Atem und ein sanfter Gesichtsausdruck?

Ein Schauspieler, der nicht imstande ist, das emotionale Empfinden wiederzubeleben, der innerlich nichts fühlt und nur unter
enormem Kraftaufwand zu erröten vermag, muß schließlich die
Nasenlöcher erweitern, die Zähne aufeinanderpressen und die
Stimme anspannen, um uns etwas vorzugaukeln, das gar nicht
vorhanden ist. James hat unmißverständlich erklärt, daß »Emotion unabhängig von jeglichem *körperlichen Gefühl* unvorstellbar ist
... unsere Emotionen müssen das, was sie sind, stets von *innen* her
sein, gleichgültig, was der physiologische Grund für ihr Erscheinen ist.« Er äußerte auch Mißtrauen gegenüber der Klassifizie-
rung und exakten Beschreibung von Emotionen. Seiner Ansicht
nach haben Fragen wie »Was ist der ›wirkliche‹ oder ›typische‹

Ausdruck von Zorn oder Angst?« überhaupt keine objektive Bedeutung: »In dem Augenblick, in dem wir die Entstehung einer Emotion erklären wollen ... erkennen wir sofort, warum die Zahl möglicher unterschiedlicher Emotionen unbegrenzt ist.«

Unter Berufung auf Lange schrieb James:

> Wir haben gesehen, daß die Angst dem Opfer das Blut in den Kopf treiben kann, statt ihn erbleichen zu lassen; wir haben gesehen, daß der Bekümmerte in rastlosem Jammer umherläuft, statt gebeugt und schweigsam dazusitzen, usw. usw. und das ist durchaus verständlich, denn ein und dieselbe Ursache kann sich auf die Blutgefäße verschiedener Menschen unterschiedlich auswirken.

Im Hinblick auf Fragen, die sich direkt auf das Problem des Schauspielens beziehen, meinte er:

> Ein emotionales Temperament auf der einen Seite und eine lebhafte Phantasie für Gegenstände und Situationen auf der anderen sind also die notwendigen und hinreichenden Bedingungen für ein reiches emotionales Leben. Gleichgültig, wie emotional jemand veranlagt ist — wenn die Phantasie schwach ist, werden die Gelegenheiten, Gefühlsabläufe in Gang zu setzen, nicht genutzt, und das Leben bleibt alles in allem kalt und nüchtern.

James war auch der Meinung, daß

> es mit den Emotionen so ist wie mit den Instinkten: die bloße Erinnerung oder die Vorstellung des Objekts kann ausreichen, um die Erregung freizusetzen. Man kann, während man über eine Beleidigung nachdenkt, zorniger werden, als man es in jenem Augenblick war, in dem man sie empfing; und eine tote Mutter entfacht in uns sehnlichere Gefühle, als wir zu ihren Lebzeiten je für sie empfanden.

James erläuterte dann, daß der Begriff »*Objekt* der Emotion« sich auf etwas beziehen kann, das »entweder materiell vorhanden oder auch auch nur in Gedanken vorhanden ist«. »Die Wiederbeleb-barkeit von Emotionen in der Erinnerung ... ist sehr gering. Wir können uns daran erinnern, daß wir Kummer oder Begeisterung erfahren haben, aber nicht daran, wie wir den Kummer oder die Begeisterung im einzelnen empfunden und erlebt haben.«

Mit eben diesem Gebiet befassen sich im Rahmen unserer Ausbildung jene Übungen, die die Fähigkeit stärken sollen, Emotion nicht nur zu erinnern, sondern wiederzubeleben, das heißt, neu zu durchleben.

Das Wissen um das Problem des Schauspielers macht mich vielleicht besonders empfänglich für bestimmte Feststellungen von James und Lange, die bisher nicht ausreichend beachtet und gewürdigt worden sind. Ich habe sie hier ausführlich zitiert, weil es wichtig ist zu erkennen, in welcher Beziehung sie zu meiner Arbeit stehen.

Die Beiträge von Bertolt Brecht scheinen mir auf einer anderen Ebene angesiedelt zu sein als die von Artaud und Grotowski. Artauds Einfluß geht vor allem von seinen Ideen aus, die in einem kleinen Kreis kritischer Geister in Umlauf sind. Die Ideen Grotowskis sind in konkreten Inszenierungen zum Ausdruck gekommen, die dem breiteren Theaterpublikum allerdings unbekannt geblieben sind. Die Stücke von Brecht hingegen haben allgemein große Beachtung und viel Anerkennung gefunden, obwohl sie häufig politische Anschauungen vertreten, die denen des Publikums zuwiderlaufen oder sie in Frage stellen.

Brechts Inszenierungen mit dem Berliner Ensemble gehören für mich zu den herausragendsten Leistungen im Theater der Nachkriegszeit, und zwar nicht so sehr wegen der dramatischen Ideen seiner Stücke, sondern vor allem wegen der großartigen Bühnenwirksamkeit und des Phantasiereichtums seiner Inszenierungen, gepaart mit einem einfachen, erdverbundenen, direkten schauspielerischen Stil. Immer wenn die Produktionen Brechts in die Außenwelt gelangten, lautete die Reaktion des Publikums: »Angeblich ist dieser Brecht doch so kalt, intellektuell, verfremdet, unemotional. Aber dies hier ist aufregend, farbig, unterhaltsam und bewegend!«

Brecht beschäftigte sich, soweit ich sehe, immer wieder mit der Frage, wie der Schauspieler sich in einem überhöhten theatralischen Stil ausdrücken kann. Obwohl man Brechts Werk oft in einen Gegensatz zu Stanislawski und zur Methode gestellt hat, wendete er oft die gleichen Prinzipien an, um Wahrheit und Glaubhaftigkeit zu erzielen.

Ich war zufällig in London, als das Berliner Ensemble 1956 (kurz nach Brechts überraschendem Tod) zum erstenmal nach England kam; ich kann bezeugen, daß das Publikum und die Kritik mit Überraschung und Vergnügen reagierten — ich selbst ebenfalls. Aber *so* überrascht war ich nun doch nicht, denn aufgrund meiner eigenen Erfahrungen mit Brecht (auf die ich noch eingehen werde) war ich immer der Meinung gewesen, daß viele seiner Anhänger seine Ideen in einer allzu abstrakten, intellektualistischen, analytischen Verkleidung präsentiert hatten. Damit wurden sie der Unmittelbarkeit, der Derbheit und der zuweilen beabsichtigten Vulgarität nicht gerecht, die seinem dichterischen Schaffen eine so persönliche Dynamik geben und es zugleich so schwierig machen.

Ein verbreitetes Mißverständnis von Brechts Werk führte zu der Annahme, es bestehe ein Gegensatz zwischen Brecht und Stanislawski. Es bildete sich die Auffassung heraus, es gebe einen abstrakten Zwiespalt zwischen der Schauspielkunst, die auf dem »Erleben« beruht, und jener, die auf dem »Zeigen« beruht — deshalb assoziierte man mit Brecht Kälte, Gefühlsverneinung und einen formalistischen Inszenierungsstil.

Brecht selbst war dieses Mißverständnis sehr bewußt. In dem 1951 geschriebenen Text *Aus einem Brief an einen Schauspieler* sagt er, viele seiner Äußerungen über das Theater würden mißverstanden, vor allem von jenen, die ihnen zustimmen: »Es ist mir dann zumute, wie es einem Mathematiker zumute wäre, wenn er läse: Ich bin mit Ihnen ganz einverstanden, daß zwei mal zwei fünf ist. Ich glaube, gewisse Äußerungen werden mißverstanden, weil ich Wichtiges vorausgesetzt habe, statt es zu formulieren.«

Brecht geht dann auf die Frage ein, ob das Schauspielen nicht zu einer rein technischen, mehr oder weniger unmenschlichen Angelegenheit gemacht wird, wenn man, wie er es tut, darauf beharre, daß sich der Schauspieler nicht völlig in die Stückfigur verwandeln, sondern — kritisierend und lobend — gleichsam neben ihr stehen bleiben solle. Brecht glaubte, dies sei nicht der Fall:

> ... es muß meine Schreibweise, die zuviel für selbstverständlich hält, sein, daß ein solcher Eindruck entsteht. Sie sei verflucht! Natürlich müssen auf der Bühne eines realistischen Theaters lebendige, runde, widerspruchsvolle Menschen stehen, mit all ihren Leidenschaften, unmittelbaren Äußerungen und Handlungen. Die Bühne ist kein Herbarium oder zoologisches Museum mit ausgestopften Tieren. Der Schauspieler muß diese Menschen schaffen können (und wenn Sie unsere Aufführung sehen könnten, würden Sie solche Menschen sehen, und sie sind Menschen nicht trotz, sondern dank unserer Prinzipien!).

John Willett meint, dies sei vielleicht die wichtigste Einschränkung, die Brecht an seiner extremen theoretischen Position vorgenommen habe. Ich kann dem nicht ganz zustimmen. Brecht ging es in erster Linie um das gleiche Problem, auf das vor ihm schon Nemirowitsch–Dantschenko und Wachtangow aufmerksam gemacht hatten. Der Schauspieler muß lernen, zwischen der eigenen Realität und dem eigenen Verhalten auf der einen Seite und der Realität und dem Verhalten seiner Rolle auf der anderen zu unterscheiden. Nicht mechanisch oder auf äußerliche Weise lernt er, das notwendige Verhalten zu erschaffen, sondern indem er seine eigene Realität dazu bringt, sich in der richtigen Weise mit der Realität der Rolle innerhalb der Szene zu verknüpfen. In seinem pragmatischen Essay *Kleines Organon für das Theater* (1948) stellt Brecht sogar fest:

> Wenn auch beim Probieren Einfühlung in die Figur benutzt werden kann, ... darf dies doch nur als eine unter mehreren

Methoden der Beobachtung angewendet werden. Sie ist beim Probieren von Nutzen, hat sie doch selbst in der maßlosen Anwendung durch das zeitgenössische Theater zu einer sehr verfeinerten Charakterzeichnung geführt. Jedoch ist es die primitivste Art der Einfühlung, wenn der Schauspieler nur fragt: wie wäre ich, wenn mir dies und das passierte? wie sähe es aus, wenn ich dies sagte und das täte?

Brecht empfahl, der Schauspieler solle statt dessen fragen: »Wie habe ich schon einen Menschen dies sagen hören oder das tun sehen?« Natürlich ist es viel einfacher, wenn sich der Schauspieler fragt: »Wann habe ich selbst so etwas gesagt oder so etwas getan?« Brecht legt sogar einiges Gewicht auf das, was man als die »Illusion des ersten Mals« bezeichnen könnte, wenn er den Schauspieler ermahnt, er müsse »mit dem Text diese seine ersten Reaktionen, Vorbehalte, Kritiken, Verblüffungen memorieren, damit sie in seiner Endgestaltung nicht etwa vernichtet werden, indem sie ›aufgehen‹, sondern bewahrt und wahrnehmbar bleiben.« Und er betonte, »das Lernen des Schauspielers muß zusammen mit dem Lernen der anderen Schauspieler, sein Aufbau der Figur mit dem Aufbau der anderen Figuren vorgenommen werden«. Immer wieder kommt Brecht darauf zu sprechen, daß der Schauspieler nicht nur aus der Lektüre seines Textes lernt und daß er sehr viel mehr über sich selbst erfährt, wenn er sich während des Probenprozesses auf die Auseinandersetzung mit den anderen Figuren des Stücks einläßt.

Brecht sagte, die Identifikation des Schauspielers mit der Rolle sei in der Vorführung zu vermeiden. Er sagte dies, weil er befürchtete, der Schauspieler werde, wenn er wirklich etwas empfinde, unfähig, den anderen Anforderungen, die das Stück an die Figur stellt, und den Absichten der Szene zu genügen. Wie ich gezeigt habe, ist diese Befürchtung unbegründet.

Stanislawski war mit einer bestimmten Szene unzufrieden gewesen, in der es um einen korrupten Verwalter geht, der die Leute beleidigt und bestiehlt. In dieser Szene hat der Verwalter die Schnapsidee, sich und seine Gefährten als Räuber zu verkleiden, um sich dann im Wald zu verstecken und einen seiner Freunde zu erschrecken. Da die Rolle des Verwalters von dem großen Iwan Moskwin gespielt wurde, reagierte das Publikum mit viel Sympathie und Mitgefühl auf diese Szene. Stanislawski suchte nun nach einer Möglichkeit, die Sympathie des Publikums zu brechen. Die Zuschauer sollten zwar über die Handlung lachen, aber sie sollten dennoch ihre Boshaftigkeit und Grausamkeit wahrnehmen. Deshalb umgab er die von Moskwin verkörperte Gestalt mit einer großen Masse von Leuten, die ihm wie ein Kometenschweif folgten, ihm zur Hand gingen, ihm Kissen, Wodka, fünfzehn Stühle und andere Dinge brachten. Sie sollten ihm um jeden Preis folgen, gleichgültig, ob er auf einen Baum kletterte oder auf dem Erdboden ein Spiel spielte. So wurde der sympathische Gauner als grausamer Sklavenhalter entlarvt. Brecht erlebte diese Aufführung in Moskau und berichtet, wie den Zuschauern das Lachen im Halse steckenblieb. Er sprach von einer »vollkommen dialektischen Aufführung« und setzte lächelnd hinzu, »verfremdet im strengsten Sinne des Wortes«.

Manfred Wekwerth, ein Mitarbeiter von Brecht, hat geschildert, wie sich Brecht bei der Inszenierung von *Mutter Courage* vor das gleiche Problem gestellt sah. Die Aufführung in Zürich hatte gezeigt, wie sehr die Vitalität und die Unverwüstlichkeit der Mutter Courage dem Publikum gefielen. Sie beklagte den Tod ihrer Kinder und gab dem Krieg die Schuld daran. Die Zuschauer erkannten nicht, daß der Krieg nur möglich ist, weil sich auch die kleinen Leute, wie Mutter Courage, an ihm beteiligen. Sie sahen nicht, daß Mutter Courage am Tod ihrer Kinder mitschuldig war, und machten ihr ihre Unfähigkeit zu lernen nicht zum Vorwurf. Für die Inszenierung in Berlin suchte Brecht nun nach einem Weg, wie in den Augenblicken, in denen die »Mutter« um ihre Kinder klagt, auch die »Marketenderin« in ihr gegenwärtig bleibt. Mit Hilfe von Helene Weigel, die die Mutter Courage spielte, fand er eine Lösung. Während die Mutter das Schicksal ihrer Tochter beklagt und den Krieg verflucht, fährt sie darin fort, mechanisch, wie es Händler tun, mit den Fingern das Mehl zu prüfen, das ihre Tochter aus dem Dorf geholt hat. Diese Szene war eine der eindrucksvollsten des ganzen Stückes. Die Zuschauer konnten sich nun nicht ohne weiteres mit dem Leiden der Mutter identifizieren, ohne gleichzeitig Empörung darüber zu verspüren, daß Leute wie sie auch weiterhin ihr schmutziges Geschäft mit dem Krieg machten. Wekwerth wies mit Recht darauf hin, daß der »Verfremdungseffekt« hier die Wahrhaftigkeit und Realität der Szene in keiner Weise beeinträchtigte und daß dieses Verfahren ganz im Einklang mit den Ideen Stanislawskis stand.

Stanislawski hat zwar das Wort *Verfremdung* nie gebraucht, aber einer seiner Ratschläge lautete, der Schauspieler solle stets auch nach dem Gegenteil suchen — er solle sich nie damit zufriedengeben, eine Rolle theatralisch sichtbar zu machen, sondern stets auch die entgegengesetzten Elemente aufsuchen, die ihm helfen können, die spezifische Realität zu erschaffen.

Wekwerth zufolge ist die Frage, ob der Schauspieler die Realität wirklich erlebt oder nur »zeigt«, von geringer Bedeutung. Stanislawski, so behauptet er, würde seine großen Schauspieler nie mit dieser »bürokratischen« Frage behelligt haben. Aber genau hier beginnt das Problem, ob der Schauspieler die Fähigkeit besitzt, die Realität seiner Arbeit an sich selbst auch zum Ausdruck zu bringen. Hätte eine andere Schauspielerin bei dem Versuch, den Absichten Brechts gerecht zu werden, die gleiche Eindringlichkeit und Überzeugungskraft erreicht wie Helene Weigel? Dieses elementare Problem — daß die Fähigkeit des Schauspielers, eine beliebige, ihm aufgetragene Realität zu erschaffen, von seinem Talent abhängt — bleibt hier im wesentlichen ungelöst.

Aus meiner persönlichen Erinnerung möchte ich hier etwas über das Verhältnis Brechts zu den Ideen von Stanislawski und zur Methode anfügen. Diese Dinge sind bisher nirgendwo erwähnt oder beschrieben worden, und sie besitzen deshalb vielleicht eine gewisse historische Bedeutung. Über Brechts Erfahrungen in Amerika und seine Unzufriedenheit mit den Inszenierungen seiner Stücke ist viel und oft geschrieben worden. Im Jahre 1936 traten einige Mitglieder des Group Theatre mit der Bitte an mich heran, mit ihnen an einem von Brechts »Lehrstücken« zu arbeiten. Das Problem reizte mich, und deshalb sagte ich gerne zu. Wir

versammelten uns in meiner Wohnung, einem großen Raum über
dem damaligen Al Jolson Theatre. Brecht war bei diesen Proben
anwesend, im Schutze seiner ewigen Zigarre saß er hinten in einer
Ecke; er hatte etwas seltsam Zerstreutes und zugleich Konzen-
triertes an sich, es erinnerte mich an eine Spiralfeder. Die Schauspieler setzten sich und fingen an, das Stück zu lesen. Sie hatten
kaum begonnen, da unterbrach ich sie schon. Etwas zaghaft
äußerte ich die Meinung, das sei nicht, was Mr. Brecht haben
wolle. Sie läsen nicht so, wie sie es unter normalen Bedingungen
bei einer Probe am Group Theatre getan hätten, sondern bemüh-
ten sich, das zu erzielen, was sie sich unter dem »Verfremdungs-
Effekt« vorstellten. Ich wandte mich an Brecht, um seine Meinung zu erfahren. Er nickte zustimmend. Vorsichtig äußerte ich
die Ansicht, Mr. Brecht wolle, daß der Schauspieler wirklich und
wahrhaftig sei. Heftiges Kopfnicken bei Brecht. Ich erläuterte,
möglicherweise wolle Mr. Brecht nicht, daß der Schauspieler im
Augenblickserlebnis seiner Rolle aufgehe, vielleicht wolle er jene
Realität, die sich einstellt, wenn etwas geschehen ist und wir
jemandem das Geschehene beschreiben. Es geht uns dann nicht
um die emotionale *Intensität* des Ereignisses, sondern um die präzise Realität und Wahrheit dessen, was vorgefallen ist.[1] Wenn ich
beispielsweise sage, »Ich bin schockiert«, dann lasse ich zu, daß
die Schockempfindung zum Ausdruck kommt, ohne mich zu
bemühen, sie auszuagieren. Ich versuchte dem Group Theatre zu
erklären, daß Brecht unter Distanzierung eine bestimmte Art und
Weise verstehe, dem Publikum ein Gefühl mitzuteilen, ohne daß
man sich dabei unbedingt auf die gleiche Erlebnisintensität einläßt, die in Stücken mit psychologischem Akzent verlangt wird.

---

[1] Ich übernahm diesen Gedanken von Stanislawski, der einmal einen Schauspieler bat, zu
schildern, was in einer bestimmten Szene vor sich ging. Der Schauspieler sagte nun
nicht »er«, sondern »ich«, beschrieb die Szene und spielte sie dabei schlicht, aber
wahrhaftig vor: »Ich öffne die Tür — ich bin müde — es ist dunkel — niemand ist da,
ich frage mich, wohin sie gegangen sind — ich hatte geglaubt, sie würden jetzt zu Hause
sein — ich hatte erwartet, ich würde sie treffen — wie spät ist es? — habe ich einen
Fehler gemacht?« Der Schauspieler führte das einfache körperliche Verhalten aus, das
die Sequenz dieses Erzählvorgangs begleitete. Die Aktion blieb nicht einfach nur
erdacht und erzählt, sondern wurde durch das Verhalten abgerundet.

Der Stil des Stückes fordere eine andere Art von Ausdruck, aber die Realität des Gefühls bleibe dieselbe. Denn auch wenn ich sage, »Ich bin wütend«, muß ich natürlich hinreichend davon überzeugt sein, daß ich wütend bin, sonst würde der Ausdruck weder wirklich noch wahr oder, wie Brecht es formulieren würde, »natürlich« sein.

Während ich dies ausführte, nickte Brecht, der im Verlauf der Proben nie ein Wort sprach, immer wieder zustimmend zu mir herüber. Für mich war es ein interessantes Erlebnis. Ich war schon früher der Meinung gewesen, daß viele Leute nicht verstanden, was Brecht wollte. Der »Verfremdungs–Effekt«, von dem er sprach, war nicht dazu da, die Wirklichkeit zu leugnen. (Dieses Mißverständnis führte nicht nur zum Scheitern vieler amerikanischer Inszenierungen seiner Werke, es war auch die Ursache von Brechts heftiger Kritik an ihnen.) Ich habe stets mit Vergnügen an diese Erfahrungen mit Brecht zurückgedacht und war deshalb auch fest davon überzeugt, daß er sowohl von seinen Anhängern wie auch von seinen Kritikern mißverstanden wurde.

Im Jahre 1956, nach Brechts Tod, flog ich nach London, um den *Coriolan* in der Inszenierung des Berliner Ensembles zu sehen. Ich hatte befürchtet, ohne Brecht würde dieses Theater nicht weitermachen können. Ich hatte seinen Werdegang verfolgt und war erfreut festzustellen, daß es sich durchaus zu halten vermochte. Aber vor allem wollte ich sehen, wie dieses Ensemble mit einem Shakespeare–Stoff umgehen würde.

Diese Inszenierung war für mich außerordentlich beeindruckend und anregend. Da ich nach England eingeladen worden war und die Mittel der Theatertruppe beschränkt waren, veranstaltete ich für einige Mitglieder nach der Aufführung ein Essen in einem der bekannten Restaurants. Ich wollte vor allem erfahren, wie sie diese Inszenierung erarbeitet hatten und wie sie durch Kollektivarbeit zu einer Reihe von Lösungen gelangt waren.

Man stelle sich meine Überraschung und meine heimliche Freude vor, als sie mir schilderten, wie Brecht mit einem Schauspieler, der bei einer bestimmten Sequenz Schwierigkeiten gehabt hatte, verfahren war: er hatte genau jene erzählerische Prozedur ange-

wandt, die ich während der Proben am Group Theatre in seiner
Anwesenheit entwickelt hatte. Leider waren diese Proben nach
wenigen Wochen eingestellt worden, und öffentlich ist über sie nie
etwas verlautet. Ich hatte damals auch kein Zeugnis, das meine
Erinnerung hätte bestätigen können. Kurz nach unserer Hochzeit
stöberte meine Frau Anna in unserem Haus herum, durchsuchte
alte Schachteln — sie waren seit vielen Jahren nicht geöffnet worden und wären ohne die Hartnäckigkeit meiner verstorbenen Frau
Paula auch längst verloren gegangen — und kam eines Tages mit
einem Blatt zu mir, das sie gefunden hatte und das ich identifizieren sollte. Es war ein Brief von Brecht, der sich auf diese Proben
bezog. Für mich war das der direkteste Hinweis auf seine positive
Haltung sowohl zu Stanislawski als auch zur Methode. Brecht
äußerte sich begeistert und zufrieden über unsere Proben und
unsere gelungene Zusammenarbeit. Dann schilderte er seine
anfängliche Enttäuschung darüber, daß es ihm nicht gelungen sei,
verständlich zu machen, was er zur Rettung des amerikanischen
Theaters für notwendig hielt. Aber in unserer Gruppe hatte er
Hoffnung geschöpft: er schrieb, die gemeinsame Zeit mit uns habe
ihm gezeigt, daß ein »revolutionäres Lehrtheater« in Amerika
möglich sei.

Das Werk Brechts bleibt für mich der wohl bedeutendste Beitrag
zum Theater seit Stanislawski und Wachtangow. In ihrem Stil,
ihrem Phantasiereichtum und ihrer ganzen Haltung kam die Inszenierung von *Der kaukasische Kreidekreis* den Wachtangow–Produktionen von *Der Dibbuk* und *Turandot* am nächsten. Zwischen
Brecht und Wachtangow gab es eine Reihe bemerkenswerter Ähn-
lichkeiten, nicht nur in ihrer Hochachtung für das Werk von Stanislawski und in ihrer Einstellung zu ihm, sondern auch in ihrer
Suche nach neuen Mitteln, um den gesellschaftlichen und theatralischen Charakter und das Umfeld des jeweiligen Stücks herauszuarbeiten. Die Inszenierungen des Berliner Ensembles, vor allem
Der kaukasische Kreidekreis, gehören zu dem halben Dutzend wirklich herausragender Erfahrungen in meinem Leben. Brechts
»nicht–aristotelische« Theorie des Theaters wird vor allem in sei-

nem dramatischen Schaffen greifbar, das Beste an seiner Theaterarbeit aber geht auf Stanislawski zurück, und vielleicht hat er dabei sogar die Techniken der Methode eingesetzt.

Zum Abschluß

Gemeinsam ist dem System Stanislawskis und der Methode, daß beide die Kreativität des Schauspielers in den Mittelpunkt stellen. Die Methode sieht im Schauspieler einen schöpferischen Künstler, der die Ideen, Absichten und Worte des Autors in eine lebendige Darbietung übertragen muß. In dieser Darbietung umfaßt der Wortklang nicht nur Bedeutung, sondern auch Wahrnehmung, Emotion und Verhalten. Es wird eine neue Realität gewonnen — die mit den Worten verbunden ist, häufig aber auch unabhängig von ihnen bleibt. Man könnte sogar sagen, daß die Methode Gordon Craigs Begriff der »Theaterkunst« akzeptiert; aber statt vom Schauspieler die Klarheit und Präzision einer »Über–Marionette« zu verlangen, betont sie, daß seine Kreativität das entscheidende Mittel ist, mit dem Theaterkunst geschaffen werden kann. Die praktische Arbeit war bei der Entwicklung der Methode so konkret und stand so sehr im Vordergrund, daß darüber das breite Ideenfundament, auf dem sie ruht, aus dem Blick gerät. Die erzielten Resultate sind so bekannt, daß es notwendig war, zur Bekräftigung der Methode auch auf ihre theoretischen Grundlagen einzugehen.

Die Entdeckungen Stanislawskis sowie die Erfahrungen und Perspektiven, die sich aus der Methode ergeben, liefern, wie mir scheint, zum erstenmal eine konkrete Grundlage für das Verständnis der Kreativität des Schauspielers und bilden insofern auch die Grundlage für seine Ausbildung. Sie können auch dazu beitragen, das allgemeine Problem der Kreativität, vor allem im Hinblick auf andere Kunstgattungen, zu klären. Aber ich möchte überdies darauf hinweisen, daß sie auch auf sehr viel breiterer Ebene von großem Wert sein können, nicht nur für Schauspieler und Künstler, sondern für alle Menschen in ihrem täglichen Leben und bei ihrer Suche nach Erfüllung.

Es gibt heute geradezu eine Sucht nach allen möglichen Formen psychophysischer Übungen: Meditation, Zen, Joga, Suche nach innerem Frieden und Entspannung. Die Wissenschaft hat es vor allem mit dem Problem der Zunahme von psychischem und emotionalem Stress zu tun. Die Stress–Belastung entsteht aus einem Übermaß an innerem Druck, der das Handeln des Individuums beeinträchtigt. Stress wird nur von einem kleinen Prozentsatz der Bevölkerung erlebt, während Spannung etwas ist, dem jeder Mensch unterliegt. Der Unterschied zwischen beiden ist nicht genau genug bestimmt.

Spannung — nicht als psychische oder emotionale Störung, sondern als Hervorbringung unnötiger Energie, die das normale Funktionieren des Menschen beeinträchtigt — gehört zum natürlichen Leben. Jeder Mensch, gleichgültig, wie er darüber denkt, ist dieser ständigen Spannung ausgesetzt. In welchem Maße der einzelne dem unterworfen ist, was man als normale Spannung bezeichnen könnte, ist unberechenbar. Durch Stress belastete Augenblicke werden von den Menschen bemerkt, aber nur wenigen kommt je zu Bewußtsein, in welchem Maße ihr Handeln durch jene »normale Spannung« bestimmt wird. Oft glauben sie, sie seien schon entspannt, wenn sie sich bewußt um Entspannung bemühen. Vielleicht hat es sogar für das erfahrene Auge den Anschein, als seien sie entspannt, und doch sind Muskeln und Nerven auch weiterhin gespannt, ohne daß der Mensch es bemerkt.

Aus den Verfahren zum Erzielen einfacher Entspannung, die ich in diesem Buch beschrieben habe, kann jeder Nutzen für seine Lebensweise ziehen. Alles, was der Mensch tut, erfordert einen Aufwand an Energie. Überschüssige Energie führt zu einer Unterbrechung und Störung im natürlichen Funktionieren des menschlichen Instruments und verursacht viele psychosomatische Symptome, die nicht unbedingt zu seelischen oder emotionalen Störungen führen müssen. Jeder Mensch ist diesen natürlichen Spannungen ausgesetzt.

Die allgemeine Schulerziehung übt die Menschen heute vor allem darin, eine Anhäufung von Wissensstoff zu bewältigen, was man oft mit geistigem Streben verwechselt. Aber wir alle kennen Menschen, die keine aufwendige Schulbildung genossen haben, deren Intelligenz aber trotzdem sehr hoch ist. Und wir kennen auch jene Menschen, die viel Wissen angehäuft haben, deren Kopf aber dennoch bloß voll nutzloser Informationen steckt. Mir scheint, daß die Studentenunruhen, die vor einigen Jahren viele Colleges und Universitäten erfaßten (und heute noch weiterschwelen), nicht nur aus gesellschaftlichen und politischen Meinungsverschiedenheiten herrührten, sondern in einem erheblichen Maße auch aus einem Gefühl bei den Studenten erwuchsen, daß das Wissen, das sie hier erwarben, keinen Raum für individuelle Erfahrungen ließ und sie daher nicht auf die wirklichen Lebensprozesse vorbereitete. Die technische und naturwissenschaftliche Erziehung hat auf breiter Front große Fortschritte gemacht, und das ist ohne Zweifel wichtig, wenn wir den Anforderungen unserer industrialisierten Welt gewachsen sein wollen. Aber diese Art von Wissen hat auch zur Folge, daß sich die Menschen immer mehr wie Atome vorkommen — wie bloße Zahnräder in einem riesigen Getriebe, in dem es auf das Wollen, die Wünsche und die Gefühle der Menschen nicht ankommt.

Während intellektuelle Aspekte in den Vordergrund gerückt werden, läßt man die Bereiche des affektiven und emotionalen Lebens und der sinnlichen Wahrnehmung brach liegen wie einen überwucherten Garten, statt sie zu hegen und zu pflegen und zum Blühen zu bringen. So sehr werden diese Dinge vernachlässigt, daß Begriffe wie *affektives Gedächtnis*, *Wahrnehmungsgedächtnis* und vor allem *emotionales Gedächtnis* in der wissenschaftlichen Literatur kaum je erwähnt werden und erst in letzter Zeit hier und da in den Arbeiten einiger Psychologen auftauchen. Die Schulung der Sinne und der Emotionen sollte ein wesentlicher Bestandteil unseres Erziehungssystems sein, und es könnte sich zeigen, daß die für die Schulung des Schauspielers entdeckten Verfahren auch in dieser Hinsicht von unschätzbarem Wert sind.

Ein anderes, noch größeres Problem bleibt in unserem Erziehungssystem ungelöst: das Problem der Kommunikation. Unsere Gesellschaft hat viel Zeit für die Entdeckung neuer technischer Kommunikationsmittel aufgewendet und ist dabei zu staunenswerten Ergebnissen gelangt, aber irgendwie haben wir vergessen, daß zum Leben auch die Fähigkeit gehört, auf den anderen Menschen einzugehen, eine Beziehung zu ihm herzustellen und Erfahrungen mit ihm auszutauschen. Das Problem des Ausdrucks hat man als rein technisches Problem behandelt, so, als seien Stimme, Sprache, Rhetorik mechanische Faktoren und nicht Mittel, um andere am eigenen individuellen Erleben teilhaben zu lassen. Nur den Künstlern ist es gelungen, diese Mauer zu durchbrechen, indem sie ihre besondere Sensibilität und ihre besonderen Fertigkeiten nutzten, um eigene Erfahrungen mitzuteilen. Aber alle Menschen sind hierauf angewiesen, wenn Leben nicht zu jenem »Spiel« verkommen sollen, das von vielen Psychologen und auch einigen Theaterleuten inzwischen als neuer Lebensstil proklamiert wird.

Ich bin der festen Überzeugung, daß die Entdeckungen und Verfahrensweisen, die für die Ausbildung des Schauspielers von entscheidender Bedeutung sind, dem Laien ebenso nützlich, wenn nicht noch nützlicher sein können. Darin scheint mir der große historische Beitrag von Stanislawski zu bestehen, der immer wieder vom »Leben des menschlichen Geistes« sprach, und auch der zusätzliche Beitrag, den im Laufe der vergangenen fünfzig Jahre jene geleistet haben, die in Amerika an und mit dem gearbeitet haben, was man im allgemeinen »die Methode« nennt.